古代歷史文化 研究輯刊

三一編

王明蓀 主編

第 32 冊

百年將門：兩宋潞州上黨苗氏五世將門興衰史（上）

何冠環 著

國家圖書館出版品預行編目資料

百年將門：兩宋潞州上黨苗氏五世將門興衰史（上）／何冠環
著 -- 初版 -- 新北市：花木蘭文化事業有限公司，2024〔民
113〕
目 2+144 面；19×26 公分
（古代歷史文化研究輯刊 三一編；第 32 冊）
ISBN 978-626-344-684-7（精裝）
1.CST：苗氏 2.CST：軍人 3.CST：家族史 4.CST：傳記
5.CST：宋代
618   112022542

ISBN-978-626-344-684-7

古代歷史文化研究輯刊
三一編　第三二冊　　　　　ISBN：978-626-344-684-7

百年將門：兩宋潞州上黨苗氏五世將門興衰史（上）

作　　　者	何冠環
主　　　編	王明蓀
總 編 輯	杜潔祥
副總編輯	楊嘉樂
編輯主任	許郁翎
編　　　輯	潘玟靜、蔡正宣　美術編輯　陳逸婷
出　　　版	花木蘭文化事業有限公司
發 行 人	高小娟
聯絡地址	235 新北市中和區中安街七二號十三樓
	電話：02-2923-1455／傳真：02-2923-1452
網　　　址	http://www.huamulan.tw 信箱 service@huamulans.com
印　　　刷	普羅文化出版廣告事業
初　　　版	2024 年 3 月
定　　　價	三一編 37 冊（精裝）新台幣 110,000 元　　版權所有・請勿翻印

百年將門：兩宋潞州上黨苗氏五世將門興衰史（上）

何冠環　著

作者簡介

何冠環，1955 年生，廣東江門市新會人，香港中文大學文學士、哲學碩士，美國亞里桑拿大學（University of Arizona）哲學博士，專攻宋代史，師從著名宋史學者羅球慶教授與陶晉生院士，先後任教於香港都會大學、新加坡南洋理工大學、香港教育大學、香港理工大學，2015 年退休。現擔任香港樹仁大學歷史系客座教授、香港新亞研究所特聘教授及香港大學中文學院客座教授。2006 年起獲選為中國宋史研究會理事迄今，2010 年獲選為嶺南宋史研究會副會長迄今，2014 年獲選為中國宋史研究會副會長（迄 2018 年）。著有《宋初朋黨與太平興國三年進士》（1994）（修訂本，2018）、《北宋武將研究》（2003）、《攀龍附鳳：北宋潞州上黨李氏外戚將門研究》（2013）、《北宋武將研究續編》（2016）、《宮闈內外：宋代內臣研究》（2018）、《拓地降敵：北宋中葉內臣名將李憲事蹟考述》（2019）、《功臣禍首：北宋末內臣童貫事蹟考》（2020）專著七種，以及發表學術論文數十篇。

提　　要

　　本書《百年將門：兩宋潞州上黨苗氏五世將門興衰史》，是作者繼《攀龍附鳳：北宋潞州上黨李氏外戚將門研究》（2013）第二本研究宋代將門的專著，也是作者研究宋代武將第四本專著。本書分別考述籍屬山西潞州上黨的苗氏將門五世之事蹟：從第一代起家於宋太宗、真宗朝的苗忠（苗孝忠），到第二代在仁宗朝抗禦西夏的苗京（苗繼宣），到第三代在神宗、哲宗朝於西北開邊行動建立殊勳，兩任三衙管軍之首的殿帥並建節，時人譽為名將，並在《宋史》（也包括較早成書的《東都事略》）立傳的苗授。然後考述苗授之長子、苗氏第四代傳人、在哲宗朝繼續在西北立功並授管軍的苗履，最後是最為人熟知，在南宋建炎三年三月發動苗劉之變（明受之變）的主角、苗氏第五代傳人苗傅。苗氏將門從苗忠以武臣出仕，到苗履建節任殿帥達到苗氏將門最盛時，然後到苗傅兵變失敗被族誅，歷五世百餘年，是兩宋少數經歷百年的將門。苗氏將門的百年興衰也見證了宋室從北宋初年防遼、中期禦夏到征青唐，然後在北宋末亡於金人之手，再由高宗重建南宋於江南的興衰歷史。

　　比起人們熟知的北宋楊家將，或近年中外學者多有研究的曹家將、高家將、种家將、姚家將和吳家將，苗氏將門的事蹟，除了讓苗氏敗亡、名列《宋史‧叛臣傳》的苗傅廣為人知外，苗氏各代人物，包括將業不凡的苗授、苗履父子均較不為人注意。就是學界多有討論，發動「苗劉之變」的苗傅和其兄弟族人，仍有許多細節沒有被充份發掘和討論。本書即旨在提供和補充宋代將門研究一個翔實的個案，當能對研究宋代將門及南宋初年政局的學人有所裨益。本書的取材，作者除參閱宋代官私文獻外，更得力於許多新的出土碑銘，特別是林希所撰的〈宋保康軍節度使贈開府儀同三司苗莊敏公墓銘〉（苗授墓誌銘）。另外，本書作者亦充份參考前人相關的研究成果。

謹以此小書
敬獻給

大姐何合時女史、三姐夫梁展奇大哥、
三姐何添寬女史、四姐夫陳乃國教授、
四姐何添才女史

目

次

緒　言

　　兩宋因宋室崇文和大量以科舉取士，故宋代興起甚多以科舉起家而綿延至少三代的儒門士族。同樣，自北宋初年開始，因要抗擊西北兩邊遼夏的交侵，而到中期開邊西北，宋室要重用武臣，故武人有用武之地。到南宋建國，又得靠武臣抵禦金人和後來蒙元的入侵，於是同樣興起大量至少綿延三代的將門。我們熟悉的將門，自然首推因小說戲曲渲染的北宋麟州楊家將、府州折家將，〔註1〕以及與宋室聯姻而具有外戚身份的李氏、曹氏和高氏外戚將門。〔註2〕而到仁宗（1010～1063，1022～1063）至神宗（1048～1085，1067

〔註1〕關於楊家將的研究，李裕民教授和他的學生蔡向升編了兩本論文集，包括了近年的楊家將研究。可參見蔡向升、杜書梅（主編）：《楊家將研究‧歷史卷》（北京：人民出版社，2007年2月）；李裕民（主編）：《首屆全國楊家將歷史文化研究會論文集》（北京：科學出版社，2009年1月）。至於府州折家將研究，近年以內蒙古大學的高建國教授用功至勤，可參見高建國：《鮮卑族裔府州折氏研究》（內蒙古大學博士論文，2014年6月）；折武彥、高建國（主編）：《府州折家將歷史文化研究集》（呼和浩特：內蒙古人民出版社，2014年11月）；高建國、楊海清（編著）：《宋代麟府路及折家將文獻錄》（北京：中國文史出版社，2015年6月）；高建國：《宋代麟府路碑石整理與研究》（北京：中國社會科學出版社，2021年10月）。

〔註2〕筆者在2013年出版的《攀龍附鳳：北宋潞州上黨李氏外戚將門研究》，即在該書的前言介紹宋代多家外戚將門的研究狀況。可參見何冠環：《攀龍附鳳：北宋潞州上黨李氏外戚將門研究》（香港：中華書局，2013年5月），緒言，頁1～13。筆者後來在2016年出版的《北宋武將研究續編》，也分別研究了北宋陳州宛丘符氏、北宋保州保塞劉氏、北宋開封浚儀石氏和北宋潞州上黨李氏（李崇矩家族）四家外戚將門。參見何冠環：《北宋武將研究續編》（新北：花木蘭文化出版社，2016年3月），上冊，上篇《外戚武將研究》，頁3～252；中冊，頁253～376。

～1085 在位）朝，又興起了數家在西北立功的將家，包括由范仲淹（989～
1052）大將种世衡（985～1045）起家，歷經种諤（1017～1083）、种師道（1051
～1126）三代的洛陽种氏將門，〔註3〕和由姚寶（？～1042）、姚兕（1027～
1094）、姚麟（1037～1105）父子兄弟起家，中歷第三代的姚雄（？～1109 後）、
姚古（？～1127 後）兄弟，到第四代的姚平仲（？～1127 後）的籠竿（德順
軍）姚氏將門，〔註4〕以及本書討論的潞州上黨苗氏將門。這三家將門若莫同
時興起，而在南宋初年同時沒落。

本書名《百年將門：兩宋潞州上黨苗氏五世將門興衰史》，顧名思義是考
述兩宋籍屬山西潞州上黨（今山西長治市）這一家經歷五世，歷時逾百年的苗
氏將家的興衰史。據現存的史料所載，此一苗氏將家，第一代為將的是在宋太
宗（939～997，976～991 在位）朝至真宗（968～1022，991～1022 在位）朝
出仕的苗忠（亦作苗守忠，？～1006 後），第二代是在仁宗朝守麟州（今陝西
榆林市神木市）防禦西夏有功的邊將苗京（？～1052 後）。第三代以及苗氏將
門真正興家的，是神宗朝隨儒將王韶（1030～1081）及甚有武幹的內臣李憲
（1042～1092）在西北立功，而在哲宗（1077～1100，1085～1100 在位）朝兩
度出任三衙管軍之首殿前副都指揮使的名將苗授（1030～1096）。苗氏將門第
四代的代表人物是苗授長子、隨其父一直在西邊立功的名將，到徽宗（1082～
1135，1100～1126 在位）初年任三衙管軍的捧日天武四廂都指揮使的苗履
（1060～1102 後）。苗氏將門的第五代，亦是最後一代的代表人物，是苗履之
子、高宗建炎三年（1129）三月，在行在杭州（今浙江杭州市）發動轟動朝野
而影響南宋政局深遠的「苗劉之變」（亦稱「明受之變」）的主角苗傅（？～
1129）。苗傅和其同謀劉正彥（？～1129）在兵變中殺掉不得人心軍心的簽書
樞密院事兼御營都統制王淵（1077～1029）和高宗（1107～1187，1127～1162
在位）寵信的內臣康履（？～1129）等，迫高宗禪位其年才三歲的獨子魏國公
趙旉（1127～1129），由隆祐孟太后（1073～1131）垂簾。但兵變很快失敗，
高宗在四月復辟，苗傅和劉正彥在五月被勤王軍將領韓世忠（1089～1151）等
擒獲，苗傅及劉正彥的妻兒族人在六月被誅殺於行在建康府（今江蘇南京市）。
經歷逾百四十年的苗氏將門從此滅絕，苗氏族人湮沒無聞。

〔註3〕 關於种氏將門的研究，可參見曾瑞龍（1960～2003）：《北宋种氏將門之形成》
（香港：中華書局，2010 年5 月）。

〔註4〕 姚氏將門的初步研究，可參閱張波：《北宋武將姚兕姚麟研究》，西北大學碩士
論文，2016 年5 月。

　　一般讀者對苗授和苗履的將業和事功所知不多（苗忠和苗京更不用說），
但發動苗劉兵變的苗傅，讀宋史的人就幾乎無人不曉。苗氏五代人物中，苗
授、苗履及苗傅於《宋史》均有傳（按：苗傅被列於〈逆臣傳〉），另《東都事
略》亦為苗授立傳。〔註5〕最值得注意的是，苗氏雖在苗劉之變後被宋廷列為
叛臣之家，但苗授死後所葬之墓在金人控制的衛州（今河南衛輝市）共城縣
卓水原，故宋人無從將之毀壞，而金人也似沒有將之破壞，故到清代仍有苗
授墓的記載。據清初修纂的《河南通志》的記載，他的墓在河南輝縣（今河南
新鄉市輝縣市）城北閣社村。據《輝縣網》2011年4月27日的報導，1990年
5月初，輝縣市火電廠在施工時於大門東側100米處發現一座宋墓，經新鄉市
文物管理委員會和輝縣市博物館共同發掘，確定該墓是苗授及其夫人劉氏的
合葬墓。墓壁似有盜洞，墓底全用大塊精致青石鋪成。出土碗、板、環以及錐
形器和龍首形器等鐵器，還有苗授及劉氏兩合墓誌銘。苗授和其妻劉氏的合
葬墓在1990年5月初，在河南新鄉市輝縣市的火電廠的大門東側100米處發
現，經新鄉市文物管理委員會和輝縣市博物館共同發掘，確定該墓是苗授及
其夫人劉氏的合葬墓。據報導，苗授的墓誌銘所記內容要比《宋史・苗授傳》
豐富。〔註6〕

　　苗授墓誌銘（〈宋保康軍節度使贈開府儀同三司苗莊敏公墓銘〉）由時任
朝請大夫權吏部尚書兼侍讀同修國史林希（1035～1101）於紹聖二年（1095）
九月奉哲宗命撰寫，此墓誌拓片由輝縣市政協所編的《百泉翰墨》刊於1996
年9月。此一訊息筆者一直不知。2017年八月得河南大學歷史文化學院全相
卿博士相告，始知苗授墓誌銘早已刊出，全博士稍後便寄贈苗授墓誌銘拓片的
影印本。惟該書所刊印出來的苗授墓誌銘拓本，縮小至幾不可讀（見本書附
錄），全博士電郵來的拓片掃描本，在電腦上放大後，字體仍模糊不清。筆者
因據《宋史》、《續資治通鑑長編》（以下簡稱《長編》）等文獻推敲，認讀出大

〔註5〕　脫脫（1314～1355）：《宋史》（北京：中華書局點校本，1977年11月），卷三
　　　　百五十〈苗授傳附苗履傳〉，頁11067～11069；卷四百七十五〈叛臣傳上・苗
　　　　傅劉正彥附〉，頁13802～13809；王稱（？～1200後）：《東都事略》，收入趙
　　　　鐵寒（1908～1976）主編：《宋史資料萃編第一輯》（臺北：文海出版社，1967
　　　　年1月），卷八十四〈苗授傳〉，葉三下至四上（頁1282～1283）。

〔註6〕　王士俊（1683～1750）纂：《河南通志》，文淵閣《四庫全書》本，卷四十九〈陵
　　　　墓・衛輝府・宋苗授墓〉，葉十七下；《輝縣網》。2011年4月27日，「文物古
　　　　迹」考古發掘之四──宋代苗授墓，http//bbs.huixian.net/thread-8919-1-1.html.
　　　　按苗授墓所在為輝縣市，和《河南通志》所記吻合。

部份的內容，錄寫出來，並將之附於本書後附錄一。〔註7〕此墓誌銘大大豐富了我們對苗授及其父苗京、其祖苗忠，以及其先世的生平事跡的認識。

本書即據宋人官方，和私人的文集筆記記載，以及上面所述的出土墓誌，全面考述潞州上黨苗氏將門五世的興衰史。而透過苗氏的五世興衰起落史，我們或可以從武臣的角度，認識北宋至南宋初年在外敵交侵，而由文臣主政下，武臣一方面志切立功以出人頭地，另一方面卻備受文臣岐視和打壓防範的事實。他們的立功和擢陞，不無諷刺的，有時端賴得寵而有武幹的內臣如李憲及童貫的提拔，而在熙豐以後的文臣新舊黨爭，他們常要在夾縫下學得生存之道。開罪了當權的文臣，就會受到貶黜。苗授和苗履父子便身受其苦。

本書除緒言和餘論外，共分八章。第一章考述第一代的苗忠和苗京的生平事跡，以及苗氏所傳的先世。第二章考述苗授早年的仕歷。第三章考述苗授中年的戎馬生涯，第四章考述他兩任殿帥的經歷。第五章考述苗履在哲宗至徽宗朝的西北立功的事蹟。第六至八章即詳述苗傅在靖康元年到建炎三年的事跡，特別是他和劉正彥發動兵變的前因、經過和影響。苗劉之變宋人官私記載甚多且詳，後人評論亦甚多，故此數章篇幅是全書最大的一章。

〔註7〕 筆者從2011年4月底開始，便一直留意苗氏夫婦墓誌有否公開發表於有關的文物期刊，但一直無所獲。因研究李憲之故，乃著意訪尋苗授此一墓誌銘，在2017年6月更請前來香港參加學術會議的中國宋史研究會會長包偉民教授幫忙訪查。2017年8月初，即獲全相卿博士來郵相告，苗授的墓誌銘拓片，原來早已在1996年刊於輝縣市政協輝縣市委員會文史資料委員會編的《百泉翰墨》刊出，全博士並隨即訂購此少為人注意的地方文獻，並掃描苗授墓誌銘電郵予筆者。筆者稍後託內弟再購得該書，隨即將此一珍貴出土文獻錄讀。此墓誌由時任權史部尚書兼侍讀同修國史林希奉哲宗命撰寫。惜《百泉翰墨》未有同時刊出苗授夫人永嘉郡君劉氏的墓誌，暫不知劉氏的家世。參見林希：〈宋保康軍節度使贈開府儀同三司苗莊敏公墓銘〉（以下簡稱〈苗授墓誌銘〉），載政協輝縣市委員會文史資料委員會（編）：《百泉翰墨》（輝縣市：政協輝縣市委員會文史資料委員會，1996年9月），頁12。該碑文附有苗授及林希簡史。

第一章　舊苗再生：兩宋潞州上黨苗氏將門先世及第一代、二代人物

一、苗氏先世與北宋第一代人物苗守忠（苗忠）（？～1006後）事跡考

　　《宋史‧苗授傳》在開首只提到苗授為潞州人，其父名苗京，「慶曆中以死守麟州抗元昊者也。」而不及其先世。《東都事略‧苗授傳》更連苗父的名字也不提，只記苗是上黨人，以父任為三班奉職。[註1] 林希所撰的苗授墓誌銘，則較詳細記載了苗氏的先世，除了記苗父為苗京外，也記苗的祖父為苗守忠。苗守忠和苗京就是北宋建國後，潞州上黨壺關（今山西長治市）苗氏將門的第一代和第二代代表人物。據〈苗授墓誌銘〉所載，苗授是唐肅宗（711～762，756～762 在位）、唐代宗（727～779，762～779 在位）朝宰相韓國苗公苗晉卿（685～765）的十世孫。林希稱他據《苗氏之譜》說：「苗猷生襲夔，襲夔生殆庶，殆庶生晉卿，晉卿生壽安令向，向生丹陽令綽，綽生巫山令墀，墀生定海尉保興，保興生太常寺奉禮郎魯，魯生輝，輝生珂，是為公曾祖。」然後記「公之曾祖珂，贈太子少保，妣王氏，普寧郡太夫人。祖守忠，如京使，贈太子太師，妣任氏，安康郡太夫人。皇考京，左領軍大將軍致仕贈太尉，妣朱氏，慶國太夫人。」這份苗氏之譜是否附會之作，暫難確定。據葉國

〔註1〕　《宋史》，卷三百五十〈苗授傳〉，頁 11067；《東都事略》，卷八十四〈苗授傳〉，葉三下（頁 1282）。

良教授的〈唐代墓誌考釋八則〉所附的苗晉卿的族譜，從苗獻、苗夔、苗殆庶、苗晉卿到苗向五代，都吻合〈苗授墓誌銘〉的記載，惟從苗緯以下到苗授曾祖苗珂就不詳。苗授曾祖苗珂在宋人其他文獻沒有記載，其祖如京使贈太子太師苗守忠，名字也不見載於宋人文獻，惟《長編》卷五十二，記在咸平五年（1002）九月丙申（初四），宋廷「遣如京使苗忠等四人率兵往河北、京東提點捕賊。」而《宋會要・職官四十九》又記在景德三年（1006）六月，宋廷「詔以六宅使康繼英、如京使苗忠、右領軍衛將軍潘璘、右司禦率府率劉文質充昇、洪、杭、福逐州駐泊都監，各提舉本路諸州軍馬巡檢公事。仍於四州各選置都監、巡檢使，量益駐泊兵甲。」另《宋會要・兵十一》也與上面《長編》引述同一事，記咸平五年九月四日，「遣如京使苗忠、入內高品石廷福提點河北捕賊，如京使栗仁環、入內殿頭高品李懷岊提點京東捕賊，並率兵以往。」筆者以為《長編》與《宋會要輯稿》所提到的如京使苗忠，很有可能就是苗授的祖父苗守忠。按《宋會要・方域十七》和《宋史・河渠志四》記於端拱元年（988），「供奉官閤門祗候閻文遜、苗忠俱上言，開荊南城東漕河至師子口，入漢江，可通荊、峽漕路至襄州；又開古白河，可通襄、漢漕路至京。詔八作使石全振往視之。遂發丁夫治荊南漕河至漢江，可勝二百斛重載；行旅者頗便，而古白河終不可開。」這個頗能治河的供奉官苗忠，筆者認為他與前述的如京使苗忠當為同一人，是從唐五代入北宋苗氏的第一代，是苗授的祖父。苗守忠以武臣入仕，成為苗氏將門的起家人。若從苗守忠於太宗端拱元年已任小使臣的供奉官起計，苗氏早在太宗朝已為宋室效命沙場。雖然苗守忠官職不高，真宗朝只官至諸司正使的如京使，將業也只限於治河和捕盜，遠遜其孫苗授，但是他仍算是上黨苗氏將門的起家人。

二、苗氏將門第二代傳人苗京（？～1052後）事跡考

苗守忠作為武將，他守邊禦敵的事跡不著，但其子苗京就是標準的邊將，戎馬西北。正如前述，苗授父苗京在《宋史》無傳，只在《宋史・苗授傳》提到他在「慶曆中，以死守麟州抗元昊者也。」可幸〈苗授墓誌銘〉記他的事跡較詳，而宋代官私文獻也多有記他的邊將事迹。值得注意的是，《長編》多處提到的知麟州苗繼宣，疑是苗京的本名。下文會加以考論。〔註2〕

〔註 2〕附錄一：〈苗授墓誌銘〉；李燾（1115～1184）：《續資治通鑑長編》（北京：中華書局點校本，1979 年 8 月至 1995 年 4 月；以下簡稱《長編》），卷五十二，咸平五年九月丙申條，頁 1150；徐松（1781～1848）（輯），劉琳、刁忠民、

　　據〈苗授墓誌銘〉所記，苗京在慶曆中守麟州（今陝西榆林市神木市）。「屬趙元昊入寇，陷豐州，進圍州城，甚危。太尉（按：即苗京）誓將士以死守。聞諜者曰：『城中水竭，不三日渴且死。』乃取溝中泥污彈堁，虜仰視曰：『城中猶積污，謂渴死者紿我也。』斬諜而去。時自將相大臣皆謂宜棄河西，仁宗曰：『顧守者如何耳。』及聞其能堅守卻賊，召見歡獎，錄其功擢之，由是河西卒不棄。」〔註3〕

　　麟州的風土人情如何？據曾在大中祥符七年（1014）隨知府州折惟中（疑為惟忠）巡邊，到過麟、府州的上官融（995～1043）所記，麟、府二州在黃河西，是古雲中之地，與蕃漢雜居，「黃茆坋高下相屬，極目四顧，無十步平坦。廨舍、廟宇覆之以瓦，居民用土，止若棚焉。架險就平，重復不定，上引瓦為溝，雖大澍亦不浸潤，其梁柱榱題頗甚華麗，在下者方能細窺。城邑之外，穹廬窟室而已。人性頑悍，不循理法，事公為吏，稍識去就，降茲而下，莫我知也。俗重死輕生，侮法忘義。」〔註4〕據上官融的記載，麟州地險，民風強悍，守臣只要得到蕃漢軍民的協力，就可守得住。

　　考〈苗授墓誌銘〉及《宋史‧苗授傳》均記苗京守麟州在慶曆中。按慶曆共有八年，所謂慶曆中，大概指慶曆三年（1043）到慶曆六年（1046）。但證諸群書，夏主李元昊（1004～1048，1032～1048在位）進攻王氏所世守的豐州（今內蒙古準格爾旗五字灣鎮二長渠行政村內），並攻陷之，在慶曆元年（1041）八月乙未（十八）。至於夏軍進攻及包圍麟州及府州（今陝西榆林市府谷縣）在同年八月。據《長編》所記，宋廷早在慶曆元年八月戊寅（初一），

舒大剛、尹波等（校點）：《宋會要輯稿》（上海：上海古籍出版社，2014年6月），第七冊，〈職官四十九‧都監、監押〉，頁4403；第十四冊，〈兵十一‧捕賊一〉，頁8819；第十六冊，〈方域十七‧水利〉，頁9611；《宋史》，卷九十四〈河渠志四‧白河〉，頁2345；卷三百五十〈苗授附苗履傳〉，頁11067；葉國良：〈唐代墓誌考釋八則〉，《臺大中文學報》，第七期（1995年4月），頁51～76（苗氏族譜見頁20）。又編成於宋初的《太平寰宇記》對苗晉卿的記述，附在潞州人物誌，記「唐苗晉卿，潞州壺關人。為吏部侍郎，河北採訪使，歸本縣，下門過縣門，以父母之鄉故也。事親以孝聞。官至侍中，韓國公。」按〈苗授墓誌銘〉也稱苗授曾祖父苗珂以上的墓都在壺關，與此記相合。參見樂史（930～1007）（撰），王文楚等（點校）：《太平寰宇記》（北京：中華書局，2007年11月），第二冊，〈河東道六‧潞州〉，頁937。

〔註3〕附錄二：〈苗授墓誌銘〉；《宋史》，卷三百五十〈苗授附苗履傳〉，頁11067。
〔註4〕上官融（撰），黃寶華（整理）：《友會談叢》，收入戴建國（主編）：《全宋筆記》第八編第九冊（鄭州：大象出版社，2017年7月），卷下，頁21。

以西夏入寇，詔鄜延路部署許懷德、駐泊都監任守信、劉拯、巡檢黃世寧以兵萬人援救麟州與府州。己卯（初二），宋廷又賜麟州及府州守城軍士緡錢。庚辰（初三），又詔河東路，元昊入寇麟州與府州，所過城寨有能出奇設伏掩擊者，量功優獎之，軍馬或致傷折，亦不加罪。戊子（十一），麟州上奏宋廷（按：此條不提麟州守臣名字），報告元昊進攻麟州及府州的情況。稱元昊在前月戊辰（即七月廿一）攻圍麟州城。本月乙酉（八月初八）越過屈野河（今陝西境窟野河）西山上白草坪白草寨（按：在今陝西榆林市綏德縣東東南焦石堡村古城寨有白草寨，疑白草坪就在附近），距麟州城十五里按軍。丙戌（初九），破寧遠寨（今陝西榆林市府谷縣西南楊家灣村），寨主侍禁王世宣、兵馬監押殿直王顯均戰死。夏軍焚燒倉庫樓櫓皆盡。夏軍又轉攻府州。府州城中有官軍六千一百餘人，居民亦習於戰鬥，加上城險且堅，東南各有水門，崖壁峭絕，下臨黃河。夏軍曾緣崖腹小徑，魚貫而前，卻被城上矢石亂下，殺傷無數。夏軍轉攻城北，而宋軍亦力戰，夏軍傷千餘人而退，改縱兵四掠，刈禾稼，發窖藏，然後徙圍豐州。〔註5〕

麟州守軍有多少？據神宗在熙寧五年（1072）十二月壬午（初八）所言，「慶曆中，麟府不過萬人」。上文所述府州有官軍六千餘人，則麟州僅有兵四千多。〔註6〕不過，麟州最嚴重的問題是缺水。《長編》在慶曆元年八月戊子條又記麟州「城中素乏水，圍既久，士卒渴乏。或勸知州苗繼宣取污溝之泥以飾垍，元昊仰視曰：諜謂我無庸戰，不三日，漢人當渴死。今尚有餘以圬塸，諜紿我也。斬之城下，解圍去。」李燾考證此事，以《實錄》記元昊解圍而去，為州有積粟可久守，城中有備。他認為麟州被圍兩旬所以得解，實元昊疑城中尚多水之故，並不因有積粟。他稱參考了李清臣（1032～1102）所作的〈苗繼宣妻宋氏墓銘〉及魏泰（1050～1110）的《東軒筆錄》，又記司馬光（1019～1086）《涑水記聞》所云「敵見泥塗積藁，遂解圍」之說，與李、魏之記略同。〔註7〕

〔註5〕《長編》，卷一百三十三，慶曆元年八月戊寅至庚辰條，頁3160；戊子條，頁3163；乙未至庚子條，頁3168～3169。

〔註6〕《長編》，卷二百四十一，熙寧五年十二月壬午條，頁5878。

〔註7〕《長編》，卷一百三十三，慶曆元年八月戊子條，頁3164。李燾在此一節又交待麟州所以有積粟可守，是河東轉運副使文彥博（1006～1097）的功勞，說他繼承其父文洎之志，開通銀城之糧道，令麟州有糧可守。李燾又在是條的小注考證李清臣稱苗繼宣忤貴臣，功不得錄，其實不確，苗繼宣稍後便領資州刺史，以朝廷錄其功故也。不過，李燾若看到〈苗授墓誌銘〉，就會知道仁宗看

　　我們比較〈苗授墓誌銘〉所記苗京守麟州一節，何其相近？連元昊以為諜者所報麟州缺水不實而將之斬殺的事，都完全相同。那教人懷疑，《長編》這裡所記的禮賓副使知麟州苗繼宣，很有可能是苗京本來的名字。〔註8〕另李燾所引述的〈苗繼宣妻宋氏墓銘〉又與〈苗授墓誌銘〉所記苗京妻為慶國太夫人宋氏（？～1080）相合。李燾在這條的注沒有說他看過及參考林希所撰的〈苗授墓誌銘〉，故沒有考證辨明苗京與苗繼宣是否同一人。

　　考〈苗授墓誌銘〉曾記「時自將相大臣皆謂宜棄河西，仁宗曰：『顧守者如何耳。』」證諸《長編》所記，確是事實。李燾稱元昊破豐州後，引兵屯琉璃堡，縱騎抄掠麟府州間，二州閉駐不出。州民乏水飲，有至黃金一兩易水一杯的情況。這時「朝廷議棄河外，守保德軍，以河為界，未果。因徙（張）亢使經度之。」仁宗在九月庚戌（初四）以勇將、鄜延都鈐轄兼知鄜州（今陝西延安市富縣）、西上閤門使、忠州刺史張亢（994～1056）為并代鈐轄，專管勾麟府軍馬公事，代替東染院使封州刺史康德輿（？～1055後）。〔註9〕仁宗所

重苗京守城之功。另李燾在小注也稱，夏軍圍麟州二十七日乃去之說待考。又考李燾所引《東軒筆錄》一條，見於是書卷八，記曰：「麟州據河外，扼西夏之衝，但城中無井，惟有一沙泉，在城外，其地善崩，俗謂之抽沙。每欲包展入壁，而土陷不可城。慶曆中，有戎人白元昊云：『麟州無井，若圍之，半月即兵民渴死矣。』元昊即以兵圍之，數日不解，城中大窘，有軍士獻策曰：『彼圍不解，必以無水窮我。今願取溝泥，使人乘高以泥草積，使賊見之，亦伐謀之一端也。』州將從之。元昊望見，遽詰獻策戎人曰：『爾言無井，今乃有泥以護草積何也？』即斬戎人而解去。此時雖幸脫，然終以無水為憂。」魏泰（1050～1110）所言，大概為《長編》所本，只是魏沒有記麟州守將為何人。至於李燾所引的《涑水記聞》，見於是書卷十二，記「慶曆初，趙元昊圍麟州二十七日。城中無井，掘地以貯雨水，至是水竭，知州苗繼宣拍泥以塗薪積，備火箭射。賊有諜者潛入城中，出告元昊：『城中水已竭，不過二日，當破。』元昊望見塗積，曰：『城中無水，何暇塗積？』斬諜者，解圍去。司馬光這條記載，與魏泰所記略同，惟準確地稱元昊圍麟州在「慶曆初」，又點出麟州知州是苗繼宣。參見魏泰（著），李裕民（點校）：《東軒筆錄》（北京：中華書局，1983年10月），卷八，頁94；司馬光（1019～1086）（撰），鄧廣銘（1907～1998）、張希清（校點）：《涑水記聞》（北京：中華書局，1989年8月），卷十二，第354條，「元昊圍麟州」，頁243。

〔註8〕按苗繼宣在慶曆元年五月己酉朔（初一），已任知麟州並管勾招撫屬戶事。參見《長編》，卷一百三十二，慶曆元年五月己酉朔條，頁3122。此條是苗繼宣名字首次著錄。

〔註9〕《長編》，卷一百三十三，慶曆元年九月庚戌條，頁3172；卷一百四十二，慶曆三年七月庚寅條，頁3405；卷一百四十四，慶曆三年十月丁酉條，頁3478；卷一百五十一，慶曆四年七月己卯條，頁3668。康德輿先調知保州（今河北

稱的守者，就是張亢。張亢在慶曆二年（1042）便一改康德輿被動死守的做法，主動獲取水源及加強練兵，又收復琉璃堡，並在柏子寨和兔毛川（今陝西榆林市神木市城西面繞二郎山南側匯入窟野河的川谷，今稱西溝）伏擊夏軍，並將之擊退。並趕修五處堡寨，打通麟、府的通道。張亢在慶曆三年（1043）七月甲戌（初九）再擢為引進使并代州副都部署。他一度被貶，到慶曆四年（1044）七月己卯（二十），復為引進使并代副都部署兼知代州（今山西忻州市代縣）兼河東緣邊安撫事。〔註10〕不過，宋廷內外，仍有主張棄守麟州府州的。好像在慶曆三年十月，剛自河北都轉運按察使徙為河東都轉運按察使的施昌言（？～1056後），便上奏反對張亢等所請於麟府兩州立十二寨以拓境的主張，以麟、府在河外，於國家毫無收益，而批評至今饋守的，徒以畏蹙國之虛名，而不當以事無利之寨，以重困財力。仁宗從其奏。到慶曆四年四月己亥（初八），仁宗以朝臣上奏，稱河東糧運不繼，多次請廢麟州。他向輔臣詢問利害如何。宰相章得象（978～1048）卻以麟州四面蕃漢之民，皆為元昊所掠，以今野無耕民，故此一路困於饋運。他請降麟州為寨，徙其州治稍近府州的合河津，並廢其五寨，以省邊民之役。但仁宗堅稱麟州不可廢，惟可徙屯軍馬靠近府州，而另置一城，稍舒其患。並命右正言知制誥歐陽修（1007～1072）往河東，與轉運使議之。五月丁丑（十六），歐陽修從河東回來覆奏，他反駁章得象等所提出的廢州為寨，移麟州近河，抽兵馬以減饋糧，以及張亢提出添城堡以招集蕃漢之四議。他認為麟州一移，則五寨勢亦難存，而府州自顧不暇，夏軍就可以入據宋人城堡，耕牧田地，夾河對岸，為其巢穴。他又提出如何讓五寨卒可以就糧，而不必減去寨數目。最後他又提出委土豪守麟州，他特別提出麟州將王吉便是合適人選，說他材勇素已知名，其官序已可為知州，建議一二年間，視其功效，若他能善其守，可以世任之，使為捍邊之臣。〔註11〕

保定市），慶曆三年七月庚寅（廿五），再徙為真定府（即鎮州，今河北石家莊市正定縣）、定州路兵馬鈐轄。他在十月丁酉（初三）再徙為并代鈐轄兼知代州（今山西忻州市代縣），位在張亢之下。慶曆四年七月己卯（二十），張亢以并代副都部署兼知代州，康德輿當於此時去職。

〔註10〕《長編》，卷一百四十二，慶曆三年七月甲戌條，頁3398；卷一百五十一，慶曆四年七月己卯條，頁3668。關於張亢的生平及戰功，可參見陳峰：〈宋朝儒將的角色與歸宿——以北宋張亢事迹為中心考察〉，原載《鄧廣銘教授百年誕辰紀念論文集》（北京：中華書局，2008年11月），現收入陳峰：《宋代軍政研究》（北京：中國社會科學出版社，2010年9月），頁207～218。

〔註11〕《長編》，卷一百四十四，慶曆三年十月庚戌條，頁3483；卷一百四十八，慶

苗京守麟州有功，〈苗授墓誌銘〉記仁宗「及聞其能堅守卻賊，召見歎獎，錄其功擢之，由是河西卒不棄。」苗京擢任何官？《長編》就記在慶曆元年九月壬申（廿六），宋廷以知府州如京使折繼閔（1018～1052）為宮苑使領普州刺史，而知麟州、禮賓副使苗繼宣就超擢為禮賓使領資州刺史，並以城守之勞賞之。很顯然，「錄其功擢之」的苗京就是苗繼宣。〔註12〕

〈苗授墓誌銘〉記「皇祐中，聞胡瑗在太學，挾策歸之，補國子生，中優等。以父老而去從仕。」則苗京在皇祐中仍在世。惟苗京以後的事跡及卒年不詳，只知他最後以左領軍大將軍致仕，因苗授之故後贈太尉，其妻宋氏贈慶國太夫人。《長編》及宋人筆記對苗繼宣後來的事跡倒有多一點的記載。好像司馬光便記苗繼宣在麟州被圍時，便募吏民有能通信援於外者。通引官王吉應募，苗問他須幾人隨行。王回答夏騎百重，無所用眾。苗接受他的意見，讓他髡髮衣胡服，挾弓矢帶乾糧，扮作胡人夜縋而出。王碰到夏人詰問，就以胡語答之。歷兩晝夜，走出夏人堡寨，走詣府州告急。府州遣將兵援救，王吉又間道入麟州城，城中皆呼萬歲。夏軍解圍後，苗奏上王吉之功。宋廷除王吉三班奉職，本州指使。王吉就是上文歐陽修大力推薦可繼為麟州知州的麟州土豪。〔註13〕此則記載具見苗繼宣知人善任。

據《長編》所載，苗繼宣在慶曆五年（1045）二月丙申（初九），以資州

曆四年四月己亥條，頁3582；卷一百四十八，慶曆四年五月丁丑條，頁3610～3612；朱熹（1130～1200）、李幼武（？～1172後）（編），李偉國（校點）：《八朝名臣言行錄》，《三朝名臣言行錄》，收入朱杰人、嚴佐之、劉永翔（主編）：《朱子全書》，第十二冊（上海：上海古籍出版社，2010年9月），卷二之二〈參政歐陽文忠公〉，頁412。

〔註12〕附錄：〈苗授墓誌銘〉；《長編》，卷一百三十三，慶曆元年九月壬申條，頁3179。
〔註13〕《涑水記聞》，卷十二，第354條，「元昊圍麟州」，頁243。按此記為《長編》所採用，見《長編》，卷一百三十三，慶曆元年九月壬申條，頁3181；卷一百四十三，慶曆三年九月丙子條，頁3449；卷一百四十八，慶曆四年二月丙申條，頁3535；卷一百五十七，慶曆五年十二月癸丑條，頁3811；卷一百六十八，皇祐二年二月乙丑條，頁4033。按王吉後來升任麟州都監，以擊西夏有功，在慶曆四年（1044）二月丙申（初三）獲賜器幣。宋廷在皇祐二年（1050）二月乙丑（初八），遣內侍賜當時已陞任河東沿邊巡檢使、北作坊使的王吉金創藥。因河東路安撫使王拱辰（1012～1085）上奏，表奏王吉前與夏人作戰，為流矢所中，現疾發且甚。故宋廷特賜藥以撫之。惟王吉始終沒有獲委知麟州之職。苗繼宣麾下立下戰功的將校，除了王吉外，還有麟州指使殿侍李宣。據《長編》載，麟州飛騎指使吳友等四十九人陷夏軍包圍時，李宣力戰而將他們援救出險。河東路經略司又奏上宋廷，稱李宣屢與夏人戰而身中流矢，宋廷在慶曆三年九月丙子（十二），特擢李宣為右班殿直。

刺史陞任并代鈐轄，並兼知忻州（今山西忻州市）。〔註14〕他調知忻州，可能因前任處理慶曆三年（1043）五月及慶曆四年（1044）五月連續兩年發生的地震的善後工作不力，於是宋廷在地震後九月便將守麟州有善政的苗繼宣調知忻州。〔註15〕繼任知麟州的當是禮賓副使張繼勳。〔註16〕苗繼宣在慶曆五年

〔註14〕《長編》，卷一百二，天聖二年四月辛酉條，頁2355；卷一百四十四，慶曆三年十月丁酉條，頁3478；卷一百四十六，慶曆四年二月丙申條，頁3535；卷一百五十一，慶曆四年七月己卯條，頁3668；卷一百五十五，慶曆五年四月丁亥朔條小注，頁3767；卷一百五十六，慶曆五年七月己亥條，頁3788；卷一百五十八，慶曆六年正月癸巳條，頁3818。考康德與在慶曆三年十月丁酉（初三），以北作坊使封州刺史為并代鈐轄兼知代州。惟慶曆四年七月己卯（二十），張亢以并代副都部署兼知代州，當是取代康德與之職。考王凱（996～1061）也在慶曆四年二月丙申（初三）以并代鈐轄獲宋廷賜器幣，賞其擊破夏軍之功。他在慶曆五年七月己亥（十六），以并代鈐轄管勾麟府軍馬西京作坊使領資州刺史，因河東經略使明鎬（989～1048）奏上宋廷，以王在河外九年，屢有功，於是宋廷將他留任。按并代鈐轄可以同時委任兩人以上。康德與去職後，苗繼宣在慶曆五年二月當是接康之職，任并代鈐轄兼知忻州。考內臣如京副使內侍押班石全斌（？～1070）在慶曆六年正月癸巳（十二）也獲委為并代鈐轄，隨判并州夏竦（985～1051）領親兵巡邊。即是說，在慶曆六年正月，任并代鈐轄同時有苗繼宣、王凱和石全斌三人。又按李燾在是條小注裡提到，因名字相近，懷疑苗繼宣是嬪御之屬苗繼宗的兄弟。考仁宗之嬪妃姓苗的是仁宗苗貴妃（？～1091），據明人所撰《姑蘇志》的說法，苗繼宗是她父親。又據宋人所記，苗繼宗在真宗天禧末年娶被讒而出宮的仁宗乳母許氏（？～1039），許氏在天聖二年（1024）四月辛酉（初四）向仁宗自陳，於是月丙寅（初九）獲封為臨潁縣君，苗繼宗獲授右班殿直。苗妻許氏尋晉高陽郡夫人，復入宮。最後晉魏國夫人。她在寶元二年（1039）三月卒，仁宗詔輟視朝三日，並為她制服發哀。參見《宋會要輯稿》，第一冊，〈后妃三‧乳母〉，頁319；王鏊（1450～1524）：《姑蘇志》，文淵閣《四庫全書》本，卷三十五，葉九下。按苗繼宗與仁宗有多重的戚屬關係，也許苗繼宣不想人覺得他與苗繼宗有關，就改名苗京。

〔註15〕苗繼宣知忻州的前任是誰人不詳。考忻州在慶曆三年五月乙亥（初九）奏報發生地震，仁宗即指「地道貴靜，今數震搖，得非兵興勞民之象乎？」他詔河東路轉運使及經略使，要安卹百姓，但不得輒弛邊備。而慶曆四年五月乙酉（廿四），忻州奏報再發生地震，有聲如雷。故仁宗要派能吏處理地震災情。另忻州因民內徙，廢田甚多，一直都未能募人開墾。參見《長編》，卷一百四十一，慶曆三年五月乙亥條，頁3373～3374；卷一百七十八，至和二年二月丙午條，頁4317；《宋史》，卷十一〈仁宗紀三〉，頁216、218。

〔註16〕據《長編》所記，慶曆五年十二月癸丑（初二），麟州上言夏軍人馬至屈野河西，守臣令麟州指使殿侍魏智等引兵令夏軍返回，但魏智遇伏，為夏人所執。麟州知州領眾逐夏人至銀川寨，夏人遁去。但宋廷並無獎賞，反而詔河東經略司，說應遵守誓詔，說夏人本無鬥意，而宋軍以兵迫逐為邊生事，其邊吏並劾罪以聞。按此處未記知麟州是誰。又《長編》記，宋廷在皇祐二年（1050）二月乙丑（初八），遣內侍賜河東沿邊巡檢使、北作坊使王吉金創藥。因河東路

以後的事蹟不詳。考皇祐元年（1049）三月丁酉（初五），當時知忻州已是英州刺史西上閤門使郭諮（？～1060 後）。則苗繼宣在皇祐元年前已不再知忻州。〔註17〕可惜李清臣所撰的〈苗繼宣妻宋氏墓銘〉不傳，而苗授妻劉氏之墓誌銘也未公開，我們無法進一步確定苗繼宣與苗授的關係。

　　苗授之祖苗守忠（苗忠）與其父苗京（苗繼宣）均屬武臣，苗京更是守麟州有功的邊將。苗授除了是將家子外，更是苗氏將門的第三代傳人，苗氏到他就發揚光大。

安撫使王拱辰（1012～1085）上奏，表王吉前與夏人作戰，為流矢所中，現疾發且甚。故宋廷特賜藥以撫之。《長編》在卷一百八十五，嘉祐二年二月壬戌（十六）條，述及宋夏屈野河邊界，就記「初，麟府西南接銀州，西北接夏州，皆中國地也。慶曆中，元昊既納款，知麟州禮賓副使張繼勳奉詔定界至而文案無在者，乃問州人都巡檢王吉及父老等，皆云繼遷未叛時，麟州之境，西至俄枝、盤堆及寧西峰，距屈野河皆百餘里。」考元昊向宋稱臣在慶曆四年五月丙戌（廿五）。宋廷在是年十二月乙未（初八）始遣使冊他為夏國主。元昊到慶曆五年二月壬辰（初五）才遣人賀正旦。則元昊納款，張繼勳奉詔查察及定界，最早當在慶曆五年二月。時間上吻合苗繼宣在五年二月自麟州調知忻州。而是條提到麟州人都巡檢王吉，也吻合王吉前述的記載。故可判定，繼苗繼宣知麟州的是張繼勳。不過，據載張繼勳不久坐事而去，由王亮繼任，之後繼知麟州的有西上閤門使張希一。到嘉祐二年五月屈野河之役，知麟州為六宅使武勘。參見《長編》，卷一百五十七，慶曆五年十二月癸丑條，頁3811；卷一百六十八，皇祐二年二月乙丑條，頁4033；卷一百八十五，嘉祐二年二月壬戌條，頁4469～4471、4476～4477；卷一百八十六，嘉祐二年八月癸亥條，頁4488；《宋史》，卷十一〈仁宗紀三〉，頁218～220；卷四百八十五〈外國傳一・西夏上〉，頁13999；李埴（1161～1238）（撰），燕永成（校正）：《皇宋十朝綱要校正》（北京：中華書局，2013年6月），卷六〈仁宗〉，頁203～204。

〔註17〕《長編》，卷一百六十六，皇祐元年三月丁酉條，頁3991；卷一百七十二，皇祐四年三月丙寅條，頁4140；卷一百八十，至和二年八月癸丑條，頁4366；卷一百九十，嘉祐四年七月甲辰條，頁4578；卷一百九十一，嘉祐五年五月己丑條，頁4623～4624。按郭諮所進獨轅衝陣無敵流星弩，到皇祐四年（1052）三月丙寅（廿一），獲河東及陝西都部署司上奏稱許，可以備軍之用。宋廷詔弓弩院如樣造之。至和二年（1055），郭諮獲擢為鄜延路鈐轄，大概亦不再兼知忻州。接任知忻州可能是四方館使李中吉（？～1059 後）。按李中吉在嘉祐四年七月以過自知忻州降為汝州鈐轄，他可能在至和二年後繼知忻州。按郭諮在至和二年八月癸丑（廿八）以西上閤門使英州刺史任契丹祭奠副使，出使遼國。後來出知潞州，他在嘉祐五年五月己丑（初二）既獻所造拒馬車，又陳奏他所創車弩可以破遼人堅甲，制遼騎奔衝，他說若多設之，加以大水之助，可取幽燕，稍後他又上〈平燕議〉。仁宗壯其言，尋命他同提點在京諸司庫務，及宋廷揀內軍器庫兵仗，又命他提舉。郭是當時的兵器專家。

第二章　允文允武：苗氏將門興家人物苗授前期戎馬生涯

　　從仁宗朝（1010～1063，1022～1063 在位）開始，因西夏連番入侵，西北邊庭需大量將士守邊，許多武略、武技不凡的豪傑得以時勢造英雄，建功立業，如仁宗朝的一代名將狄青（1008～1057），另外，也興起了不少以西北為根據地的將家，如种氏將門。〔註1〕到神宗（1048～1085，1067～1085 在位）推行新政，並志切開邊西北，武臣更有用武之地，其中潞州上黨苗氏將家也乘時崛起。本章所論述的，便是苗氏將家的真正起家人、在神宗朝隨後來拜樞密副使的儒將王韶（1030～1081）與甚有武略的內臣李憲（1042～1092）攻取河州（今甘肅臨夏回族自治州臨夏市）、洮州（今甘肅甘南藏族自治州臨潭縣）、岷州（今甘肅定西市岷縣）、熙州（今甘肅定西市臨洮縣）及蘭州（今甘肅蘭州市），並在神宗及哲宗（1077～1100，1085～1100 在位）朝兩度出任三衙管軍之首的殿前副都指揮使苗授（1030～1096）。

　　苗授是苗氏將門的第三代，卻以將家子而進國子監隨大儒胡瑗（字翼之，

〔註 1〕种氏將門由仁宗朝的种世衡（985～1045）起家，經歷第二代的种諤（1027～1083）、种診（？～1083 後）、种詁（約 1024～1093）、种誼（？～1096 後）兄弟，第三代的种朴（？～1099）、种師道（1051～1126）和种師中（1059～1126）兄弟，到南宋初年第四代的种湘（？～1135 後）、种浤（？～1138 後）、种洌（？～1127 後）、种浻（？～1160 後）而絕。有關种氏將門的興起，可參閱曾瑞龍（1960～2003）：《北宋种氏將門之形成》（香港：中華書局，2010 年 5 月）；及曾瑞龍：《拓邊西北：北宋中後期對夏戰爭研究》（香港：中華書局，2006 年 5 月），第三章〈被遺忘的拓邊戰役：趙起《种太尉傳》所見的六逋宗之役〉，頁 79～123。

993～1059）學習。據其墓誌銘及《宋史》本傳所記，他隨胡瑗學習後，「平居侃侃儒者」。為此，他以一介武臣而被清初大儒黃宗羲（1610～1695）所著的《宋元學案》列入胡瑗的門人中，稱他為「莊敏苗先生授」。這似乎是宋代武臣不多的例子。〔註2〕他的軍旅生涯始於仁宗後期，他以三班使臣被派擔任并州（今山西太原市）多個低級兵職，並先後追隨仁宗及英宗朝（1032～1067，1063～1067在位）多位名臣、重臣，包括曾任宰相的龐籍（988～1063）、韓琦（1008～1075）、梁適（1001～1070）、文彥博（1006～1097）、陳升之（即陳旭，1011～1079），擔任樞密副使的孫沔（996～1066）、任宣徽北院使臣的王拱辰（1012～1085）及後來任參政的唐介（1010～1069）。苗授在神宗、宣仁高太后（1032～1093）臨朝及哲宗親政時期，因宋廷對開邊政策的反覆而有起跌：他在神宗朝仕途得意，備受重用，出任知熙州重任並擢陞管軍，他在元豐六年（1083）九月，還獲召回京執掌禁旅。到高太后垂簾舊黨回朝時，雖然在元祐三年（1088）七月還依次晉為殿前副都指揮使，但未幾便自請罷職出外，此後被投閒置散。到哲宗親政，新黨回朝掌權，在紹聖元年（1094）正月，在六十五之齡，卻又重獲召，再任殿帥之職，直到翌年九月卒於任上。他的經歷可以反映宋廷開邊政策的反覆。本章先考論苗授的早年仕歷和前期的戎馬生涯，特別是在熙寧前期追隨王韶開邊西北的戰功。

一、苗授早年仕歷

苗授字受之，他卒於紹聖二年（1095）九月，得年六十七，以此上推，他當生於天聖八年（1030）。據〈苗授墓誌銘〉所記，他「少以父任三班奉職，為人頎秀而沉敏，喜讀書屬文，皇祐中，聞胡瑗在太學，挾策歸之，補國子生，中優等。以父老而去從仕。」按苗京（繼宣）在慶曆元年已擢禮賓使領資州刺史，五年陞并代鈐轄知忻州。以他的官位，其子苗授乃可以蔭補授小使臣次低一階的三班奉職。胡瑗是北宋中期著名的經學家和教育家。按胡瑗在皇祐四年（1052）十月甲戌（初二）為光祿寺丞入為國子監直講。皇祐五年（1053）九月庚寅（廿四）遷大理寺丞。嘉祐元年（1056）十二月兼管勾太學，至嘉祐四年（1059）正月戊申（十三）以疾自太子中允、天章閣侍講請致仕，宋廷授太

〔註2〕黃宗羲（著）、全祖望（1705～1755）補修，陳金生、梁運華（點校）：《宋元學案》（北京：中華書局，1986年12月），第一冊，卷一〈安定學案〉〈安定門人・莊敏苗先生授〉，頁48～49。按黃宗羲所記苗授的生平，全錄自《宋史・苗授傳》。

常博士，同年六月卒於杭州（今浙江杭州市）。則苗授入國子監補國子生當在皇祐五年後。苗授在皇祐五年二十四歲，他在國子監學習多久不詳，他試中優等，應該在監中至少學習一兩年。他以父老而棄學出仕，相信在至和二年（1055）後。〔註3〕

苗授為將家子，卻「喜讀書屬文」，又隨名師在國子監學習，考得優等生。文臣士大夫也為他這番特別的資歷而稱美他「平居侃侃若儒者」，他的文化素養顯然幫助他後來出任常要和文臣打交道的殿帥少了障礙。〔註4〕他在國子監，學到甚麼與他的軍旅生涯有助？據方震華的研究，胡瑗在慶曆年間，以其所撰的〈武學規矩〉上呈仁宗，請求再在國子監設武學，他主張武學以《論語》及《孫子》為主要的教材，兼顧培養學生的德行與謀略。《五朝名臣言行錄》引《呂原明記》（疑即呂希哲《呂氏雜記》，惟該書現存的版本未載此條）即云：「今國子監直講內，梅堯臣曾注《孫子》，大明深義，孫復而下，怕明經旨。臣曾任邊陲，頗知武事，若使堯臣等兼蒞武學，每日只講《論語》，使知忠孝仁義之道，講《孫》、《吳》，使知制勝禦敵之術，於武臣子孫中有智略者三二百人教習之，則一二十年之間，必有成效。臣已撰成《武學規矩》一卷進呈。」雖然「時議難之」，他的意見當時未被宋廷接受；但到皇祐四年後胡瑗主持國子監，相信他會重申當年的武學主張。而苗授正是武臣子孫中有智略者，相信當受胡這方面的教導，將儒學與兵學融而為一。〔註5〕

據《邵氏聞見錄》所載，苗授為小官時，「客京師逆旅中，未嘗出行，同

〔註3〕附錄：〈苗授墓誌銘〉；《東都事略》，卷八十四〈苗授傳〉，葉三下（頁1282）；《宋史》，卷三百五十〈苗授傳〉，頁11067；《長編》，卷一百七十三，皇祐四年十月甲戌條，頁4175；卷一百七十五，皇祐五年九月庚寅條，頁4234；卷一百八十九，嘉祐四年正月戊申條，頁4548；胡鳴盛：《安定先生年譜》（原載《山東大學文史叢刊》第一期），現載吳洪澤、尹波（主編）：《宋人年譜叢刊》，第二冊（成都：四川大學出版社，2003年1月），頁669～689。關於胡瑗近年的研究，可參見黃富榮：〈胡瑗抄襲孫復經說與孫胡交惡——由胡瑗的春秋學佚文說起〉，載姜錫東（主編）：《宋史研究論叢》第十二輯（保定：河北大學出版社，2011年12月），頁461～479。

〔註4〕附錄：〈苗授墓誌銘〉；《東都事略》，卷八十四〈苗授傳〉，葉四上（頁1283）。

〔註5〕參見方震華：〈文武糾結的困境——宋代的武舉與武學〉，原刊於《臺大歷史學報》三十三期（2004年6月），2006年3月修訂，現刊於宋史座談會（主編）：《宋史研究集》第三十六輯（臺北：新文豐出版股份有限公司，2006年7月），頁74～75、116；《八朝名臣言行錄》，《五朝名臣言行錄》，卷十之二〈安定胡先生〉，頁318。

輩以為笑。」〔註6〕考苗授以小官而客旅京師，疑即指他在國子監受業時。大概他專心學習，也謹慎自持，故未嘗出遊。

苗授正式出仕第一份差遣，是監并州在城藥蜜庫。大概宋廷體恤其父任職并代鈐轄，就給苗授一份并州的差事，方便他奉養父母。藥蜜庫的職能和管理，據《宋會要‧食貨五十二》有詳細的記載，藥蜜庫在京師「宣義坊，掌糖蜜、藥物供馬醫，以京朝官、三班三人監管。太宗淳化五年（994）三月，詔藥蜜庫今後諸州交納到藥蜜，其盛貯物，若本處明有公文稱是納人自備者，即時給付。真宗景德四年（1007）八月，詔藥蜜庫支諸班軍喂馬藥，每馬上槽時，將樣逐月一次上殿進呈訖散。大中祥符七年（1014）三月，詔自今蜜庫祇差京朝官各一員監掌，其監官、專、副，一年一替，候守支滿底，別無少欠，即監官發遣歸班。」「熙寧三年（1070）三月十四日，詔併在京瓷器、藥蜜兩庫入雜物庫，留藥蜜庫官一員管勾，雜物庫官別與合入差遣。」《文獻通考》亦記載，「藥蜜庫，監官二人，以京朝官充，掌受糖蜜藥物，以供馬醫之用。」又據《呂氏雜記》所載，「治平初，某監藥蜜庫，出黃蘗供染紙處，其色甚鮮。」在宋人文集中，多有記載文臣出任監在京藥蜜庫。惟記載以三班使臣充監官，以及監并州在城藥蜜庫，目前就只有苗授一例。〔註7〕

苗授監并州在城藥蜜庫時，他的上司知并州是誰？考知并州兼河東路安撫使，在皇祐五年五月前至和二年二月是韓琦，韓琦任知并州時，在皇祐五年七月庚申（廿三）推薦勇將趙滋（1008～1064）為莊宅副使兼閤門通事舍人

〔註6〕邵伯溫（1056～1134）（撰），李劍雄、劉德權（點校）：《邵氏聞見錄》（北京：中華書局，1983 年 8 月），卷八，頁 84。

〔註7〕附錄：〈苗授墓誌銘〉；蘇頌（1020～1101）（撰），王同策等（點校）：《蘇魏公集》（北京：中華書局，1988 年 9 月），卷五十七〈光祿卿葛公墓誌銘〉，頁 873；卷五十九〈職方員外郎郭君墓誌銘〉，頁 905；王安禮（1035～1096）：《王魏公集》，文淵閣《四庫全書》本，卷七〈賈圭墓誌銘〉，葉二上下；呂希哲（1039～1116）撰，夏廣興（整理）：《呂氏雜記》，收入朱易安等（主編）：《全宋筆記》第一輯第十冊（鄭州：大象出版社，2003 年 10 月），卷下，頁 288；《宋會要輯稿》，第六冊，〈職官二十七‧太府寺〉，頁 3712；第十二冊，〈食貨五十二‧藥蜜庫〉，頁 7176；馬端臨（1254～1323）（撰），上海師範大學古籍研究所暨華東師範大學古籍研究所（點校）：《文獻通考》（北京：中華書局點校本，2011 年 9 月），第三冊，卷五十六〈職官考十‧太僕卿〉，頁 1645。據蘇頌所記，官至光祿卿的葛閎（字子容，1003～1072），在出仕不久被罷官，復出後即任監在京藥蜜庫。另官至職方員外郎的郭源明（字潛亮，1022～1076），也曾監在京藥蜜庫。另王安禮也記仁宗朝宰相賈昌朝子賈圭（1028～1072），也在早年以殿中丞國子博士，被謫監在京藥蜜庫。

權并代鈴轄。他在至和元年五月戊寅（十五），請自今河北、陝西和河東兵每春秋大閱，其武藝絕倫者，就免軍中諸役，如本軍將有闕就先補之。從以上可知韓琦一直識才愛才，他任知并州時，是否遇上苗授，暫未可考。苗授出仕獲委監并州在城藥蜜庫，也許是韓琦離開并州後。考韓琦在至和二年二月乙巳（十七）以疾請罷知并州，宋廷將韓徙知他家鄉的相州（今河南安陽市），而以另一重臣觀文殿學士、戶部侍郎知河陽（今河南焦作市孟州市）富弼（1004～1083）為宣徽南院使知并州。但富弼在是年六月戊戌（十一）即被召還拜相。繼任判并州的是宣徽北院使王拱辰，但因言官反對，同月己亥（十二）王改知永興軍（今陝西西安市），而由原調知永興軍的前任宰相龐籍為昭德軍節度使改知并州。據上推論，苗授大概是富弼判并州時被委監藥蜜庫的。〔註8〕

　　龐籍在至和二年六月出任知并州後，苗授獲辟監較藥蜜庫重要的甲仗庫，管理軍械。當時通判并州的是殿中丞集賢校理司馬光，同在龐籍麾下，二人大概認識。龐籍在并州兩年半，在嘉祐二年（1057）十一月戊戌（廿六），因五月庚辰（初五）宋軍兵敗於斷道塢，他被劾匿隱司馬光曾上之議而被罷，徙知青州（今山東濰坊市青州市）。繼知并州首先是前樞密副使孫沔，孫在嘉祐四年五月丙午（十三）徙知壽州（今安徽六安市壽縣）後，繼任的是另一舊相梁適。而在嘉祐四年十月癸酉（十二），在韓琦的主張下，并州陞為太原府。梁適奏薦苗授出任在慶曆年間修復，在府州府谷縣的安豐寨（今陝西榆林市府谷縣北城圪博村）兵馬監押，當在嘉祐四年五月後。梁適大概在嘉祐末年徙知河陽，宋廷以前宰臣文彥博判太原府，但文不久以丁母憂去職，改由前樞密副使、資政殿學士陳升之繼任知太原府。苗授大概在陳升之到來時再遷安豐寨主。〔註9〕

〔註8〕　《長編》，卷一百七十四，皇祐五年二月癸卯條，頁4207；卷一百七十五，皇祐五年七月庚申條，頁4221；卷一百七十六，至和元年五月戊寅條，頁4262；卷一百七十七，至和元年十二月庚子條，頁4295；卷一百七十八，至和二年二月乙巳至丙午條，頁4316～4317；卷一百八十，至和二年六月戊戌至甲辰條，頁4353～4354；七月戊辰條，頁4358～4359。

〔註9〕　龐籍、孫沔及梁適二人均在罷相及罷樞後先後出知并州。龐籍在皇祐五年閏七月壬申（初五）罷相，以戶部侍郎本官出知鄆州（今山東菏澤市鄆城縣）。至和二年六月徙知永興軍，未行改知并州。龐籍在嘉祐二年十一月戊戌（廿六）罷知青州。繼任的是觀文殿學士禮部侍郎孫沔。孫在嘉祐四年二月乙亥（初十）以河東經略安撫使請廢府州及麟州十二堡寨使臣，河東經略安撫使

英宗在嘉祐八年三月辛未（廿九）繼位後，陳升之在治平二年五月癸亥（初四）復用為樞密副使。誰繼知太原府？《長編》記宋廷以翰林學士權知開封府馮京（1021～1094）為陝西安撫使代替陳升之，似乎陳升之召還前已調任陝西安撫使，而非河東安撫使知太原府。據李之亮所考，繼陳升之知太原府的是權御史中丞龍圖閣學士唐介。唐在治平二年任河東路經略安撫使知太原府，任職三年。到治平四年正月神宗立不久，召還任三司使。據〈苗授墓誌銘〉所記，苗授任安豐寨主後，擢忻代都巡檢使。未行，而韓琦經略陝西，將苗另

例兼知并州，則孫沔已於嘉祐四年二月前知并州。他當是接龐籍之任。孫在同年五月丙午（十三）調知壽州後，就由梁適繼任。梁適在皇祐五年閏七月壬申（初五）繼為次相後，在至和元年七月戊辰（初七）因言官所劾罷相出知鄭州（今河南鄭州市），八月丙午徙知秦州。嘉祐二年八月徙知永興軍，梁適當在孫沔調任後，在嘉祐四年二月後繼知并州。據歐陽修所記，梁適在嘉祐五年六月十七日已自定國軍節度使知并州。據《宋史·梁適傳》所載，梁在收復屈野河失地六百里後以風疾請離邊郡，於是徙知河陽府，以太子太保致仕，熙寧二年十二月（1070）卒。據李之亮及申利的考證，文彥博大概在嘉祐七年（1062）以左僕射判太原府，八年（1063）二月他以繼母申氏卒而守制去職，相信稍後就由資政殿學士陳升之繼知太原府。按陳升之在嘉祐六年（1061）四月庚辰（廿七）罷樞副出知定州（今河北保定市定州市），《宋史·陳升之傳》記他知定州後再徙知太原府。考《長編》與《宋會要輯稿》記他在治平元年（1064）六月癸丑（十九）以知太原府上言，以母老請徙知揚州（今江蘇揚州市）、越州（今浙江紹興市）或湖州（今浙江湖州市）以便奉養。則陳當早在嘉祐末年已自定州徙知太原府。考宋廷不允他所請，以邊臣當久任，難於屢易。參見《長編》，卷一百七十五，皇祐五年閏七月壬申條，頁4223；卷一百七十六，至和元年七月戊辰至己巳條，頁4264～4265；八月丙午條，頁4272；卷一百八十二，嘉祐元年六月庚午條，頁4412～4414；卷一百八十五，嘉祐二年五月庚辰條，頁4476～4478；七月丁酉條，頁4486；卷一百八十六，嘉祐二年十二月戊戌條，頁4494～4495；卷一百八十九，嘉祐四年二月乙亥條，頁4551；卷一百九十三，嘉祐六年四月庚辰條，頁4666；卷一百九十五，嘉祐六年十月壬午條，頁4726；卷二百二，治平元年六月辛亥條，頁4892；《宋會要輯稿》，第八冊，〈職官六十·久任官〉，頁4675；第十六冊，〈方域十八·安豐寨〉，頁9632；〈方域二十一·邊州·府州〉，頁9699；附錄：〈苗授墓誌銘〉；歐陽修（撰）、李逸安（點校）：《歐陽修全集》（北京：中華書局，2001年3月），第四冊，卷八十九〈內制集卷八·賜定國軍節度使知并州梁適進奉謝恩馬詔·嘉祐五年六月十七日〉，頁1304；王珪（1019～1085）：《華陽集》，文淵閣《四庫全書》本，卷五十八〈梁莊肅公適墓誌銘〉，葉七上；《宋史》，卷二百八十五〈梁適傳〉，頁9624～9625；卷三百十二〈陳升之傳〉，頁10237；卷三百十三〈文彥博傳〉，頁10261；申利：《文彥博年譜》（成都：巴蜀書社，2011年5月），頁131～132；李之亮：《宋河北河東大郡守臣易替考》（成都：巴蜀書社，2001年5月），「并州太原府」，頁282。

有任用。以此推論，苗授大概在治平四年初，唐介尚未召還前被擢為忻代都巡檢使。〔註10〕

　　苗授尚未就任新職的忻代都巡檢使，在治平四年九月辛丑（廿六）自請罷政的首相韓琦，先出判相州，再在十一月，改判永興軍兼陝府西路經略安撫使，全權處置因种諤擅興兵取綏州（今陝西榆林市綏德縣）引發的問題。韓琦一直任職至熙寧元年（1068）七月，才以疾求罷，神宗挽留不果，將韓琦復知相州。當韓琦經略陝西時，就奏移苗授為陝西經略司準備差使，並把他從河東徙往陝西的原州（今甘肅慶陽市鎮原縣），任駐泊都監，稍後再將他調為鎮戎軍三川寨主兼西路緣邊同巡檢使，考三川寨（今寧夏固原市彭堡鄉隔城子古城）是鎮戎軍所轄之要塞，與定川寨（今寧夏固原市中河鄉大營村硝河西北岸黃嘴古城）與劉璠堡（今寧夏中衛市海原縣西南）等堡寨在鎮戎軍西北。而鎮戎軍接夏界天都山只有百餘里，其與石門堡（塔子嘴，今寧夏固原市黃鐸堡鄉西寺口子）前後峽連接，據涇原安撫使王堯臣（1003～1058）在慶曆三年（1043）正月丙子（初七）上奏所言，該地最為夏騎奔衝之路。他指出三川寨地勢據險，可以保守，而定川與劉璠兩寨，新經修築，而定川城壁不甚完整，要增葺及添置兵馬糧草之備。他更指出三寨之寨主和監押，當令本路主帥舉辟材勇班行出任。韓琦委任苗授為三川寨主，與王堯臣當年之意同。苗授的本官，在熙寧初年已從三班使臣累遷至諸司副使最低一階的供備庫副使。〔註11〕

二、初試啼聲：隨王韶立功熙河

　　神宗在繼位後，即銳意推行新政，謀求富國強兵，更大的鴻圖是克遼破

〔註10〕王珪：《華陽集》，卷五十七〈推忠佐理功臣正奉大夫行給事中參知政事上護軍魯國郡開國公食邑二千三百戶食實封四百戶賜紫金魚袋贈禮部尚書謚質肅唐公墓誌銘〉，葉十五上至十六上；《長編》，卷二百五，治平二年五月辛亥條，頁4963～4966；《宋史》，卷三一六〈唐介傳〉，頁10328～10329；李之亮：《宋河北河東大郡守臣易替考》，頁282；考陳升之在治平元年六月求調離太原不允，他在甚麼年月離開太原，待考。考唐介在熙寧元年正月以權三司使為給事中參知政事，熙寧二年四月卒，他在治平四年何月何日召還任權三司使，王珪所撰之墓誌亦未言明。待考。

〔註11〕《宋史》，卷十四〈神宗紀一〉，頁266；韓琦（撰），李之亮、徐正英（箋注）：《安陽集編年箋注》（成都：巴蜀書社，2000年10月），下冊，附錄三：宋佚名（撰）：《韓魏公家傳》，卷六，頁1826～1830；卷七，頁1830～1836；附錄：〈苗授墓誌銘〉；《長編》，卷一百三十九，慶曆三年正月丙子條，頁3338～3339；卷一百四十，慶曆三年四月己未條，頁3366；卷二百四十三，熙寧六年三月丁未條小注，頁5912。

夏，開疆闢土。王安石在熙寧二年（1069）二月庚子（初三）自翰林學士拜參
政，再在熙寧三年（1070）十二月丁卯（十一）拜相。神宗委王安石推動新政。
深為王安石賞識，早於熙寧元年（1068）上〈平戎策〉，請開西邊的河湟以制
西夏的計議而受神宗賞識的王韶，便以保平軍節度推官，在熙寧三年四月戊寅
（十八）與西京左藏庫副使高遵裕（1026～1085）獲委為提舉秦州西路緣邊蕃
部兼營田市易事。王安石為了讓王韶辦好事，就將與王不恰的秦州守臣李師中
（1013～1075）、向寶（？～1079）及竇舜卿（985～1072）一一調走，改以他
的同年友好首相韓絳（1012～1088）之弟天章閣待制韓縝（1019～1097）代知
秦州。王安石又向神宗推許王韶人才難得，說他欲結連生羌，又能隻身入蕃部
俞龍珂（後改名包順，？～1099後）招撫他舉族歸順，可謂有智有勇，又稱王
的擘畫，決知無後害，主張委以取青唐重任。雖然樞密使文彥博及樞密副使馮
京與台諫力責王韶欺罔生事，一度罷官；但在王安石的極力維護下，王韶在熙
寧四年六月丙子（廿三）復官為著作佐郎。〔註12〕

　　苗授在熙寧初年於三川寨兼西路緣邊同巡檢使任上的事功不詳，據《長
編》所記，涇原經略司上奏，西夏於熙寧三年十二月庚午（十四），夜引輕騎
過邊壕，抄掠鎮戎軍的三川寨和獨家堡，弓箭手巡檢趙普伏兵壕外，擊之，獲
馬十二匹還。神宗以趙有智，詔遷他一資。趙普當是苗授的部屬，這次夏人入
寇，似乎苗授沒有迎戰。值得注意的是，苗授的上司知渭州（今甘肅平涼市）、
涇原經略安撫使是甚有武幹的文臣蔡挺（1020～1079），蔡挺所發明的教陣
法，對苗授後來領軍作戰肯定大有幫助。而另一上司涇原路總管張玉（？～
1075）則是平儂智高（？～1055）有功的名將。大概是蔡挺的推薦，張玉後來
調任秦鳳路副都總管，擔任王韶第一輪西征的主將。苗授能在蔡、張兩員強將
的麾下，自然獲益良多。〔註13〕

〔註12〕《長編》，卷二百十，熙寧三年四月戊寅條，頁5101；卷二百十八，熙寧三年
　　　　十二月丁卯條，頁5301；卷二百十二，熙寧四年六月丙寅條，頁5144～5146；
　　　　丁亥條，頁5160～5162；卷二百十三，熙寧三年七月丙辰條，頁5188～5189；
　　　　卷二百十四，熙寧三年八月辛未條，頁5205～5207；卷二百二十四，熙寧四
　　　　年六月丙子條，頁5458～5461；《宋史》，卷十四〈神宗紀一〉，頁270；卷十
　　　　五〈神宗紀二〉，頁278。按韓絳與王安石同日拜相，韓絳在陝西宣撫使任上
　　　　拜昭文相，王安石拜監修國史相。翰林學士承旨王珪拜參政。三人都是同年進
　　　　士。

〔註13〕《長編》，卷二百十八，熙寧三年十二月庚午條，頁5304；卷二百二十一，熙
　　　　寧四年三月庚寅條，頁5373；卷二百二十四，熙寧四年六月庚申條，頁5444；

　　宋廷在熙寧四年（1071）七月辛亥（廿八），詔陝西四路防秋之策，苗授所任職的涇原路鎮戎軍的防守策略，是若夏人寇鎮戎軍，即以萬人并本將軍馬駐本軍，以弓箭手五千人為遊兵，別以五千人守瓦亭寨（古蕭關，今寧夏固原市瓦亭鄉），再移靜邊寨（今甘肅平涼市靜寧縣紅土嘴，又名鮑家嘴頭）所駐正兵，弓箭手取三川路合勢。〔註14〕

　　苗授還在鎮戎軍三川寨執行防夏之守備時，神宗於是年八月丁巳（初五）正式委王韶以開邊重任：王韶以太子中允秘閣校理兼管勾秦鳳路緣邊安撫使兼營田市易，高遵裕權秦鳳路鈐轄同管勾安撫司兼營田市易。神宗又應王韶之請，以青唐大首領董氈（1032～1083）、木征（1036～1077）信佛，遣王安石信任而熟悉羌情的僧智緣（？～1074）乘驛隨王韶驅使。神宗又置洮河安撫使，自古渭寨接青唐、武勝軍（後改熙州、鎮洮軍節度使，今甘肅定西市臨洮縣），負責招納蕃部市易及募人營田等事，均令王韶主之。又命秦鳳經略司負責調發軍馬及計置糧草。〔註15〕

　　卷二百三十，熙寧五年二月壬戌條，頁5592～5593；卷二百三十三，熙寧五年五月丁未條，頁5667～5668。據《長編》所記，蔡挺在涇原，「建勤武堂，諸將五日番上教閱，五伍為隊，五隊為陣，陣橫列，三鼓而出之，並三發箭復位，又鼓之，逐隊槍刀齊出，以步鼓節之為擊刺狀，十步而復。以上凡復位皆聞金而退。騎兵亦五伍為列，四鼓而出之，射箭盤馬。先教前一日，將官點閱完備，及赴教，再閱之，隊中人馬皆強弱相兼，強者籍姓名為奇兵，隱於隊中，遇用奇則別為隊出戰。涇原路內外凡七將，又涇、儀州左右策應將，每將皆馬步兵各十陣，分左右各第一至五，每閱一陣，此其大概也。」當蔡挺在熙寧五年二月丙寅（十六）召入為樞密副使後，神宗甚善其法，在熙寧五年五月丁未（廿八），就詔以涇原路蔡挺衛教陣隊於崇政殿引見。關於張玉的生平及戰功，可參閱何冠環：〈狄青（1008～1057）麾下兩虎將──張玉（？～1075）與賈逵（1010～1078）〉，載何著：《北宋武將研究》（香港：中華書局，2003年6月），頁341～384。

〔註14〕《長編》，卷二百二十五，熙寧四年七月辛亥條，頁5493～5494。

〔註15〕考智緣《宋史》及《長編》所引之《神宗史》均有傳。他是隨州人，善醫。在嘉祐末年召至京師，舍於相國寺。他據說能從診脈知人貴賤禍福休咎，診父之脈而能道其子吉凶。他所言如神，士大夫爭相找他診脈。王安石與王珪時同為翰林學士，王珪不信，惟王安石信之。王安石執政後，就薦他隨王韶招降木征，神宗召見後，起初要授他僧職，王安石以為不須，並說他曾對智緣說，以事功未立而授官，恐致人言。智緣亦同意。建議令市易司優給待遇，俟立功才授官，於是神宗加賜白金以遣，人稱「經略大師」。他有辯才，徑入蕃中，說服結吳叱臘（即木征）等歸降，而其族人俞龍珂等皆因他而以蕃字書納款。但他後來為王韶所忌，說他撓邊事，於是在熙寧五年召還，神宗以為右街首座，他在熙寧七年卒。而據范祖禹（1041～1098）所記，他又是道士號真靖大師陳

王韶征青唐第一功便是招得俞龍珂及旺奇巴等舉族內屬。宋廷即授俞龍珂等官職。〔註 16〕因秦鳳經略安撫使判秦州郭逵（1022～1088）處處制肘王韶，並劾奏王韶在市易錢欺弊，王安石就說服神宗在熙寧五年正月改由呂公弼（998～1073）加宣徽使代知秦州，而將郭逵徙判渭州，代替召入擔任樞密副使的蔡挺。王安石也為文彥博等攻擊王韶辯護。〔註 17〕

苗授的上司蔡挺離開涇原，苗授很有可能也在是年底被徵召率部隨王韶西征。據〈苗授墓誌銘〉所記，「熙寧五年，朝廷新復鎮洮。明年，公以兵從王韶為先鋒，破香子城，進拔河州。」苗授可能在熙寧五年中，王韶從秦州出發取武勝軍時就從征，到熙寧六年（1073）就擔任宋軍先鋒。值得注意的是，

景元（？～1091 後）的門下，時人號為安撫大師。周輝（1127～1198 後）對他為王安石診脈事，較《宋史》及《長編》為詳，記他在治平中曾為王安石診脈，說王安石子王雱將登科甲。當時在座的王珪不信，第二年王雱果然登第，智緣自矜其語靈驗，就往見王安石請賜文為寵，據說王安石為書曰：「妙應大師智緣，診父之脈，而知其子有成名之喜。翰林王承旨疑古無此，緣曰：昔秦醫和診晉侯之脈，知其良臣將死。夫良臣之命，尚於晉侯脈息見之；因父知子，又何怪乎？」不過，周輝引述其父友許寊（字志康）的意見，認為該文並非王安石所撰，只是智緣之徒假借王安石之重名以售其術。周輝亦記智緣曾從王韶經理洮河邊事，亦曾獲召對診神宗脈，神宗命以官，惟他不就。綜合群書所記，智緣頗為王安石信任，故獲授命佐王韶經理洮河。參見《長編》，卷二百二十六，熙寧四年八月辛酉條，頁 5501～5504；卷四百六十五，元祐六年閏八月甲申條，頁 11122～11124；《宋史》，卷四百六十二〈方技傳下·僧智緣〉，頁 13524；周輝（撰），劉永翔（校注）：《清波雜志校注》（北京：中華書局，1994 年 9 月），卷十一，第 2 條，「太素脈」，頁 463～465。

〔註 16〕按神宗最後在熙寧五年五月庚寅（十一），接受王安石的意見授俞龍珂西頭供奉官，並賜名包順。據王鞏的說法，俞龍珂來朝，引見時對押伴使說，他平生聞包拯是朝廷忠臣，他既歸漢，就請賜姓包。神宗遂從其請。此說真相如何待考。參見《長編》，卷二百二十八，熙寧四年十二月戊辰條，頁 5556～5557；卷二百三十三，熙寧五年五月庚寅條，頁 5653；王鞏（1048～1117）（撰），張其凡（1949～2016）、張睿（點校）：《清虛雜著三編·甲申雜記》（與《王文正公遺事》合本）（北京：中華書局，2017 年 7 月），第 21 條，「西羌于龍呵」，頁 273。

〔註 17〕《長編》，卷二百二十九，熙寧五年正月己亥條，頁 5571；壬寅條，頁 5575～5576；己酉條，頁 5582；卷二百三十，熙寧五年二月癸亥至丙寅條，頁 5593～5601；甲戌至丁丑條，頁 5604～5605；卷二百三十一，熙寧五年三月丙申條，頁 5612～5614；卷二百三十二，熙寧五年四月辛亥條，頁 5627；卷二百三十五，熙寧五年七月戊子條，頁 5700。考神宗因郭逵等指控王韶濫用市易錢，在熙寧五年四月辛亥（初二）派光祿寺丞杜純（1032～1095）往秦州推勘。杜純後以丁父憂罷，七月戊子（十一），改以御史蔡確（1037～1093）按劾秦鳳路經略司和緣邊安撫司。

後來與苗授在西邊並肩作戰、在治平四年十月癸酉（廿八）興兵復綏州，卻在熙寧元年二月丙辰（十三）坐擅興綏州之役而被貶賀州（今廣西賀州市）的原知青澗城（今陝西榆林市清澗縣城）悍將种諤，在熙寧五年正月戊申（廿八）也獲赦量移潭州（今湖南長沙市）。而另一員後來參與王韶開邊的大將高遵裕在熙寧五年五月以供備庫副使知豐州遷五資再任。高當時的名位高於苗授。〔註18〕

王韶在熙寧五年五月辛巳（初二），獲授兼知由古渭寨建成的通遠軍。神宗準備收復河隴，在王安石的極力贊同下，就以皇祐中收復的古渭寨建軍。王安石還說服神宗，將秦州寧遠等寨割給通遠軍，並應王韶之請，於青唐及武勝軍並新招降的馬祿族三處地方各建一堡寨。通遠軍成為後來建的熙河路一部份。辛卯（十二），王韶上奏，稱已拓地千二百里，招附蕃部三十餘萬口。神宗又下詔，命牽涉王韶一案的命官使臣都還舊任，因宋廷已準備出師武勝軍。而王安石又力主盡快結案，以便王韶能全力準備出師。〔註19〕

熙寧五年六月乙卯（初七），神宗遣他親信的內臣入內供奉官李憲為環慶路勾當公事，命他賜該路蕃官軍主以下絹米有差。〔註20〕李憲這時在環慶，苗授在涇原，並未共事。但很快李苗二人便結緣，苗授後來還長期在李憲麾下建功立業。

王韶初到通遠軍，便派部屬權通遠軍王存派兵掃蕩不順命的奄東熟戶，在王安石及蔡挺力爭下，神宗賞王存等五人各減磨勘三年。七月戊子（十一），王韶請討蕃部蒙羅角，以他搶奪西域賞賜的貨物，又不肯內附。王韶深得神宗信任，兩天後（庚寅，十三），神宗將他擢為右正言直集賢院，而從征的權秦鳳路鈐轄閤門通事舍人高遵裕就遷引進副使為秦鳳路鈐轄。王韶弟王夏，也以兄招納蕃部之功獲推恩為江寧府（今江蘇南京市）法曹參軍。〔註21〕

〔註18〕《長編》，卷二百二十九，熙寧五年二月戊申條，頁5582；卷二百三十三，熙寧五年五月丙戌條，頁5649；《皇宋十朝綱要校正》，卷七〈英宗〉，頁247；卷九〈神宗〉，頁276；《宋史》，卷十四〈神宗紀一〉，頁267。

〔註19〕《長編》，卷二百三十三，熙寧五年五月辛巳條，頁5645～5646；辛卯條，頁5654～5655；壬寅至乙巳條，頁5664～5666。起初樞密使文彥博及知秦州呂公弼反對割四寨予通遠軍，但王安石堅持欲彈壓諸羌使之臣服，就當令通遠軍氣勢增盛。神宗接受王之意見，於熙寧五年五月壬寅（廿三）詔割寧遠四寨予通遠軍。

〔註20〕《長編》，卷二百三十四，熙寧五年六月乙卯條，頁5675；癸亥條，頁5679。

〔註21〕《長編》，卷二百三十四，熙寧五年六月癸亥條，頁5677～5678；卷二百三十五，熙寧五年七月戊子至庚寅條，頁5703～5705。

　　王韶剛出師時麾下的將校，除了前述的王存、高遵裕，還有勇將王君萬（？～1080）與景思立（？～1074）。考王韶在七月奏請增防守人馬，神宗令他詳具人選以聞。是月己亥（廿二），神宗詔差之前立功的鎮戎軍定川寨弓箭手巡檢趙普、三川寨巡檢張進、德順軍中安堡巡檢馬倫、通邊寨（今寧夏固原市隆德縣正南，莊浪縣境水洛河與支流交匯處）巡檢魏奇各領去年經略司指揮團結防秋的第一等弓箭手共三千五百人，馬二千六百匹，排次策應王韶的秦鳳路通遠軍，該支生力軍由景思立及狄喜都部押，神宗又命二人帶領涇原第六將策應秦鳳路人馬。值得注意的是，三川寨巡檢張進這次獲召從征，作為他的上司苗授大概已從征。另外，涇原路最高級的武將、龍神衛四廂都指揮使昭州防禦使張玉此時奉召入闕奏事，他不久獲委隨王韶出征。〔註22〕

　　王韶在同月丙午（廿九）再擢為集賢殿修撰，神宗特別委已調為秦鳳路緣邊安撫司勾當公事的內臣李憲持詔賜王韶。命李憲「往視師，與韶進取河州」。王韶與李憲自此成為西征的搭檔，而此後成為苗授的直屬上司。〔註23〕

　　王韶在閏七月進軍順利，他請築乞神平堡（後改名慶平堡，今甘肅定西市臨洮縣東南八十里），獲羌人七千騎來坐守，又擊破不順的蕃部蒙羅角及瑞巴等族，獲其首領器甲，並焚其族帳，洮西大震。神宗即批示王盡快將立功將校名單進呈。神宗又命三司出銀絹總十萬付王韶的秦鳳緣邊安撫司以備邊費。〔註24〕

　　王韶獲得王安石的支持下，便準備進攻青唐大酋木征控制的南市城。八月初，木征渡過洮河為蒙巴角等族聲援，於是蕃族餘黨復集於抹邦山（即瑪爾巴山，在臨洮縣南35里）。王韶對諸將言，若宋軍進至武勝軍，則抹邦山可一舉而定。於是王派部將景思立、王存領涇原兵由竹牛嶺南路虛張聲勢，令蕃軍不疑；王韶本人就領大軍偷偷由東谷路直取武勝軍。王韶軍未至十里，即遇敵而破之，蕃部首領、木征謀主、包順兄瞎藥（？～1074，後改名包約）等棄城夜遁。甲申（初八），大首領曲撒四王阿珂出降，宋軍收復武勝軍。王韶上奏報

〔註22〕《長編》，卷二百三十五，熙寧五年七月辛卯條，頁5708；己亥至辛丑條，頁5717～5718；卷二百四十，熙寧五年十一月壬戌條，頁5831。據王安石所奏，王君萬因協同王韶，就被人劾在將官地種菜被廢。又秦鳳路將官中，鈐轄周永清沒有從王韶出征。

〔註23〕《長編》，卷二百三十五，熙寧五年七月丙午條，頁5719；《宋史》，卷四百六十七〈宦者傳二‧李憲〉，頁13638。

〔註24〕《長編》，卷二百三十六，熙寧五年閏七月壬子至甲寅條，頁5730；卷二百三十七，熙寧五年八月甲申條，頁5764。

捷。神宗與王安石及蔡挺等商議後，令王安石速與書王韶，下達處置蕃部的政策及弓箭手諸事。而等同監軍的李憲也上奏因築城武勝軍，請秦鳳路經略及轉運司供應守城戰具。他又奏王韶欲返通遠軍以備西夏，又遣馬忠蕩除抹邦山南不順蕃部。他請令王韶往武勝軍鎮守。神宗與王安石商議後，就令王韶往來通遠軍及武勝軍。壬辰（十六），宋廷賜武勝軍征役在軍者袍二萬領，又改武勝軍為鎮洮軍，以攻取武勝軍有功的引進副使帶御器械高遵裕兼知鎮洮軍，依舊秦鳳路鈐轄同管勾緣邊安撫司，所有本軍合置官吏，由他奏舉。癸巳（十七），又詔司農寺錢二十萬緡賜秦鳳路緣邊安撫司，又以三司錢三十萬緡賜鎮洮軍，並為常平本。總之，神宗不惜錢糧，支持王韶開邊。〔註25〕

　　宋廷在九月丙午朔（初一）詔以舉族來降的木征弟結吳延征為禮賓副使、鎮洮河西一帶蕃部鈐轄，丁未（初二），又詔鎮洮軍獻木及運木的蕃部，並優與價錢，又命自今應役使及有所獻的，並酬其值，用以招撫在鞏令城敗走的木征。戊申（十五），又詔王韶曉諭木征，限一月歸降，仍優與官爵，不然，則多方擒捕。〔註26〕

　　宋軍正在挺進時，主帥王韶卻與李憲意見不合。神宗覺察二人的分岐，九月癸亥（十八），他對王安石表示，聞知王韶有書與秦鳳帥呂公弼，憂慮麾下諸人「行遣不一」。神宗認為必定是李憲和王中正與王韶有異議。王安石為王韶說話，認為「不知三軍之權，而同三軍之任則軍疑，軍事最惡如此。」他以事權應統一，而有信心若專任王韶可破木征。神宗接受他的意見，表示已召還李憲，而王中正修城畢也會召還。〔註27〕

〔註25〕《長編》，卷二百三十六，熙寧五年閏七月戊辰條，頁5751；卷二百三十七，熙寧五年八月丁丑朔條，頁5757；甲申條，頁5763～5764；丁亥至癸巳條，頁5767～5771；卷二百三十八，熙寧五年九月丁巳條，頁5797；卷二百四十，熙寧五年十一月癸丑條，頁5825；《宋史》，卷三百二十八〈王韶傳〉，頁10580。據《長編》所記，高遵裕率乞神平堡（九月十二日改名慶平堡）兵夜行，晨至野人關，羌兵迎拒。高領親兵一鼓而破之，進圍武勝軍城下，羌兵渡洮河馳去，宋軍於是據有其城。另據陳守忠（1021～2019）的考證，抹邦山其下有抹邦河，即大南川，今訛為漫巴山、漫巴河。參見陳守忠：〈王安石變法與熙河之役〉，載陳著：《河隴史地考述》（蘭州：甘肅人民出版社，2007年1月），頁122，注2。又瞎藥在熙寧五年十一月癸丑（初八）來降，宋廷賜名包約，授內殿崇班本州蕃部都監。

〔註26〕《長編》，卷二百三十八，熙寧五年九月丙午朔條，頁5786；丁未條，頁5789；戊申條，頁5793。

〔註27〕《長編》，卷二百三十八，熙寧五年九月癸亥條，頁5799～5800。

　　木征並未應王韶之諭歸降，他還殺死降宋的蕃部李都克占父子。王韶考慮未來木征會進軍洮河，以洮水自北關下結河，泝流至香水城，可通漕，就請准宋廷，於鎮洮軍造船置水手及壯城兵，以五百人為額。〔註28〕

　　神宗在王安石的建議下，十月戊戌（廿三）改鎮洮軍為熙州，仍以鎮洮為節度軍額，分熙州、河州、洮州、岷州、通遠軍為一路，析秦州威遠寨以西，別置馬步軍都總管、經略安撫使，獨立於秦鳳路，所一應制置事，由本路經略安撫使司詳具以聞，而以王韶陞任龍圖閣待制、熙河路都總管、經略安撫使兼知熙州，另以高遵裕知通遠軍兼權熙河路總管。宋廷於辛丑（廿六），又詔熙河路依陝西緣邊四路之例置橫烽，遇敵兵入境，就遞相接應，其在蕃部地者，就以廂軍守之。另外，宋廷以鎮洮之役，知德順軍景思立率涇原第六將兼第一等弓箭手五千騎助戰，人皆精勇敢戰，所向克捷，以木征餘黨尚在，就特命景思立專以本將軍馬策應熙州。苗授後來就隸景思立麾下。〔註29〕

　　河州蕃部首領、木征謀主、包順兄瞎藥等在十一月癸丑（初八）來降，宋廷授以內殿崇班本州蕃部都監，賜名包約。但木征仍未肯歸降。同月癸亥（十八），郭逵訟告王韶一事結案，郭逵被責降知潞州落宣徽南院使，其屬官自通判馮潔己以下均被責降，王韶只輕罰銅八斤。王韶除去所有障礙，可全力開邊。神宗寵眷王韶之餘，於十二月乙亥朔（初一），詔賜王韶御製《攻守圖》、《行軍環珠》、《武經總要》、《神武秘略》、《風角集占》、《四路戰守約束》各部，並令秦鳳路經略司鈔錄。這些兵書，大概苗授後來都能讀到，對他後來用兵當有裨益。〔註30〕

　　因呂公弼以疾請罷秦鳳帥，神宗於十二月丁亥（十三），改以支持王韶的權秦鳳路轉運使司封郎中直集賢院張詵（？～1087）以直龍圖閣知秦州。〔註31〕

〔註28〕《長編》，卷二百三十九，熙寧五年十月丁亥條，頁5810；壬辰條，頁5811～5812；卷二百四十一，熙寧五年十二月己卯條，頁5876。宋廷在十二月己卯（初五），以河州歸順蕃部首領蘭逵納支為右侍禁充結河一帶蕃部巡檢。大概是王韶的建議，幫助守禦結河一帶。

〔註29〕《長編》，卷二百三十九，熙寧五年十月丙申至戊戌條，頁5818～5819；辛丑條，頁5821；卷二百四十二，熙寧六年二月丁酉條，頁5904；《宋會要輯稿》，第十六冊，〈蕃夷六・吐蕃〉，頁9911～9912。宋廷在熙寧六年二月丁酉）廿三）詔以秦鳳路軍馬六分屬新建的熙河路，兵二萬九千，馬二千二百，駐泊兵一萬三百，馬九百，土兵一萬八千，馬二千三百並屬熙河路。

〔註30〕《長編》，卷二百四十，熙寧五年十一月癸丑，頁5825；癸亥條，頁5832～5833；卷二百四十一，熙寧五年十二月乙亥朔條，頁5874。

〔註31〕《長編》，卷二百四十一，熙寧五年十二月丁亥條，頁5878～5879。

　　王韶第二波的開邊行動是攻取河州。這時李憲已回到熙州，與王韶一同籌劃。因高遵裕與王李二人在取河州之意見相左，王韶就讓高留守熙州。在熙寧五年第一波取熙州的征戰沒有表現的苗授，終於在取河州之役立下奇功。熙寧六年二月丙申（廿二），宋軍攻取河州。據〈苗授墓誌銘〉所載，「明年，公以兵從王韶為先鋒，破香子城，進拔河州。賊新潰尚銳，去圍香子城，以迎歸師。韶遣裨將回師救之，鬥死，乃以五百騎屬公，夜馳往。公勒所部百騎到帳，令曰：晨當破賊，皆賈勇聽命，奮擊大敗之。休卒二日，賊猶要我於架麻平，注矢如雨，眾懼，公聲言曰：第進無慮，氈排五百且至，前驅者傳呼，響震山谷，賊驚亂散逸，凡力戰者數十，斬首四千級，獲器械等以數萬計。」按《長編》在熙寧六年三月丁未條小注引紹聖二年九月《國史・苗授傳》所記此節，與〈苗授墓誌銘〉所記幾乎完全一樣，疑《國史・苗授傳》即錄自〈苗授墓誌銘〉。李燾據熙河路經略司所奏，記宋軍於二月丙申（廿二）克服河州，斬千餘級，木征遁走，生擒其妻。是日，香子城守將鈐轄奚起言蕃部數千犯城，掠奪輜重糧草。王韶派侍禁田瓊部率弓箭手七百餘人往援，至牛精谷，被敵邀擊，與其子田永吉均戰死。丁酉（廿三），王韶乃派苗授領勁騎至香子城增援。而據〈苗授墓誌銘〉所載，苗授於廿二晚率五百騎連夜馳往，苗授勒所部到帳，令諸軍當於翌晨破敵。苗部皆賈勇聽命，於廿三日晨奮擊，大敗敵人。王韶奏稱苗授殺退香子城蕃部後，他以大軍繼之，進討牛精諸谷，助擊蕃部，焚蕩族帳，獲千餘級，即日返回香子城，經求版築，以道路尚阻。於戊戌（廿四），又派景思立和王君萬率軍打通路徑，斬三千級，又得所掠及獲牛羊及糧斛等不可勝數。據〈苗授墓誌銘〉所載，王韶所奏景思立及王君萬所立之功，苗授大有功焉。稱其部休整兩天後，遇上敵軍在架麻平，矢下如雨，部屬恐懼，他就鼓勵部下不必恐，說援軍五百且至，於是領部下力戰，聲震山谷，敵軍驚走，最後斬首四千級，獲器械等數以萬計。〔註32〕按苗授所部五百騎隸景思立軍麾下，苗授墓誌銘將功勞歸於苗授，而王韶之奏就將功寄於景思立

〔註32〕附錄：〈苗授墓誌銘〉；《長編》，卷二百四十二，熙寧六年二月丙申至丁酉條，頁5904；卷二百四十三，熙寧六年三月丁未條，頁5912～5914；《宋會要輯稿》，第十四冊，〈兵九・出師三・木征〉，頁8760；《東都事略》，卷八十四〈苗授傳〉，葉三下（頁1282）；《宋史》，卷三百五十〈苗授傳〉，頁11067。按《東都事略・苗授傳》與《宋史・苗授傳》所載與前引紹聖二年九月《苗授傳》相同，當是抄錄自宋《國史・苗授傳》。又《宋會要輯稿》記，將破敵香子城之功歸於苗授。

及王君萬名下。〔註33〕

　　苗授的功績沒有被埋沒，三月己未（十六），苗授自諸司副使最低一階的供備庫副使超擢為諸司正使第十五階的西京左藏庫使，進入諸司正使行列。苗授在此役初建奇功，是年苗授已四十四歲。值得一提的是，讓他立功的主帥王韶恰巧與他同齡。宋廷又在在四月庚子（廿七）詔降敕書獎諭權涇原路鈐轄黃琮及河北緣邊安撫副使劉舜卿（1032～1092），以二人曾薦苗授可為主兵官，宋廷以苗授將先鋒下河州城及救香子城，斬首四千餘級之功，推功二人。〔註34〕

　　神宗在四月乙亥（初二）厚賞王韶以下將校，王韶陞為禮部郎中、樞密直學士，李憲擢為東染院使遙郡刺史，內臣走馬承受入內東頭供奉官李元凱為禮賓副使，知德順軍如京副使兼閤門通事舍人景思立超擢為東上閤門使河州刺史，另賜王韶絹三千疋。文思使鈐轄奚起遷皇城使。稍後，王韶又上河州有功將卒三千五百二十七人，另奏蕃官包順及包誠守岷州有功，詔各遷二資，並賜絹及金帶以賞之。〔註35〕

　　王韶從河州返回熙州後，再派部將張守約（1017～1091）渡過洮河，略定南山地，斬首七百級，築康樂城（後改康樂寨，今甘肅臨夏回族自治州康樂縣北康王城遺址）和劉家川堡（後改名當川堡，今甘肅臨夏回族自治州康樂縣劉家鄉）、結河堡（今甘肅定西市臨洮縣辛甸村）二堡，以通餉道。然後他在四

〔註33〕苗授一直隸景思立麾下，考王安石在熙寧六年十月對神宗言及，王韶雖為大帥，卻被景思立及高遵裕所陵慢。當王韶令景思立自擇要去處，其後約與景思立會合，景思立卻不肯來，只派苗授以下來。王安石這番話旁證了苗授一直隸景思立麾下。參見《長編》，卷二百四十七，熙寧六年十月辛巳條，頁6023～6024。

〔註34〕《長編》，卷二百四十三，熙寧六年三月己未條，頁5919；卷二百四十四，熙寧六年四月庚子條，頁5946～5947。宋廷也在擢陞苗授同時，擢同樣有功的內殿崇班閤門祗候王存為內藏庫副使，西頭供奉官閤門祗候王君萬為崇儀副使，左侍禁韓存寶（？～1081）為供備庫副使，左班殿直魏奇為內殿崇班，三班借職劉普為左侍禁，披帶班殿侍趙簡為左班殿直，左班殿直繳順為東頭供奉官，右班殿直郝貴為西頭供奉官，三班借職毛政為右侍禁，三班差使孟志、王維新為左班殿直，三班借差趙宣、下班殿直古慶並為右班殿直，共十四人，皆以河州功最，由經略司請先行賞。其後又第有功人為六等，自三官至一官及遞減磨勘年限有差。其中王君萬及韓存寶與苗授均長期並肩在西邊立功，而王存及魏奇不久陣亡。

〔註35〕《長編》，卷二百四十四，熙寧六年四月乙亥條，頁5930～5931；乙酉至丁亥條，頁5937。

月己亥（廿六）親自率兵破踏白城（今甘肅臨夏市北銀川河谷，現改名銀川鎮），斬首三千級，並城之。〔註36〕

五月丙午（初四），宋廷命知德順軍景思立調知河州，因河州仍在羌人手中，故移寧河寨（即香子城）治事。而以苗授代知德順軍，專統率涇原路正兵及弓箭手，出策應熙河及涇原路，以都監王寧（？～1074）副之。〔註37〕六月癸酉朔（初一），宋廷特別詔永興軍和秦鳳路轉運司發北城兵二千予景思立，助他築城河州。同月丁亥（十五），景思立將苗授所轄德順軍的降羌李奇濟等五十五人為洮西安撫司蕃勇敢，宋廷從之。宋廷稍後命其弟景思誼（？～1082）為秦州職官，照顧其母。神宗及王安石同意王韶的意見，令景思立管勾涇原兵馬，王韶就率熙河路及秦鳳路兵馬為後援。七月乙卯（十四），宋廷又將景思立擢為四方館使河州團練使，他的副將禮賓副使兼閤門舍人王寧為引進副使帶御器械，其餘部屬包括苗授各遷官，減磨勘年有差，以賞三月以來破蕩族帳，策應討踏白城及定羌城（即阿納城或河諾城，今甘肅臨夏回族自治州廣河縣城）之功。苗授大概於此時再遷官至皇城使。宋廷這時對景思立十分眷寵，倚他奪取河州。〔註38〕

王韶率兵以奇襲的方式穿越臨夏露骨山南入洮州界，破木征弟巴氈角（後賜名趙醇忠，？～1087後），盡逐南山諸羌。木征震恐，留其部屬守河州，自將精銳尾隨宋軍伺機攻擊。王韶麾下諸將都請直取河州，但王考慮宋軍兵臨河州城下，會被木征軍內外夾擊，他密分兵令景思立攻河州，而追尋木征軍而擊

〔註36〕《長編》，卷二百四十四，熙寧六年四月己亥條，頁5945～5946；卷二百四十五，熙寧六年五月丙午條，頁5949～5950；陳守忠：〈王安石變法與熙河之役〉，頁122～123。

〔註37〕附錄〈苗授墓誌銘〉，頁；《長編》，卷二百四十五，熙寧六年五月丙午條，頁5949～5950；丁卯條，頁5961。

〔註38〕《長編》，卷二百四十五，熙寧六年五月乙丑條，頁5959；六月癸酉朔條，頁5964；丁亥條，頁5968；己丑條，頁5969～5970；卷二百四十六，熙寧六年七月乙卯條，頁5981；己未條，頁5983。據〈苗授墓誌銘〉所記，苗「居數月，又破賊牛精谷，斬首三百級，遂取珂諾城。城之，賜號定羌，又城香子，賜號寧河寨。始盡得河湟故地。奏至，百官入賀。徙知德順軍。」按苗授破敵牛精谷，以及取珂諾城，築香子城，都是追隨景思立所建的，當景思立調知河州時，他就接替知德順軍之任。而所謂「始盡得河湟故地。奏至，百官入賀」等事，卻在苗授知德順軍後。值得一提，景思立兄西京左藏庫副使、遂州都監景思忠（？～1073）卻在六年五月乙丑（廿八）與夷人戰，死於遂州（今四川遂寧市）。

走之。八月，宋軍抵河州城下，蕃軍出降。〔註39〕

景思立屢建大功，可秦鳳路軍職兵職最高的副都總管、捧日天武四廂都指揮使張玉就戰功不顯，據載王韶本來想派他討青唐，但高遵裕反對而不果。張玉大概與王韶執掌中軍，一同征戰。〔註40〕

王韶隨後分兵破青龍族於綽羅川，打通熙州路，隨即拔取宕州（今甘肅隴南市岩昌縣）。疊州（今甘肅甘南藏族自治州迭部縣）欽令征、洮州郭廝敦皆相繼往王韶軍中以城請降，巴氈角亦以其族歸。這一次征戰，王韶大軍共行五十四日，涉地千八百里，收復五州，闢地自臨江寨至安城鄉，東西千里，共斬首三千餘級，獲牛羊馬以數萬計。十月庚辰（十一），熙河路走馬承受內臣李元凱以經略司捷奏抵京。辛巳（十二），王安石領群臣以收復熙州、洮州、岷州、疊州、宕州，幅員二千餘里，斬獲不順蕃部萬九千餘人，招撫大小蕃族三十餘萬帳，上表稱賀。神宗大悅，解所服玉帶賜王安石，並令內臣李舜舉諭旨。宋廷賞功，王韶晉為端明殿學士兼龍圖閣學士左諫議大夫，秦鳳路副都總管張玉（？～1075）晉宣州觀察使，知通遠軍權熙河路總管高遵裕徙為岷州刺史知岷州，引進副使張守約代知通遠軍。李憲亦以監景思立軍攻下踏白城之功，賞遙郡團練使寄資，並給全俸。〔註41〕

〔註39〕《長編》，卷二百四十六，熙寧六年八月丙申條，頁5998；卷二百四十七，熙寧六年十月庚午條，頁6018；戊戌條，頁6032～6033；《宋史》，卷三百二十八〈王韶傳〉，頁10580～10581。宋廷後來知道宋軍在河州殺降的事，在十月庚午（初一）詔王韶命王君萬查究。王韶奏報結果後，宋廷詔停景思立賞賜，他麾下的趙簡等十三名將官等候處分。十月戊戌（廿九），宋廷貶通判河州太常博士李山甫為監當官，坐其遍與執政書，飾言邊事蔽覆，河州官兵違節制殺降。又關於王韶穿越的露骨山，據陳守忠的考證，當是臨夏縣的露骨山，此山從現在韓集之大黎架山起，向東延伸至康樂縣的蓮麓止，橫亘數百里，恰好是今日甘南和臨夏兩自治州的界山。它的主峰在康樂縣的草灘，海拔3908米。參見陳守忠：〈王安石變法與熙河之役〉，頁122～123。

〔註40〕《長編》，卷二百四十六，熙寧六年七月乙丑條，頁5984；《宋史》，卷二百九十〈張玉傳〉，頁9722。考張玉是狄青（1008～1057）麾下猛將，後追隨蔡挺，他是王韶麾下官位最高的戰將，以捧日天武四廂都指揮使、秦鳳路副都總管、昭州防禦使從征，他率秦鳳路軍自熙州深入洮州、岷州之山林深險、糧道難繼之處，最後攻入河州。他後來回任秦鳳路，沒有參預後來的第二波西征行動。他的生平事蹟可參閱何冠環：〈狄青麾下兩虎將——張玉與賈逵〉，載何冠環：《北宋武將研究》（香港：中華書局，2003年6月），頁341～384。考《宋史·張玉傳》也沒有具體言及張玉開熙河的戰功。

〔註41〕《長編》，卷二百四十七，熙寧六年十月庚辰至辛巳條，頁6022～6024；《宋會要輯稿》，第八冊，〈職官五十七·俸祿雜錄上〉，頁4580。按：《宋會要輯

　　王韶於熙寧七年（1074）初入覲，與二府大臣議西夏事於資政殿。二月己巳朔（初一），他獲晉為資政殿學士兼制置涇原秦鳳路軍馬糧草，他請鄜延路及環慶路各差將官一員，選土兵及弓箭手各千五百人。王韶指名涇原路要苗授，命他在涇原路選土兵及弓箭手萬人，另請在秦鳳路選正兵及蕃兵弓箭手萬人，而熙河路選七千人，總三萬人，一舉修築贊納克城。神宗令鄜延路差曲珍（1031～1089），環慶路差林廣（1035～1082），各於本路選募三千五百人，內馬軍一千，秦鳳路就減二千。王韶對苗授的才幹是另眼相看。苗授很快又遇上李憲，神宗在二月壬午（十四），又命剛在七天前往鄜延按閱的李憲，再來熙河勾當公事，兼照管修贊納克城軍馬。苗授是王韶及李憲均賞識的人。〔註42〕

　　宋廷還在籌議築贊納克城之時，王韶的西征大軍卻遭遇出師以來最大的挫折，宋廷倚重的大將，被視為明日將星的知河州景思立，卻中了董氈大將青宜鬼章（1017 前～1091）的詭計，輕率地率蕃漢兵六千攻鬼章於踏白城，卻中了鬼章軍二萬的埋伏，二月甲申（廿二）。景思立、內臣李元凱及副將王寧、王存、魏奇、林信、王令安、高知方、李懷素、馬恩、趙閏、陳俊、劉文秀、張恭、賈翊、蕃將瞎藥等戰死，僅得部將韓存寶（？～1081）、李窊及其弟景思誼得脫。鬼章後來還把景思立及王寧的首級函載之，時時出之以懾制西域于闐等國，諸國皆畏憚之。董氈亦藉此一戰之勝，得復其國，宋軍亦暫時不能西向，奪取青唐。〔註43〕苗授幸奉命修城而未有從征，而得免於難。關於修城

稿》將李憲授遙郡團練使寄資兼給全俸之事繫於十二月庚辰（十二）。又內藏庫使、提舉熙河路蕃部王君萬，也在十月癸未（十四）遷皇城使英州刺史，賜絹五百疋，走馬承受李元凱為禮賓使寄資，賞收河州之功。

〔註42〕《長編》，卷二百五十，熙寧七年二月己巳朔條，頁6080～6081；壬午條，頁6094。

〔註43〕《長編》，卷二百五十，熙寧七年二月甲申條，頁6098；卷二百五十二，熙寧七年四月己卯條，頁6157；卷四百二，元祐二年六月甲申條，頁9777；卷二百五十三，熙寧七年五月甲辰條，頁6192。關於景思立之敗於踏白城，李燾記他信間諜誤報而死。齊德舜認為宋軍失利的原因是多方面的，一個原因是眾寡不敵，以宋軍六千人對鬼章二萬人，而宋軍還分為三部，不能集中兵力作戰。齊氏認為踏白城之戰是熙河之役以來吐蕃諸部對宋軍作戰取得最大的勝利的一場戰役，對唃廝囉政權的存亡有極重要意義，經董氈和阿里骨兩代，宋軍未能插足河湟當與此有關。參見齊德舜：〈《宋史‧董氈傳》箋證〉，《西藏研究》，2014年第3期（6月），頁34。關於鬼章的生平，可參閱祝啟源（1943～1998）：〈唃廝囉政權名將鬼章生平業積考述〉，原載《藏族史論文集》（成都：四川民族出版社，1988年），現收入祝著：《祝啟源藏學研究文集》（北京：中國藏學出版社，2002年12月），頁79～87。

的問題，據〈苗授墓誌銘〉所載，苗授守德順軍時，有議城籛南，本路經略使問他的意見，他回答說：「地阻大河，糧道不濟，非萬全之計。」朝廷聽他的意見而罷其役。〔註44〕

宋廷在是月壬辰（廿四），因尚不知景思立等戰死，還錄景思立等破郎家族之功，加景思立自四方館使河州團練使為引進使、忠州防禦使，苗授自皇城使擢為橫班使臣最低一階的西上閤門使，韓存寶自供備庫使為皇城使文州刺史，引進副使帶御器械王寧為客省副使並減磨勘三年，依舊帶御器械，餘遷資有差。宋廷不知除了沒有從征的苗授，以及重傷而逃脫的韓存寶外，景思立以下均已戰死。據〈苗授墓誌銘〉所載，苗授「又破郎家族，以功三遷至西上閤門使。」他是何時隨景思立破郎家族的？據《長編》所記，王韶在熙寧六年十一月戊申（初九），奏上宋廷，稱諸將收復河州，破常家族及隨他往露骨山下，先登，用命鬥敵，效首級計三千餘人。宋廷詔推恩有差。這裡提到的常家族，疑就是郎家族的訛寫。〔註45〕

神宗要到是月乙未（廿七）才收到熙河的奏報，知道景思立戰死的事，樞密副使蔡挺自請行邊，神宗不許。三月辛丑（初四）神宗以景思立輕敵致敗，不願贈景思立官。四月庚午（初三）應王韶之請，查究韓存寶在此役的功罪以聞。甲戌（初七），為挽回敗局，大概是王韶的推薦，命苗授知河州，統軍解救被蕃部包圍的河州。苗授不辱使命，他先攻取南撒宗城，除去後顧之憂，然後進攻河州之敵。斬首四百，解河州之圍。據〈苗授墓誌銘〉所記，「景思立自河州以兵出擊，死於踏白城，賊復圍河州，詔公往救。始慮洮西將士，皆欲徑趨河州，公曰：南撒宗城甚近，有伏兵，若擣我則奈何？當先襲之，一戰而克。遂通道破賊，斬首四百餘級。賊平，公於諸將功第一。擢拜四方館使榮州刺史，遂知河州兼管勾洮西緣邊安撫司事。」〔註46〕苗授此役表現他智勇雙全。

苗授知河州，他的搭檔是權通判秘書丞鮮于師中，鮮于師中在景思立兵

〔註44〕附錄：〈苗授墓誌銘〉。

〔註45〕附錄：〈苗授墓誌銘〉；《長編》，卷二百四十八，熙寧六年十一月戊申條，頁6044；卷二百五十，熙寧七年二月壬辰條，頁6104。

〔註46〕附錄：〈苗授墓誌銘〉；《東都事略》，卷八十四〈苗授傳〉，葉三下（頁1282）；《長編》，卷二百五十，熙寧七年二月乙未條，頁6105；卷二百五十一，熙寧七年三月辛丑條，頁6109；卷二百五十一，熙寧七年四月庚午條，頁6150；甲戌條，頁6152。按李燾在熙寧七年四月庚午條注，稱此條據苗授本傳（即《國史‧苗授傳》），故文字與〈苗授墓誌銘〉幾乎完全相同。又神宗在授苗授知河州同時，以景思立輕敵敗事，特卹其死戰，與二人恩澤。

敗後，守河州城不失，當苗授率軍追擊木征時，就由鮮于代守河州。〔註47〕景思立死後，苗授部隸燕達（1030～1088）麾下。王韶的大軍在三月丙午（初九）已渡過洮河，他遣王君萬等先破結河川額勒錦族，斷通西夏之道，斬千餘級。又進兵寧河寨，又分遣諸將入南山，破布沁巴勒等族，復斬千餘級。木征等知黨援絕，又恐南山歸路斷，就拔寨逃去。三月甲寅（十七），王韶遣諸將領兵傍南山焚族帳，又斬首三百餘級。鬼章餘眾退保踏白城西，杓摩雅克等族則退往河州百餘里。四月辛巳（十四），宋軍自河州閭精谷出踏白城西與蕃軍戰，斬千餘級。壬午（十五），進至銀川，破敵堡十餘，燔七千餘帳，斬二千餘級。癸未（十六），王韶分兵北至黃河，西至南山，復斬千餘級，又遣李憲領兵入踏白城，葬祭陣亡將士。甲申（十七），王韶回軍至河州。乙酉（十八），進築阿納城，宋軍前後斬七千餘級，燒二萬帳，獲牛羊八萬餘口。木征途窮，率酋長八十餘人，詣王韶軍門投降。丙戌（十九），宋軍受降畢。王韶即命李憲奉表回京報捷。苗授在這場大征戰的戰功，據〈苗授墓誌銘〉所載，他隨代替張玉任秦鳳路副都總管內園使燕達率兵三千，「復取銀川、踏白城，斬首八百級。」另外，當木征窮窘時，他派人見李憲，願請得信使引他歸降。木征可能詐降，李憲便問麾下誰敢出使。苗授即說他雖只有一子苗履，但也不敢惜。李憲嘉其有勇，便遣苗履使木征。苗履到木征所在的趙家山，順利引木征家人來降。〔註48〕可知苗授除了在四月十四至十六日收復銀川和踏白城

〔註47〕附錄：〈苗授墓誌銘〉；《長編》，卷二百五十二，熙寧七年四月乙未條，頁6178；卷二百六十一，熙寧八年三月戊戌條，頁6357；卷二百六十三，熙寧八年閏四月乙未條，頁6426；丁未條，頁6442；卷二百七十，熙寧八年十一月庚辰條，頁6625；卷二百七十三，熙寧九年三月己卯條，頁6695：卷二百八十，熙寧十年二月戊子條，頁6862；《宋史》，卷十五〈神宗紀二〉，頁287。宋廷在熙寧七年四月乙未（廿八）擢鮮于師中為祠部員外郎集賢校理，賞他守城之功。鮮于師中知河州一直至熙寧九年八月，在任期間為開發河州費盡心力。他在熙寧八年三月戊戌（初六），上奏請在河州置蕃學，教蕃酋子弟。宋廷令賜地十頃，歲給錢千緡，增解進士五人額。閏四月乙未（初四），他又請以未募弓箭手地百頃為屯田。宋廷從其請。同月丁未（十六），他又言州界有可興水利處至多，他請委權熙河鈐轄引進副使李浩審度興修。宋廷從之。他在十一月又一再請屯田。熙寧九年三月，鬼章攻五年谷，被熙河鈐轄韓存寶擊退，宋廷除授韓子三班奉職韓資與轉一官外，又以鮮于師中守河州有功，授其兄閬州文學鮮于師民為試將作監主簿，免試注官。但熙寧十年二月戊子（初七），他卻以違法結糴及回易公用之過，落集賢校理監閬州（今四川南充市閬中市）商稅。
〔註48〕附錄：〈苗授墓誌銘〉；《長編》，卷二百五十二，熙寧七年四月甲申條，頁6160；丁酉條，頁6179～6180。

外，還由其子苗履為使，順利引木征來降。

宋廷在五月庚子（初三）賞功，主帥王韶晉觀文殿學士禮部侍郎，仍兼端明殿龍圖閣學士，賜絹三千，其子王廓授大理評事賜進士出身，次子王厚（1054～1116）大理評事。副帥燕達為西上閣門使英州刺史，監軍李憲授寄班昭宣使嘉州防禦使。〔註49〕

六月乙亥（初九），宋廷晉陞熙河有功的將校：苗授以功自西上閣門使擢四方館使榮州刺史，王君萬自皇城使授東上閣門使達州團練使，夏元幾（？～1079後）自皇城使為東上閣門使果州刺史，狄青之子狄詠（？～1097後）自如京副使為皇城副使。七月甲辰（初八），宋廷再詔熙河路破踏白城蕃部之將官使臣，比再復河州之功倍賞之，這回擔任監照管中軍將的苗授，再自引進使榮州刺史遷忠州團練使，其餘先鋒王君萬再遷引進使，韓存寶加帶御器械，策先鋒林廣（1035～1082）遷皇城使果州刺史，左肋陣右騏驥使盍可道、右肋陣左藏庫使郝進、殿後姚兕（1028～1095）、策殿後姚麟（1038～1105）並遷皇城使。宋廷又授總管燕達及王君萬、韓存寶、苗授、姚兕、姚麟各官其親屬一人。苗授長子苗履亦獲擢閣門祗候，並獲官其親屬一人。〔註50〕

苗授不久徙涇原路都鈐轄緣邊巡檢使兼知鎮戎軍。他未到任，便在八月丁丑（十二）獲委為遼國母生辰國信副使，任知制誥章惇（1035～1105）的副手。他從涇原入朝時，神宗勞之曰：「囊香子圍，幾敗吾事，非勇而有謀者，

<hr />

〔註49〕附錄：〈苗授墓誌銘〉；《長編》，卷二百五十三，熙寧七年五月庚子條，頁6189；癸卯條，頁6190；甲辰條，頁6192；壬子至甲寅條，頁6194～6195。宋廷在是月癸卯（初六），又特贈王韶二代，其母封永嘉郡太夫人，並召入禁中，子婦從人者皆賜命服。將校方面，文思副使內臣李祥授供備庫使，供備庫副使劉普授文思副使，均以河州守城功遷。另宋廷也在五月甲辰（初七），擢內臣王中正領嘉州防禦使，獎他在麟府及熙河招得弓箭手二千七百。宋廷也在同日，追贈在踏白城陣亡之將校，自王存以下十三人官職。壬子（十五），因王韶核實蕃官包約實戰死，就追贈他為忠州刺史。王韶又在甲寅（十七）請將韓存寶擢為熙河都監。

〔註50〕附錄：〈苗授墓誌銘〉；《東都事略》，卷八十四〈苗授傳〉，葉三下（頁1282）；《長編》，卷二百五十四，熙寧七年六月乙亥條，頁6208；熙寧七月甲辰條，頁6220～6221；卷二百五十五，熙寧七年八月甲申條，頁6239。考苗授在六月乙亥（初九）陞橫班正使第三階的四方館使，到七月甲辰（初八）已晉一階為引進使。《東都事略》及〈苗授墓誌銘〉將苗授遷引進使的時間置於獻木征於京後。又〈苗授墓誌銘〉記苗授所遷的遙領官為果州團練使，而非忠州團練使。又按王韶奏狄詠在戰洮西有功，宋廷在八月甲申（十九）遷狄為西上閣門副使。

安能以寡擊眾？」苗授自然頓首拜謝。但不知何故，苗授卻辭以疾不行，最後改由神宗心腹東上閣門使李評代往。〔註51〕

　　是年十二月丁卯（初四），苗的主帥王韶召入拜樞密副使。宋廷以王韶麾下首席大將岷州團練使知岷州高遵裕，加龍神衛四廂都指揮使管軍銜代知熙州，而客省使知通遠軍張守約就徙知岷州，另將左藏庫副使河北第十八將楊復兼閣門通事舍人權知通遠軍。而據〈苗授墓誌銘〉所記，苗授從京師還，沒有留在熙河，而「為秦鳳路馬步軍副總管」，他終於擔任一路的統兵官。〔註52〕王韶內調後，苗授從熙寧八年（1075）以後，他追隨的是之前的監軍內臣李憲，在李憲的指揮下和重用下，繼續建功立業。

苗授前期追隨建功的王韶像

〔註51〕附錄：〈苗授墓誌銘〉；《東都事略》，卷八十四〈苗授傳〉，葉三下（頁1282）；《長編》，卷二百五十四，熙寧七年七月己酉條，頁6222；卷二百五十五，熙寧七年八月丁丑條，頁6235；《宋史》，卷三百五十〈苗授傳〉，頁11068。苗授何時徙離河州，改任涇原都鈐轄兼知鎮戎軍？考鮮于師中於熙寧七年七月己酉（十三）獲授知河州，當是接苗授之任。

〔註52〕附錄：〈苗授墓誌銘〉；《東都事略》，卷八十四〈苗授傳〉，葉三下（頁1282）；《長編》，卷二百五十八，熙寧七年十二月丁卯條，頁6293～6294；卷二百六十，熙寧八年二月辛巳條，頁6343；丙戌條，頁6346。考步軍副都指揮使宋守約（？～1075）在熙寧八年二月辛巳（十九）卒，高遵裕在是月丙戌（廿四），依次晉陞為捧日天武四廂都指揮使熙河路總管，依舊知熙州。

江西德安縣王韶家族墓前翁仲

第三章　如魚得水：苗授在李憲麾下的輝煌戰功

一、再戰熙河：苗授在熙寧後期的戰功

　　苗授任職秦鳳的日子很短，考宋廷在熙寧八年閏四月癸卯（十二），因秦鳳經略使張銑之請，重組秦鳳兵團，以秦鳳路正兵二萬二百餘人，參以弓箭手、寨戶及蕃兵二萬四千餘人編為四將。秦鳳路副都總管燕達為第一將，鈐轄康從副之。賈昌言為第二將，熙河路路訓練軍馬王振副之兼準備策應。熙河路仍令燕達提舉。都監白玉為第三將，熙河路蕃漢都巡檢李師古副之，都監劉昌祚（1027～1094）為第四將，階州駐泊都監皇甫旦副之。據此可知苗授在閏四月前已離開秦鳳。〔註1〕據《長編》所記，在熙寧八年七月戊子（廿八），因涇原經略使王廣淵（？～1075）的請求，涇原軍改編，以涇原路屯泊就糧上下番正兵、弓箭手及蕃兵約七萬餘人，分為五將。苗授即以涇原路副總管為第一將，以鈐轄和斌（1011～1090）副之。姚兕為第二將，黃琮副之。姚麟為第三將，都監張繼凝副之。鈐轄夏元幾為第四將，王寧與內殿承制孫咸寧（？～1100後）並副之。鈐轄种診為第五將，都監王光世副之。另別置熙河策應將副，以黃琮及孫咸寧為之。此與〈苗授墓誌銘〉所記「又徙涇原路兼第一將」所記相合。黃琮曾推薦苗授可為主兵官，現在黃就在苗的麾下。〔註2〕

〔註1〕附錄：〈苗授墓誌銘〉；《長編》，卷二百六十三，熙寧八年閏四月癸卯條，頁6435～6436。

〔註2〕附錄：〈苗授墓誌銘〉；《長編》，卷二百六十六，熙寧八年七月戊子條，頁6536～6537；卷二百八十九，元豐元年四月丙午條，頁7063。考夏元幾在元豐元年初已調為秦鳳路副總管。

　　苗授的上司龍圖閣直學士知渭州王廣淵在是年十月丁巳（廿九）卒於任上，宋廷在十一月丁卯（初九），以新知河南府右諫議大夫馮京為資政殿學士徙知渭州，成為苗的新上司。〔註3〕

　　十一月戊寅（二十），交趾攻陷欽州（今廣西欽州市），三日後又攻陷廉州（今廣西欽州市浦北縣），宋南疆告急。宋廷即在十二月辛亥（廿四），委知延州天章閣待制趙卨（1026～1090）為安南道行營馬步軍都總管、經略招討使兼廣南西路安撫使，任南征軍主帥，而以陞任昭宣使入內押班嘉州防禦使的李憲任副帥，又以秦鳳路副都總管龍神衛四廂都指揮使燕達為行營副都總管。李、燕二人都曾任苗授的上司。宋廷在熙寧九年（1076）正月庚午（十三）點將南征，陝西四路從征的將校中，涇原路有鈐轄皇城使姚兕，熙河路有鈐轄引進副使李浩，與內藏庫副使兼發遣通遠軍的楊萬，秦鳳路有都監兼知甘谷城兼第三將右騏驥副使張之諫。環慶路有權環慶路都監左藏庫副使兼第三將雷嗣文，與及都監兼第四將李孝孫。鄜延路有都監兼副將呂真（？～1099後），與及都監內殿承制兼副將曲珍（1031～1089）。身為涇原副都總管兼第一將的苗授就沒有被徵召，另熙河與環慶的首將王君萬及林廣也沒獲徵召。不過，苗授長子苗履卻率本部兵從征。〔註4〕

　　因趙卨及眾多文臣反對李憲出任南征軍副帥，神宗在熙寧九年二月戊子（初二）無奈只有聽從趙的建議，改任宿將宣徽南院使郭逵（1022～1088）為主帥，而趙卨改任副帥。〔註5〕這次南征交趾，苗授和他後來的上司李憲均不預。

　　宋廷本來敕苗授兼知鎮戎軍，但新任涇原經略使的馮京卻上言請留下苗授在渭州輔助他，稱許苗「性行詳實，且嘗立戰功」，馮認為找兼知鎮戎軍的人不難找。宋廷從之，二月癸丑（廿七），改以西上閤門使張守約知鎮

〔註3〕《長編》，卷二百六十九，熙寧八年十月丁巳條，頁6609；卷二百七十，熙寧八年十一月丁卯條，頁6621。

〔註4〕《長編》，卷二百七十，熙寧八年十一月戊寅條，頁6624；卷二百七十一，熙寧八年十二月辛亥條，頁6649；卷二百七十二，熙寧九年正月庚午條，頁6659；卷二百七十七，熙寧九年七月壬午條，頁6772；卷二百八十一，熙寧十年四月丁未條，頁6897。被徵召從征的將校還有河東路的閤門祗候權發遣豐州的張世矩，以及河東第七副將王愍，河北路的內殿承制河北第二十將狄詳，京西路的西頭供奉官閤門祗候京西第四副將管偉（？～1076）。另苗授的原涇原第一將副將和斌也以廣南東路鈐轄從征。

〔註5〕《長編》，卷二百七十三，熙寧九年二月戊子條，頁6674。

戎軍。〔註6〕

　　四月戊申（廿三），馮京徙知成都府（今四川成都市），由原知成都府的龍圖閣直學士蔡延慶（1029～1090）改知渭州。〔註7〕苗授在蔡的麾下才四月，到熙寧九年八月，因原知熙州的高遵裕及知河州的鮮于師中均坐違法結糴，正在由侍御史蔡確（1037～1093）劾查，〔註8〕故宋廷在是月甲辰（廿一）改命苗授以昌州團練使龍神衛四廂都指揮使代知河州，代替鮮于師中。翌日（乙巳，廿二），又以天章閣待制知秦州張詵代知熙州。據〈苗授墓誌銘〉所記，苗授被「召見，上曰：吾求可守河州者，無以易授。聞爾心計過人，軍事巨細皆有備。昔高崇文練兵五千，常若寇至，為將不當爾耶？羌人反側者，為吾安之。還，以為熙河路馬步軍總管，復知河州。」神宗為何要調苗授回任河州？考河州在鮮于師中的努力經營下，但軍糧仍不足。早在熙寧八年十一月丙戌（廿八），時任權發遣熙河經略司的高遵裕便上言河州軍糧乏絕，稱已命出熙州、河州及寧河寨三處買馬場所管茶買錢以給河州支費。另一方面，蕃部鬼章在熙寧九年二月多次從河州入寇，賴熙河鈐轄韓存寶將之擊退。故此，神宗要派熟悉河州而能擊退蕃部的苗授任此要職。苗授大概是這時獲擢陞為管軍最低一階的龍神衛四廂都指揮使，是年他四十七歲。〔註9〕

〔註6〕《長編》，卷二百七十三，熙寧九年二月癸丑條，頁6688。

〔註7〕《長編》，卷二百七十四，熙寧九年四月戊申條，頁6712；卷二百七十五，熙寧九年五月戊寅條，頁6734；卷二百七十九，熙寧九年十一月丙辰條，頁6820。考宋廷熙寧九年五月戊寅（廿三），以蔡延慶在成都時處理茂州蠻事不當而將他降為天章閣待制。馮京稍後便召入為知樞密院事。

〔註8〕據蔡確在熙寧十年十月壬午（初五）對神宗所述，他被命審訊熙河結糴違法之事時，當時任樞密副使的王韶屢有爭執，以朝廷用制獄方式處理此案為非。蔡確批評王韶不過是阿庇舊日將校，並掩飾他在熙河時弛縱之跡。蔡確說他根究下，熙州諸州軍公使庫共借結糴錢二十餘萬緡，回易取利，另王韶亦有支借百姓劉昌立錢鈔事。蔡確以王韶本以邊功而獲擢樞職，說他於朝廷政治之要，未必有卓然高論。而爭結糴事，不獨疏繆，又頗挾私。宋廷這次貶責高遵裕及鮮于師中，可能也是蔡確打擊王韶的手段。參見《長編》，卷二百七十七，熙寧九年八月甲辰至乙巳條，頁6778；卷二百八十五，熙寧十年十月壬午條，頁6972～6973。

〔註9〕附錄：〈苗授墓誌銘〉；《長編》，卷二百七十，熙寧八年十一月丙戌條，頁6629；卷二百七十三，熙寧九年二月己丑條，頁6676；己卯條，頁6695；卷二百七十七，熙寧九年八月甲辰至乙巳條，頁6778。據〈苗授墓誌銘〉所記，苗授拜龍神衛四廂都指揮使，在佐李憲擊殺蕃部冷雞朴後，而非在再知河州時。按范學輝（1970～2019）亦以苗授以此功得拜龍神衛四廂都指揮使。參見范學輝：《宋代三衙管軍制度研究》（北京：中華書局，2015年4月），第十七章

因洮東安撫司上言鬼章領兵入斯納家地，營寨不知。神宗在十二月甲午（十二），就委他信任的李憲乘驛計議秦鳳、熙河路經略司措置邊事，翌日（十三），神宗更詔李憲至後，軍前一應將官，並聽李憲指揮。〔註10〕那等於由李憲總領西邊軍務。苗授於是又在李憲的麾下。值得一提的是，識拔苗授的王韶卻在熙寧十年（1077）二月己亥（十八）失寵罷樞副為戶部侍郎觀文殿學士出知洪州。〔註11〕

郭逵所率的南征軍在熙寧九年十二月癸卯（廿一）渡過富良江後，因軍糧不繼而傷亡甚多，就決定接受交趾的請降，沒有進攻交州而班師。宋廷尚未知道此仗打得窩囊。熙寧十年二月丙午（廿五），繼王安石（1021～1086）為相的吳充（1021～1080）等上表賀安南平。宋廷改收復的廣源州為順州。宋廷在三月壬申（廿二）將南征軍副帥燕達調為鄜延路副都總管。宋廷又在四月丁未（廿八）據安南招討使的報告，陞賞富良江接戰及策應有功將士三千七百人。據宋人筆記所載，苗授子苗履所部兵，擔任先鋒，隨副帥燕達渡過富良江。他部屯於郭逵大營西面六十里的如月渡。因交州人屯諒州甲洞，苗履就欲乘虛進攻。苗履獲黃金滿引導過江，他先向郭稟告而行捷徑，趨交州十五里。苗履一擊破敵，擒安南王子佛；但郭逵將他追回，還要按行軍法。幸苗履具言已得郭的節制，於是獲免。經趙卨詳定，苗履實有功，他所部過江奪隘，又先下江與敵戰。他所部四十人遷二資，一百三十七人賜絹有差。苗履在此役為乃父爭了面子。〔註12〕

苗履在南疆立功，復知河州的苗授更在李憲領導下，參預在是年三月李所組織的六逋宗之役，大破蕃部冷雞朴十萬餘人。據曾瑞龍（1960～2003）

〈北宋三衙管軍的選任〉，頁1066。

〔註10〕《長編》，卷二百七十九，熙寧九年十二月甲午條，頁6835。

〔註11〕《長編》，卷二百八十，熙寧十年二月己亥條，頁6865～6866；卷二百八十五，熙寧十年十月壬午條，頁6972～6973。王韶在熙寧十年十月壬午（初五）再被落職知鄂州（今湖北武漢市），以侍御史知雜事蔡確劾他知洪州的謝表有怨謗之情。

〔註12〕《長編》，卷二百七十九，熙寧九年十二月癸卯條，頁6843～6844；卷二百八十，熙寧十年二月丙午條，頁6867～6868；卷二百八十一，熙寧十年三月壬申條，頁6886；四月丁未條，頁6897；卷二百八十四，熙寧十年八月乙巳條，頁6957～6958；卷三百三，元豐三年四月乙未條注，頁7374～7375；蔡絛（1097～1158後）（撰），馮惠民、沈錫麟（點校）：《鐵圍山叢談》（北京：中華書局，1983年9月），卷二，頁35。按李燾亦引用蔡絛的說法，只是對郭逵欲斬燕達及苗履的記載有保留，稱有待詳考。郭逵後來的報告，也沒有言及苗履的過錯。

的考證，李憲將熙河路九將編為前左右中後五軍約六萬人：中軍將王君萬、苗授，副將張若訥（？～1100後）領熙州兵，前軍將姚麟、副將孫咸寧領涇原兵，左軍將种諤、副將楊萬領岷州兵，右軍將韓存寶，副將李浩領河州兵，後軍將劉昌祚，副將夏元象領秦鳳兵。可說是精銳盡出，當時的勇將盡在李憲的麾下。戰鬥之初，數量眾多的敵軍猛攻宋右軍，韓存寶幾不能支，馳報李憲的中軍求援。因右翼軍失利，前軍也受到猛攻，令中軍也受到波及，中軍將王君萬甚至也在戰鬥中受重傷。這時李憲見形勢危急，就當機立斷，拋開成見，急召他素來不喜的种諤，以左軍加上姚麟前軍的騎兵發動反擊，一舉反敗為勝。其中种諤左軍的戰功最高，他的副將楊萬和從征的蕃部包順與姚麟的前軍合擊破敵，斬首七千級。據載這時從征的蕃部木征也請戰，眾將不放心，以為不可。但李憲認為不妨，說羌戎天性畏服貴種，由木征帶隊有利。果然當木征盛裝以出，諸羌聳視，更無鬥志。宋軍此役共獲首級及生降羌人以萬計，而右軍副將李浩擒斬蕃酋冷雞朴及李密撒。董氈見此大懼，李憲作書諭之，於是董遣使入貢。〔註13〕五月庚申（十一），李憲奏上攻討山後生羌並擒獲冷雞朴的功狀。神宗大喜，熙河秦鳳路的文武官員自熙河經略使張詵（1016～1087）、中軍將王君萬、苗授及蕃官包順以下均獲陞賞。據〈苗授墓誌銘〉所記，李「憲表公功居右，拜昌州團練使龍神衛四廂都指揮使，熙河路副都總管。」主帥李憲也在壬戌（十三）自昭宣使嘉州防禦使入內押班擢為宣政使、宣州防禦使、入內副都知。從王君萬、苗授到李浩這大批獲得李憲推功陞賞的文武官員將校

〔註13〕參見附錄：〈苗授墓誌銘〉；《東都事略》，卷八十四〈苗授傳〉，葉三下（頁1282）；《宋史》，卷三百三十五〈种世衡傳附种諤傳〉，頁10746；卷三百四十九〈姚麟傳〉，頁11058；卷三百五十〈苗授傳、李浩傳〉，頁11068、11079。此場戰役的始末，曾瑞龍據罕見的《种太尉傳》作了極精闢的考證。參見曾瑞龍：《拓邊西北：北宋中後期對夏戰爭研究》（香港：中華書局，2006年5月），第三章〈被遺忘的拓邊戰役：趙起《种太尉傳》所見的六逋宗之役〉，頁79～123，作戰過程見頁93～102。又《种太尉傳》全文可參閱湯開建：〈熙豐時期宋夏橫山之爭的三份重要文獻〉，載湯著：《唐宋元間西北史地叢稿》（北京：商務印書館，2013年12月），頁325～334。關於李憲指揮的六逋宗之役的記述，見頁328。考《長編》漏去了苗授參戰之記載，但《种太尉傳》就明確記「苗授、王君萬以熙州兵穎中軍」，另新出土的苗授墓誌銘，也同樣記苗授「副李憲為中軍總管，擊生羌露骨山，斬萬餘級，獲吐蕃大首領冷雞朴等，蕃族十萬七千餘帳來附。憲表公功居右」。《宋史·苗授傳》似乎沿襲苗授墓誌銘所記，說苗授「副李憲討生羌於露骨山，斬首萬級，獲其大酋冷雞朴，羌族十萬七千帳內附，威震洮西」。

成為李憲熙河兵團的骨幹。〔註14〕值得一提的是，此役獲勝，誠如曾瑞龍在該文的結論所言：「六逋宗之役是宦官李憲措置熙河邊事的主戰役。經此一役，宋軍大致上穩定了熙河路南部洮岷一帶的統治，而唃廝羅王朝與宋廷的關係也由對抗重新傾向和好，為元豐靈夏之役的軍事合作打下基礎。」〔註15〕自此一役，李憲的卓著戰功及優秀的指揮能力也受到苗授以下諸將的信服。

因步軍副都指揮使鄜延路副都總管楊遂（？～1080）留在鄜延，宋廷在五月戊午（初九），就改召入燕達權管勾步軍司。燕達於五月丁卯（十八）以收復廣源州之功，獲晉為榮州防禦使。六月丙戌（初八），神宗閱安南回軍，以管押使臣曲珍、張世矩及王愍三人效力甚勤，以其馬皆斃，各特賜良馬二及金

〔註14〕 附錄：〈苗授墓誌銘〉；《長編》，卷二百五十五，熙寧七年八月己巳條，頁6231；卷二百八十一，熙寧十年三月甲寅條，頁6881；戊午條，頁6883；卷二百八十二，熙寧十年五月戊午至壬戌條，頁6903～6904；卷二百八十四，熙寧十年九月癸丑條，頁6960；卷二百八十六，熙寧十年十二月甲申條，頁6996；卷三百，元豐二年九月己丑條，頁7303；《宋史》，卷三百四十九〈姚麟傳〉，頁11058；卷三百五十〈苗授傳、李浩傳〉，頁11068、11079；四百六十七〈宦者傳二‧李憲〉，頁13639；《宋會要輯稿》，第十四冊，〈兵九‧出師三‧青唐〉，頁8777。獲賞的文武官員除苗授獲擢管軍外，熙河路經略使張詵，自司封郎中天章閣待制擢右諫議大夫，權發遣秦鳳路轉運副使趙濟復為太子中允遷一資，權轉運判官太子中舍孫迥減磨勘二年，權提點刑獄主客郎中鄭民憲降敕獎諭。中軍將引進使英州刺史王君萬勇戰重傷，復客省使達州團練使，賜絹二百，副將崇儀使張若訥邊內藏庫使；前軍將皇城使姚麟擢西上閤門使英州刺史，副將內殿承制孫咸寧為禮賓副使兼閤門通事舍人；左軍將引進副使种諤為東上閤門使文州刺史，副將西京作坊使楊萬（？～1079後）為宮苑使；右軍將皇城使文州刺史韓存寶為西上閤門使忠州團練使，副將引進副使李浩為東上閤門使果州團練使，後軍副將左藏庫使夏元象為皇城使康州刺史。左軍內臣西京左藏庫副使徐禹臣（？～1077後）、右軍內臣內殿崇班黃承鑑（？～1100後）等七人轉官減磨勘年及循資有差。另蕃官皇城使康州刺史包順二子各獲轉一資。其子東頭供奉官結逋腳再在九月癸丑（初六）獲遷內殿崇班。神宗對包順最為優寵，元豐二年九月己丑（廿四），因洮西安撫司言，包順請用南郊赦書封贈父母，神宗批示包順自熙河開拓之初，率眾來附，又秉心忠義，前後戰功為一路屬羌之最，雖無舊例仍許其請。另殿前虎翼軍都指揮使張崇，於十二月甲申（初八）又獲論功換文思使。曾瑞龍認為諸將中因种諤斬級最多，而李浩擒殺冷雞朴，故二人賞功最高，自引進副使越過客省副使及西上閤門使逕陞東上閤門使（按：〈苗授墓誌銘〉、《宋史‧姚麟傳、苗授傳》則分別說是姚麟及苗授擒獲冷雞朴）。參見曾瑞龍：《拓邊西北：北宋中後期對夏戰爭研究》，第三章〈被遺忘的拓邊戰役：趙起《种太尉傳》所見的六逋宗之役〉，頁95～98。

〔註15〕 曾瑞龍：《拓邊西北：北宋中後期對夏戰爭研究》，第三章〈被遺忘的拓邊戰役：趙起《种太尉傳》所見的六逋宗之役〉，頁115～116。

幣。王愍又求衣甲，又賜之。神宗是時仍不清楚南征軍的戰功。八月，神宗終於知道郭逵在安南之役措置乖方。當燕達要辭去給他的陞賞時，神宗以過不在他，而他實在有功而不允所請。另外，神宗也給在安南行營病死的兩員將校李孝孫和管偉恩恤。〔註16〕

苗授回任河州，據〈苗授墓誌銘〉及《東都事略》所載，他「既威震諸羌，乃以恩信撫董氈，約使許賞，董氈惶恐，即遣景青宜党令支入朝謝罪。」另外，他又以新闢邊的弓箭手艱食，就出屯田儲四千斛賑之。苗授在河州一年四個月後，宋廷在熙寧十年十二月丁酉（廿一）就將他徙知北邊重鎮雄州（今河北保定市雄縣）。而由另一勇將秦鳳路鈐轄、西上閤門使果州團練使劉昌祚代知河州。〔註17〕苗授就暫時離開西邊。

二、戍守北疆

據〈苗授墓誌銘〉所記，苗授在元豐元年徙知雄州後，他的管軍職位陞一級為捧日天武四廂都指揮使。他在何時陞任？考元豐元年六月庚申（十八），殿前都指揮使安武節度使郝質（？～1078）卒，癸亥（廿一），馬軍副都指揮使昭信軍留後賈逵（1010～1078）繼任殿帥陞建武軍節度使。據郭倪（？～1199後）所撰的〈侍衛馬軍司題名記〉，步軍副都指揮使楊遂在元豐元年六月除馬軍副都指揮使，劉永年（1030～1084）自步軍都虞候陞馬軍都虞候，苗授當是在此時依次晉陞一階為天武捧日四廂都指揮使。〔註18〕

苗授知雄州期間，他治軍嚴整，而不惹事端。二月壬申（廿七），宋廷便

〔註16〕《長編》，卷二百八十二，熙寧十年五月戊午條，頁6903；丁卯條，頁6910；卷二百六十三，熙寧十年六月丙戌條，頁6923；卷二百八十四，熙寧十年八月癸未條，頁6949；乙卯條，頁6961。

〔註17〕附錄：〈苗授墓誌銘〉；《東都事略》，卷八十四〈苗授傳〉，葉三下（頁1282）；《長編》，卷二百六十八，熙寧十年十二月丁酉條，頁7000；《宋史》，卷三百五十〈苗授傳〉，頁11068。據苗授墓誌銘所記，苗授在元豐元年徙知雄州。可能是記苗授在元豐元年初履雄州之任。

〔註18〕附錄：〈苗授墓誌銘〉；《長編》，卷二百九十，元豐元年六月庚申至癸亥條，頁7090～7091；馬光祖（？～1269）（編）、周應合（？～1275後）（纂），王曉波（校點）：《景定建康志》，收入王曉波、李勇先、張保見、莊劍（點校）：《宋元珍稀地方志叢刊》甲編，（成都：四川大學出版社，2007年6月），卷二十六〈官守志三‧侍衛馬軍司題名記〉（郭倪撰），（以下簡稱〈侍衛馬軍司題名記〉），頁1244。按在熙寧八年二月遷殿前都虞候的盧政（1007～1081）當於元豐元年六月遷步軍副都指揮使，而燕達應於此時自捧日天武四廂都指揮使陞步軍都虞候，其缺就由苗授依次補陞。至於誰人於此時遷殿前都虞候，待考。

詔獎知雄州歸信容城兩縣的西頭供奉官李澤，與及縣尉右班殿直朱彥圖，以他們在任時無引起邊事，而巡防又不失事體，李澤除閤門祗候，朱彥圖遷一官，並再任。〔註19〕二人是苗授的屬下，二人獲獎，相信是苗授的推薦，而兩人不惹事端及嚴加巡防的表現，當也是苗授治軍之一貫作風。

這年十二月丙辰（十六），河北緣邊安撫司上言，稱依照樞密院的劄子，保州牒知遼燕京留守司，指揮雄州轄下的容城及歸信兩縣，所鈐束拒馬河南兩屬戶，不得納雄州的貸糧事。樞密院已委該司考實。若屬實，則中書近降除雄州歸信與容城兩地的兩輸戶賑貸米指揮，就未須施行。河北緣邊安撫司勘會，宋遼南北兩界凡賑濟兩輸戶及諸科率，兩界官司承例互相止約，然其實彼此只得空文。現時遼方亦只循舊例，並非創始時行移。另外容城及歸信兩縣從九月起催至十一月中旬，才納貸糧三千餘碩，而自中旬遼界止約至十二月中旬，已納米萬餘碩，以此較之，實情可見。兼且中書近奏兩輸戶納米數請擱置，等候秋科催納，以寬下戶，請只依此奏施行。宋廷從之。〔註20〕按苗授知雄州兼河北緣邊安撫司，此奏當是他所上以寬雄州兩屬戶的負擔。

陞任殿帥才六月的賈逵在十二月丁卯（廿七）卒於任上。宋廷以馬帥楊遂權殿前副都指揮使，翌年（元豐二年，1079）正月壬午（十二），楊遂真除殿帥，並自容州觀察使陞寧遠軍節度使。步軍副都指揮使盧政（1007～1081）除馬軍副都揮使，劉永年遷殿前都虞候，燕達遷馬軍都虞候，苗授也就依次陞一級為步軍都虞候。〔註21〕

後來為苗授母宋氏撰寫墓誌銘的右正言知制誥李清臣，便為外戚劉永

〔註19〕《長編》，卷二百八十八，元豐元年二月壬申條，頁7048。

〔註20〕《長編》，卷二百九十五，元豐元年十二月丙辰條，頁7185。

〔註21〕附錄：〈苗授墓誌銘〉；郭倪：〈侍衛馬軍司題名記〉，頁1244；《長編》，卷二百九十五，元豐元年十二月丁卯條，頁7190；卷二百九十六，元豐二年正月壬午條，頁7197；二月辛丑條，頁7204；卷二百九十八，元豐二年六月甲寅至乙卯條，頁7257～7258。考〈苗授墓誌銘〉記「明年，又遷侍衛親軍步軍都虞候。」沒具體言明是元豐二年哪一月，考步軍馬虞候權管勾馬步軍司燕達與苗授同時陞職，而燕達陞馬軍都虞候在元豐二年正月，苗授當是在正月已擢陞為步軍都虞候。神宗對燕達寵眷有嘉，是年六月甲寅（十七），特別批示，讚揚燕達「自涖職以來，能體朝廷訓齊士伍之意，推原奉承，躬親其事，不憚勤苦，無所顧忌，凡詔法之下，同有闕疑，建議發明。頗多中理，故二司所總師徒，技能日以加進。」故此宋廷賞功，給其一子閤門祗候。燕達也在翌日（乙卯，十八）奏上節省上四軍費用的意見而為宋廷所採納。他治理京師禁軍的典範，後來就為苗授所繼承。

年、燕達與苗授撰寫一道陞任殿前、馬軍與步軍都虞候的制文，表揚了苗授等三人的才幹：

> 左右虎賁之士，與羽林縠騎，材官蹶張，皆天下拳勇之秀。以嚴宿衛，屬武節也。既命帥分總之，而虞度兵計，候事戎事，亦統護之貴職，豈輕任其人哉？以爾具官某，威行軍中，名動疆下，材稱所付，忠忘其私，乃俾次遷，以補督將之缺。予命休顯，汝思報焉。〔註22〕

　　這年三月甲午（廿五），苗授向宋廷奏上遼人在邊地上的小動作。他奏稱遼的民戶，以差配騷擾，並有驚移。遼的涿州乃移文宋境的縣官，要宋方以兵馬遮攔，不令他們應役，要宋方從速遣回。宋廷接報後，就命雄州具奏遼人侵越騷擾的情況，並戒容城歸信兩縣的巡防，等候遼方差科的消息，即諭這些驚移的人戶歸業。河北緣邊安撫司隨即奏上，以這些逃移的人多是客戶，自言遼方未肯罷役，就欲往他處營田效力，以為歲計。樞密院即請詔雄州，曉諭這些民戶田疇及時，不可遠離家產，等到遼方差科稍息，有人招呼，就各歸復業。神宗即批示，兩輸戶逃移四方，雄州所以深為不便的，不過怕原佃之地，全為遼人所佔。現時逃者既多客戶，則浮寓之民，縱使散往他所，亦無很大的害處，神宗命可只令出榜安慰這些民戶還業。丙申（廿七），河北緣邊安撫副使西京左藏庫副使閤門通事舍人劉琯（？～1086後），便請兩輸人已於近宋方居者，不得於兩輸地來往。宋廷即詔雄州，已發遣歸業的民戶，就責鄰保覺察。〔註23〕

　　據〈苗授墓誌銘〉所載，雄州的兩屬戶給遼人役使，因甚以饑來求告，苗授說：「此吾民，其可不恤？」即發常平粟賑濟。他的僚吏請俟報上宋廷才行，苗授不聽，但上表自劾。朝廷亦釋不問。這是宋人對他治理雄州德政的稱道。〔註24〕

〔註22〕呂祖謙（1137～1181）編：《宋文鑑》（臺北：世界書局，1956年12月影印常熟瞿氏鐵琴銅劍樓宋刊本），上冊，卷三十九〈誥‧李清臣‧劉永年充殿前都虞候燕達充馬軍都虞候苗授步軍都虞候〉，葉七下至八上；《長編》，卷二百九十八，元豐二年五月己丑條，頁7249～7250。考李清臣在元豐二年五月己丑（廿二），已以右正言知制誥上言。

〔註23〕《長編》，卷二百九十七，元豐二年三月甲午至丙申條，頁7227～7228；卷三百十一，元豐四年三月庚子條，頁7551。劉琯在元豐四年三月庚子（十三），又命同提舉開封府界教閱保甲。

〔註24〕附錄：〈苗授墓誌銘〉。

　　宋廷因與遼國和平多年，不想多生事故，加上神宗想全力對付西夏，故在雄州兩輸地人戶的問題上，採取息事寧人妥協的政策。這都是苗授能明白的。同年六月戊戌朔（初一），樞密院向神宗建議，說五月庚寅（廿三），遼方人馬犯雄州界，射傷宋軍。請宋廷責令苗授諭歸信及容城兩縣，如遼人再至拒馬河南，且令婉言阻攔。即使遼騎深入近宋境地分，恐他們先以懦兵誘宋方出鬥，卻伏精銳於林間，等宋軍出擊，就驟出圍攻。樞密院請令雄州常遠派斥堠，度形勢捍禦，切勿遠追，自取理曲，仍選精強人馬以備接應。神宗從樞臣的建議。事實上，老於戎事的苗授不待樞院下令，也曉得防禦之方。可他的部下並未一味示弱，知雄州歸信容城縣、閤門祗候李澤，在遼騎犯邊時，便與之格鬥而重傷。宋廷在是月戊申（十一）便將李遷一官，賜絹五十疋。同月辛酉（廿四），苗授再奏上其屬下歸信容城尉右侍禁宗彥圖，抵禦過拒馬河南的遼騎之功。宋廷詔減宗彥圖磨勘三年。〔註25〕

　　苗授在是年十二月丙午（十二）上言，因在熙寧中裁減公使錢八千緡，導致用度不足，而雄州位當國信使往來停留之處，非他郡可比，他請求增加公使錢。宋廷以其請求合理，就從坊錢撥給雄州二千緡充公使錢。〔註26〕

　　苗授在雄州才兩年半，因熙河的人事變動，他又被調返西邊，並出任熙河路的長官知熙州，由劉舜卿代知雄州。事緣元豐三年（1080）六月癸丑（廿二），因陝西轉運司劾知熙州趙濟私役兵防及用官錢買女口，詔罷其知熙州之任，留在秦州聽旨。宋廷在是月乙卯（廿四）本來改以知滄州（今河北滄州市）屯田郎中、直集賢院張頡（？～1090），加祠部郎中直龍圖閣代知熙州。但御史滿中行（？～1090後）卻認為張天性偏躁，動多猜忌，以前在廣南已計較私忿，而熙河邊要之地，需得有持重有常的人擔任。神宗從之，於七月癸亥（初二），相信是李憲的推薦，罷張之任，而改以苗授代知熙州兼權發遣熙河路經略安撫馬步軍都總管司。戊寅（十七），再命苗授同經制熙河邊防財用事。因王君萬之死，己卯（十八），宋廷接受李憲的提議，命同管勾經制熙河路邊防財用、秘書丞胡宗哲兼管勾新置監牧及給散蕃部馬種事，以佐苗授。苗授在上任道中，其母慶國太夫人宋氏病逝，他累請辭官終喪，但神宗不許。苗

〔註25〕《長編》，卷二百九十八，元豐二年六月戊戌朔條，頁7252～7253；戊申條，頁7255；辛酉條，頁7259。

〔註26〕《長編》，卷三百，元豐二年十二月丙午條，頁7329；《宋會要輯稿》，第四冊，〈禮六十二・公用錢〉，頁2137～2138。

授請得時任翰林學士、當年為他撰寫步軍都虞候制文的李清臣，為其母撰寫墓誌銘，以盡孝道。又據其墓銘所載，苗授任知熙州後，以其子苗履時知通遠軍，隸節制，法當避，苗授就請以苗履自隨，擔任書寫機宜文字。但神宗不許，特命苗履為本路兵馬鈐轄。於是父子同主兵一道。〔註27〕

三、攻取蘭州

　　苗授繼知熙州不久，但熙河路的大將知河州劉昌祚卻在是年十一月前已徙知代州，而他的前任趙濟也在是月丙申（初八）則被責追三官勒停兼落直龍圖閣職，另熙河都監第二將許利見，以及經制熙河路邊防財用勾當公事趙輝均涉趙濟一案而被責降。〔註28〕當然，苗授的上司李憲很快便重整熙河的人事，以便他不久的開邊大計。

　　擔任殿帥才兩年的寧遠軍節度使楊遂，在元豐三年十二月庚辰（廿二）病逝，癸未（廿五），年已七十餘的馬軍副都揮使黔州觀察使盧政，依次晉陞為殿前副都指揮使加武泰軍節度使。而苗授也在同月得以依次自步軍都虞候陞任馬軍都虞候。比他資深的馬軍都虞候、勾當步軍馬軍兩司公事並深受神宗讚賞的燕達就連陞兩級，越過殿前都虞候及步軍副都指揮使兩階，逕授馬軍副都指揮使，在馬軍司成為苗授的直屬上司。〔註29〕

　　值得一提的是，苗授在熙州任上，曾與著名史官、正在協助司馬光修《資治通鑑》的知資州龍水縣（今四川內江市資中縣）范祖禹（1041～1098）書信往還。范文集內收有一封題為〈回熙州苗團練謝啟〉當是范祖禹撰於此時，范稱揚苗授為名將，又說他威懷殊俗。書啟云：

　　　　伏審祗膺溫綍，就領价藩。撫隴右之故封，分閫外之隆寄。折
　　衝禦侮，久仰名將之風；柔遠安邊，遂總中軍之政。威懷殊俗，宣
　　布上仁。承協嘉時，已臨盛府。遽貽芳訊，備識沖規。感佩所深，

〔註27〕附錄：〈苗授墓誌銘〉；《長編》，卷三百五，元豐三年六月癸丑至乙卯條，頁7428～7429；卷三百六，元豐三年七月壬申條，頁7438；戊寅至己卯條，頁7442～7443；卷三百十一，元豐四年二月己巳條，頁7544～7545；《宋史》，卷三百五十〈苗授傳〉，頁11068。關於李清臣為苗授母撰寫墓誌銘，參見第一章注7。另是時熙河路的走馬承受是內臣樂士宜（？～1118後），惟苗授後來與他的關係不佳。

〔註28〕《長編》，卷三百十，元豐三年十一月丙申條，頁7513～7514。

〔註29〕附錄：〈苗授墓誌銘〉；郭倪：〈侍衛馬軍司題名記〉，頁1244；《長編》，卷三百十，元豐三年十二月庚辰至癸未條，頁7527～7528。

喻言奚既。〔註30〕

　　與苗授多次在西疆並肩作戰的韓存寶，卻遇上大厄。他在元豐三年五月甲申（廿二）奉命率軍討瀘州蠻乞弟，但一直未能奏功。言者劾他玩寇欺君，神宗大怒，在元豐四年（1081）正月乙未（初七），以苗授另一同袍、步軍都虞候、英州刺史、環慶路副都總管林廣代之，並在丁酉（初九）派侍御史知雜事何正臣（？～1099）為瀘州體量公事，以入內東頭供奉官勾當御藥院梁從政（？～1106後）副之，在瀘州置獄按韓之罪。〔註31〕

　　是月庚子（十二），苗授的副將、知岷州張若訥和通判王彭年及屬下將官被訟告違例看妓樂宴會，身兼經制熙河路邊防財用司的苗授上奏宋廷，請罷二人職而差別官代之。幸而苗授以前的上司、近在帝側的李憲，就為張說情，說張若訥等只為被部將三班借職郭英訟本轄將官而受牽連，而本司只乞別差官不指所犯情節。他說張若訥所管洮東安撫，實繫方面觀望，不應為部將所論，就將他輕易罷職，這樣何以彈壓漢番，他請下本路經略司，由苗授盡理查究。神宗從李憲所奏，苗授自然不會違逆李憲的意見，最後張若訥等只被罰銅了事。〔註32〕

　　二月乙卯（廿七），苗授轄下的提舉熙河路採買木植司上言，請先撥經制司息錢二十萬緡，以備本司錢糧和雇水腳之費，等將來回易三二年，所收息既多，可以漸省朝廷供應。請求添置通遠軍採造兵士一指揮。宋廷從所請，仍令回易近下枋木取息，即不得過合支和雇水腳之數。〔註33〕宋廷於三月己丑（初二），又詔苗授的經制熙河邊防財用司，於歲額錢內支三十萬緡，赴河州置場糴糧斛封樁。河州是苗授兩度執掌的地方，他自然同意在該處設場。〔註34〕

　　曾是苗授涇原麾下的部將皇城使雅州刺史姚兕，隨韓存寶征瀘州，在三月戊戌（十一），神宗卻仍以韓的奏功已獲遷官，以激勵將士。〔註35〕當瀘州的戰事仍進行中，神宗收到熙河路的苗授以及鄜延路的沈括、秦鳳路的曾孝寬（1025～1090）、環慶路的俞充等四路陝西帥臣，以及河東路王克臣（？～

〔註30〕范祖禹：《范太史集》，文淵閣《四庫全書》本，卷三十四〈回熙州苗團練謝啟〉，葉十八上；《長編》，卷三百五十，元豐七年十二月戊辰條，頁8390。
〔註31〕《長編》，卷三百十一，元豐四年正月辛卯至丁酉條，頁7531～7535。
〔註32〕《長編》，卷三百十一，元豐四年正月庚子條，頁7538。
〔註33〕《長編》，卷三百十一，元豐四年正月丙辰條，頁7543。
〔註34〕《長編》，卷三百十一，元豐四年三月己丑條，頁7549。
〔註35〕《長編》，卷三百十一，元豐四年三月戊戌條，頁7551。

1089）在四月庚申（初三）的急報，稱夏主惠宗秉常（1061～1086，1067～1086在位）被弒（其實只是被囚），外戚梁氏擅權而群臣不服。鄜延路副總管兼第一將种諤更在同日上奏，請神宗興兵乘機伐夏，他甚至大言願統鄜延九將，由神宗選內臣監軍，而由他自辟文武將佐，帶十數日之糧，直取興州靈州。神宗在四月壬申（十五），即批示涇原經略使盧秉（？～1093），要他從速委邊吏偵查此諜報是否屬實以聞，並將查得的結果通報秦鳳、環慶、熙河及河東經略司。〔註36〕

五月戊申（廿二），苗授又奏上宋廷，引述西界大首領禹臧花麻的文字，稱秉常母子不協而殺其宰相的事。神宗即令苗授遣人以熙河經略司之身份，密向禹臧花麻查探真相，說自三月以來，諸路探報夏國變亂，但所說不一，稱他一定知道真實。並說現在河津南北阻隔，人情去就次第，可以密語派人及寫一文來為信。神宗仍命苗授以禹臧難得所急之物為信，厚賜於他。〔註37〕

值得一提的是，苗授當年在河州的舊僚鮮于師中，在熙寧十年二月，以違法結糴及回易公用之過，而被自知河州落集賢校理監閬州（今四川南充市閬中市）商稅，到是年六月己未（初四）前，已獲起用為夔州路轉運副使，是日，神宗命他專負責供應瀘州大軍的軍需。〔註38〕

神宗準備用兵西北，是月丙寅（十一），就將久留京師的心腹李憲遣還，命他赴熙河路經制司管勾職事。李憲被任為熙河路都大經制，苗授任同經制。神宗在是月辛巳（廿六），詔熙河路及朝廷所遣的四將蕃漢軍馬，都付李憲及苗授依階級法統領，並命二人照應西蕃大酋董氈出兵，俟得到蕃中約定時日，就斟酌機會調發，隨處駐紮。若董氈想得宋軍兵馬過界一同攻西夏，就選官率部將連同本路蕃弓箭手，計算所用人數以往。若西夏梁太后親來迎戰，或只派大兵，就等到董氈人馬與夏軍交鋒而夏軍有退敗之勢，就乘隙相度機會與本路諸將出界，併力殺該夏軍。若董氈考慮夏人正為內憂而不侵西蕃，因此猶豫不肯如期出兵，就相機出兵。神宗以臨敵利害，事關機速，中覆不及者，就許李憲等隨機措置施行。至於錢帛糧草，並委熙河經制管勾官馬申、胡宗哲等計度供應，首先以支計案充，如不足，就以封樁闕額的禁軍衣糧并封樁錢帛充。若仍不足，就以經制司本息充，再不足，以茶場司錢穀錢充數。在苗授準備隨李

〔註36〕《長編》，卷三百十二，元豐四年四月壬申條，頁7566。
〔註37〕《長編》，卷三百十二，元豐四年五月戊申條，頁7578。
〔註38〕《長編》，卷三百十三，元豐四年六月己未條，頁7583。另參見注第二章注47、51。

憲西征前，苗授的老上司王韶卻在是月己卯（廿四）卒於洪州。〔註39〕

　　神宗在是月癸未（廿八）發出詔旨，說已發遣開封府界及京東西在營兵馬廿三將赴鄜延、環慶和熙河，又選募二萬五千人赴涇原，他命令各經略司各具軍器什物闕數以聞。又詔軍器什物可並以舟船載至西京界，令陝西及京西轉運使從速增遞鋪人車，以備運送。按發赴鄜延的兵馬共有十將，環慶有九將，熙河則有四將。這新發來的四將，加上熙河原本的九將，成為李憲與苗授擁有的總兵力。〔註40〕

　　為了激勵士氣，神宗於七月甲午（初九），又厚賜苗授的熙河以及鄜延、涇原、環慶及麟府各路帥臣以及在麟府路的王中正，各賜金帶十五條，銀帶、錦襖七百和銀器萬兩，另交椅、水罐、手巾筒和水叉五十副，鞍轡纓二十副、象笏三十面。但神宗又在同月甲辰（十九），詔斬苗授的同袍、征瀘州的敗將四方館使韓存寶，韓以下的僚屬自入內供奉官韓永式等除名編配遠州。神宗在丙午（廿一）批示韓存寶被誅，因其出師逗撓，遇敵不擊，殺戮降附，招縱首惡。神宗命剳下鄜延、環慶、涇原路經略司以及熙河路經制司令知。神宗在翌日（丁未，廿二）又詔鄜延、環慶、涇原、熙河及麟府路，各給諸司使至內殿崇班敕告，自東頭供奉官至三班奉職、軍頭二百道，鄜延路別給三班借職至殿侍、軍大將剳子一百道，如軍前有效命奮力的，可以激勵眾心者，隨功大小補職，就填寫給付。神宗的用意很清楚，在出師攻夏前，表明諸將有功重賞，不用心即嚴懲，甚至按以軍法。〔註41〕

　　神宗給李憲及苗授的任務，是熙河路都大經制司領兵乘機取徑道攻西夏興州的老巢，或北取涼州，與董氈合兵。神宗在七月丁未（廿二）批示，先前為董撥修城寨，暫時不動工，令報與董知。值得一提的是，擔任聯絡董氈的，是苗授的長子苗履。神宗同日批示，西蕃撫諭使苗履等奏，已約期董氈點族六部族兵馬十三萬，在八月中，分三路與宋軍會合。神宗令李憲將此軍情下涇原、環慶、鄜延路經略司及王中正照會。〔註42〕

〔註39〕《長編》，卷三百十三，元豐四年六月丙寅條，頁7586；戊寅至辛巳條，頁7592～7593；《宋會要輯稿》，第十四冊，〈兵八・出師二・夏州〉，頁8767。考神宗於六月戊寅（廿三），將前知熙州的勇將高遵裕，自知代州徙知西邊的慶州，出任環慶帥，代替暴卒的知慶州俞充（？～1081）。

〔註40〕《長編》，卷三百十三，元豐四年六月壬午至癸未條，頁7594～7595。

〔註41〕《長編》，卷三百十四，元豐四年七月甲午條，頁7604；甲辰至丙午條，頁7606～7607；戊申條，頁7609。

〔註42〕《長編》，卷三百十四，元豐四年七月丁未條，頁7608。

　　就在李憲、苗授大軍出發前，苗履在七月庚戌（廿五）奏上最新軍情，說西蕃大首領經沁伊達木凌節齎阿里骨所寫的蕃書稱，在七月戊子（初三），斫龍城蕃家守把堡子南宗向下地名西囉谷，有西夏三頭項人設伏，劫掠蕃兵。夏兵斬首三百而降百二十三人。〔註43〕

　　五路之中，以李憲和苗授熙河路之師最早出動，神宗對他這一路的進軍情況甚表關注，八月丙辰（初二），他下詔質問已令李憲約好董氈在八月中出兵，為何李憲至今未奏上措置進兵次第？他嚴令若小有稽緩致誤師期，必正軍法，並詔下李的副手同經制通直郎馬申等。〔註44〕神宗稍後又接到秦鳳路經略使曾孝寬（1025～1090）的奏報，他對先前要秦鳳路抽撥四將兵給李憲，大有保留，他說秦鳳只有五將，一將已差往戍守甘谷城（今甘肅定西市通渭縣南襄南鎮，又名馬家店），若其餘四將調歸李憲熙河，秦州及諸城堡寨亦是極邊就無兵防衛。神宗不滿，命曾等具析事實以聞。〔註45〕大概李憲以秦鳳軍未至，所以他未貿然出兵。他收到神宗嚴旨後，馬上覆奏其軍事佈置。辛酉（初七），神宗給李憲手詔，滿意他的報告。對他以屯結的漢蕃軍馬分置將佐，部份陣隊，並審定出兵方向，和他計度夏軍所屯重兵之所，以及他所論諸道進兵首尾之勢，大為稱許。神宗進一步表明戰場的事，朝廷既授權將帥，他們就要趨利避害。帝主難居中預度，就要李憲臨敵自行決定。神宗認為上策是「奮張威武，鼓勵三軍之士，往指梟巢，與諸將合力，俘執醜類，然後巡視右郡，居要害者，城而守之，是為上策也。」神宗再告誡他若未能討平大敵，而看不到有關地守禦之的方法，若謀算在西夏境內築城，就必會自貽患悔，切宜審慎。神宗又令他提出其他制敵方略，或攻或守，都可以一試。他又重申秦鳳軍已有命令歸他指揮，可以便宜施行，而軍中所需，已命有司一一供應。乙丑（十一），神宗再批示，一早已命秦鳳一路兵給李憲節制，他憂慮秦鳳路猶留軍不發而誤熙河軍期。神宗再命下詔李憲的都大經制司，重申朝廷屬任之意，許其節制處分。神宗又批示，熙河路既部署好兵馬，必須應董氈所約期出兵。至於蕃中出兵與否無可為據，宜令經略司選使臣一二人入蕃軍照驗，仍約阿里骨派首領一二人與宋軍同出，就不分彼此，不誤大事。丙寅（十二），神宗再詔諸路進討行營的漢蕃兵，只要能出力破敵，就不要令他們費私財。神宗指明由李

〔註43〕　《長編》，卷三百十四，元豐四年七月庚戌條，頁7611。

〔註44〕　《長編》，卷三百十五，元豐四年八月丙辰條，頁7617。

〔註45〕　《長編》，卷三百十五，元豐四年八月己未條，頁7618。

憲、王中正和高遵裕照管此事，要他們體量行動大小和進兵遠近，量給所費令其足用。總之神宗為打勝仗就不吝賞賜。〔註46〕為配合李憲出兵，宋廷在八月癸酉（十九），詔其部屬馬申及胡宗哲兼權管勾熙河、秦鳳路轉運判官公事，令其行移文字，並以熙河秦鳳路轉運司為名。神宗對李憲的出師可說是極大的支持及信任。〔註47〕

　　由种諤指揮的宋軍在八月壬戌（初八），已從鄜延一路發動攻擊，种諤派諸將出夏界，遇夏軍而破之，斬首千級，初戰得勝。〔註48〕李憲與苗授的大軍隨後亦出境攻夏。關於李憲的行軍路線及進攻方向，陳守忠先生有很精闢的論述，他指出熙河經制司的帥府設在熙州，李憲若兵渡黃河，越過祁連山之險（烏鞘嶺、古浪峽），以攻打涼州，或青唐董氊所轄地盤（今青海湟水流域），出大斗拔谷（今扁都口）以取甘州。這樣越國襲遠，首先是地形複雜，然後是無法解決的後勤供應問題。以李憲五萬之師去完成如此艱巨的任務，幾乎是不可能的。所以李憲還是選擇了「東上會師」的戰略。當然東上會師要深入夏境作戰。陳氏指出早在慶曆三年（1036）元昊襲取甘州和涼州時，即舉兵攻蘭州諸羌，南侵至馬銜山，以蘭州、龕谷（亦稱康谷，今甘肅蘭州市榆中縣小康營）為據點。王韶在熙寧四、五年開拓熙河，雖從渭水上游推進至洮水流域，但未能越過馬銜山。而宋夏之間形成隔馬銜山而對峙的局面。陳氏分析，李憲要越過馬銜山向西夏發動進攻，選擇好的進軍路線是關係成敗的第一著。假如按神宗前詔所示「相度置船筏於洮水上流」進軍，由洮水入黃河，那要經過現在的劉家峽、鹽鍋峽、八盤峽以達蘭州，但河道狹窄，水勢湍急，不能行船，只能通木排和牛皮筏。陳氏指出運兵打仗豈有用木排和皮筏的道理，那

〔註46〕《長編》，卷三百十五，元豐四年八月辛酉條，頁7621；乙丑至丙寅條，頁7424～7425；《宋會要輯稿》，第十四冊，〈兵八・出師二・夏州〉，頁8768；不著撰人（編），司義祖（點校）：《宋大詔令集》（北京：中華書局，1962年10月），卷二百十三〈政事六十六・備禦上〉，〈賜李憲手詔・元豐四年八月辛酉〉，頁810。

〔註47〕《長編》，卷三百十五，元豐四年八月癸酉條，頁7630。沈琛瑝認為神宗給予李憲統率熙河秦鳳兩路兵馬的權力，被賦予了廣乏且自主的便宜指揮之權，較其他各路主帥尤為殊異。惟沈氏沒有注意到其實在戰時，神宗給王中正和高遵裕一樣節制兩路以上的權力，與李憲無異，沈氏在後文仍提到王中正亦暫時被賦予李憲相當的事權。參見沈琛瑝：《北宋神宗朝對西北的經略——以戰略決策與信息傳遞為中心》，西北大學古代史碩士論文，2010年6月，第四章第三節〈元豐靈夏之役〉，頁130～132。

〔註48〕《長編》，卷三百十五，元豐四年八月壬戌條，頁7624。

會被敵人在峽中殲滅的。此路不通，李憲只能選擇越過馬銜山口，由陸路進軍的路線。〔註49〕

李憲知兵，自然選擇相對安全的陸路路線。據陳氏所考，由臨洮越馬銜山至蘭州和榆中，當時的主要道路有三條：一是由臨洮城向北經中孚，過七道嶺（其上有摩雲關）經西果園溝谷達蘭州（由七道嶺經阿干鎮、東果園溝谷亦通），即現在的公路線，此為西道，但宋時七道嶺仍是大森林，山大溝深，容易被敵據險設伏，掉入口袋陣。二是由臨洮城向北至今的康家崖，折而向東入改河河谷，再穿越馬銜山口直下榆中城，此為中道，最為捷徑，但亦最險，因要從馬銜山主峰右側穿過山口，再穿越其支脈興隆山山口達榆中。三是由臨洮北30里墩向東入大柳林溝溝谷，迂迴經站灘、雲谷，達榆中新營鎮至龕谷寨，此為南道，雖然迂迴，但所經已是馬銜山餘脈，車馬大道多半從山梁經過，雖有山口但不甚險。李憲正是選擇此一南道。據陳氏所言，《長編》及《宋史》所記李憲行軍路線雖簡略，但據李憲首戰克西市新城（今甘肅蘭州市榆中縣三角城），然後駐兵女遮谷，與他們實地調查情況對證是完任可以肯定的。〔註50〕

苗授隨李憲的大軍正在西征途中，在京師的殿帥盧政在八月丁卯（十三）卒，宋廷隨即召步軍副都指揮使邕州觀察使太原府路副都總管劉永年回朝，主管步軍都指揮使兼主管馬軍司，己巳（十五），以馬帥金州觀察使燕達陞任殿帥，並建節為武康軍節度使。因盧政卒，三衙管軍依次補陞，不過，苗授要到元豐四年十二月底方以軍功陞任殿前都虞候。〔註51〕

李憲總領的七軍在八月丁丑（廿三）進至西市新城，遇敵約二萬餘騎，宋軍掩擊敗之，擒首領三人，殺獲首領二十餘人，斬首二千餘級，奪馬五百餘匹，初戰獲勝。據〈苗授墓誌銘〉和《宋史·苗授傳》所記，苗授與李憲出古渭路，取定西城（即西市城）。苗授是熙河軍的中軍主將，大概由他率軍取得

〔註49〕陳守忠：〈李憲取蘭會及其所經城寨考〉，頁130～131。據陳守忠的考證，馬銜山為祁連山餘脈，東西走向，橫亙在今日甘肅定西市臨洮縣與蘭州市、榆中之間。主峰在今蘭州市榆中縣正南方，海拔3670米。其支脈興隆山也在3000米以上。

〔註50〕陳守忠：〈李憲取蘭會及其所經城寨考〉，頁131～132。據陳氏考證，女遮谷是今榆中縣宛川河谷由夏官營至桑園峽一段谷地，而能駐紮數萬軍隊的地點就只能在今夏官營一帶。

〔註51〕附錄：〈苗授墓誌銘〉；〈侍衛馬軍司題名記〉，頁1244；《長編》，卷三百十五，元豐四年八月丁卯至己巳條，頁7626～7627。

西征頭功。神宗因尚未收到捷報，在庚辰（廿六）還下詔，指示李憲等本來約好在八月辛未（十七）與董氈人馬攻討夏軍，現時因鄜延路會師之期尚在九月下旬之初，故命李憲等若出界遇到敵軍並將之擊敗，就引兵深入。若遭到阻遏，不能長驅而進，就選擇可方便控制的地方，並當饋運之所在權立營寨，以待諸路會師之期以首尾相應。神宗又發詔給李憲，說今次興兵，對付的並非普通敵人。進圖西夏百年之國，絕非細事，若不能上下畢力，將士協力，何能共濟。神宗表示要不惜爵賞，激勵三軍士氣，使之冒鋒摧敵。倘能初戰取勝，則其他就可迎刃而解。他再囑李憲不要吝嗇金帛，旌捌戰士。只要能激發眾心，皆可令李便宜從事。神宗對李憲期許甚大。李憲沒有讓神宗失望，在神宗發出詔書的同日，已進兵女遮谷，與夏軍相遇並破之，斬獲甚眾。〔註52〕神宗大概沒有想到，李憲行軍迅速，擊敗敵軍，奪取要地，做得比預期的還要好。

李憲下一步的軍事行動就是約好董氈一同進兵，九月甲申（初一），他上奏神宗稱已派使臣史誠齎書與鬼章約會兵的地方，他仍在觀察著蕃兵的動向。乙酉（初二），李憲所轄的熙河路經略司再報告董氈派首領李叱納欽（？～1084後）等入貢，稱董氈已遣首領洛施軍篤喬阿公及親兵首領抹征尊等，在七月辛丑（十六）已部三萬餘人赴黨龍耳江、錢南及隴朱、珂諾等處進擊西夏。同日，李憲大軍已攻入蘭州。神宗因未收到捷報，為怕夏軍併力阻擋李憲軍，還命令王中正及高遵裕移節制的兵馬上近邊下寨，以牽制夏軍。戊子（初五），李憲攻取蘭州後，再乘勝追擊，命蘭州新歸順首領巴令渴等三族，領所部兵攻克夏撒逋宗城，斬獲三大餘級，奪其渡船，敵軍入河死者四五百人，獲老小二百餘口，牛馬孳畜二千餘。同日，神宗收到先前李憲收復西市新城的捷報。神宗大喜，就賜詔嘉許李憲，說當初宋軍尚未出境時，朝廷內外莫不以夏羌鋒銳為憂，深怕宋軍難於輕易取勝。李憲現在出師首遇堅城，就能一鼓破之，可見將帥有略。他囑李憲以漢蕃士卒勇於赴敵，所宜加勞，更要再激勵兵眾，以防止敵軍聞此沮敗而併力來拒宋軍。庚寅（初七），神宗再以李憲軍深入夏境，怕

<hr>

〔註52〕附錄：〈苗授墓誌銘〉；《長編》，卷三百十五，元豐四年八月丁丑至庚辰條，頁7632～7634；《宋會要輯稿》，第十四冊，〈兵八・出師二・夏州〉，頁8768～8769；《宋史》，卷十六〈神宗紀三〉，頁305；卷三百五十〈苗授傳、趙隆傳〉，頁11068、11090；卷四百六十七〈宦者傳二・李憲〉，頁13639。據《宋史》所載，後來在徽宗朝在西邊一再立功，原屬姚麟麾下的勇將趙隆也參預這場西市之役。趙隆後來官至捧日天武四廂都指揮使溫州防禦使，約卒於政和八年（即重和元年，1118）五月前，宋廷贈鎮潼軍節度使。參見《宋會要輯稿》，第四冊，〈儀制十一・武臣追贈・軍職防禦使〉，頁2541。

後繼無援，就命留守熙州的胡宗哲於見在熙河路未出界的將兵，調發兩將由乾州路入為後援。〔註53〕

　　宋廷在九月丁亥（初四），首先獎賞苗授子、中軍副將苗履與李憲弟李宇入西蕃撫諭董氊之功，苗履自洛苑使，李宇自左侍禁寄班祗候各遷一官。〔註54〕

　　李憲在是月乙未（十二）及丙申（十三）再奏上在女遮谷及蘭州兩役的詳細捷報。他報告宋軍在八月庚辰（廿六）駐兵女遮谷，副將苗授率漢蕃軍襲擊夏軍在西市新城潰敗的餘黨於山谷間，斬百級，獲馬牛孳畜甚眾，又降蕃部龕波給家等二十二族首領，共千九百餘戶，他們已剪髮及刺手。李憲給他們歸順旗及錦袍及銀帶賜物。李憲又奏稱大軍過龕谷川，那是夏主秉常御莊之地，極有窖藏，而有敵壘一所，城甚完堅，卻無人戍守，惟有弓箭及鐵杵甚多。他已派每一軍副將分兵打開窖藏的穀物及防城弓箭之類。神宗才在一天前以疾不御殿，收到這番捷報，人逢喜事，當日他便重御垂拱殿。第二天，他再收到李憲收復蘭州的詳細捷報。李憲奏稱宋軍在九月乙酉（初二）收復蘭州。他報告蘭州古城東西約六百餘步，南北約三百餘步。宋軍自西市新城約百五十餘里行軍至金城，有天澗五六重，僅通一人一馬。自夏軍敗走後，所至的部族皆降附，他以招納的降羌已多，若不築城蘭州，就無以固降羌之心。為了築蘭州城及通過堡，已派前軍副將苗履、中軍副將王文郁（1034～1099）都大管勾修築，而由前軍將李浩專責提舉。李憲再奏請神宗，將蘭州建為熙河路的帥府，以鎮洮軍（即熙州）為列郡，以李浩為熙河蘭會路安撫副使兼知蘭州，以中軍副將王文郁、前軍副將苗履為本路鈐轄，而恢復趙濟的職務，命他兼熙河及秦鳳兩路財利事，負責軍需。神宗對李憲的建議全部接納。並令李憲據軍前的情況事處理蘭州之問題，暫時粗修之為宋軍駐兵之所，不過就不要過度花費。等

〔註53〕《長編》，卷三百十六，元豐四年九月甲申至庚寅條，頁7637～7640；辛丑條，頁7646；戊申條，頁7651；《宋會要輯稿》，第十六冊，〈蕃夷六・吐蕃〉，頁9916；《宋史》，卷十六〈神宗紀三〉，頁305；卷四百六十七〈宦者傳二・李憲〉，頁13639。按神宗在九月己酉（廿六）給沈括的詔書稱，他據熙河經制司所奏，所獲夏國首領臥勃哆等述說西夏軍情。他說在夏國日，夏方自聽聞宋軍四出後，就分遣諸監軍司兵馬委諸夏帥統領，以抵抗宋軍，並有戒令，命各分作三處：一以當戰，一以旁伏，一俟宋軍兵營壘未定，伺隙亂之。神宗說現在追驗西市新市之戰，就信如其說。據此，李憲所奏取西市新城的捷報，還包括此一西夏降人的情報。又李憲攻取撒逋宗城的捷報，到九月辛丑（十八）才達宋廷。

〔註54〕《長編》，卷三百十六，元豐四年九月丁亥條，頁7639；丙申條，頁7641。

到宋軍撫定黃河以南諸郡再措置。據曾瑞龍所考，本來李憲初時修築蘭州的規畫宏大，可是王安石弟王安禮（1034～1095）認為宜「省版築之費，使城小而堅，則易為守。」神宗同意，他又據李憲之請，將趙濟復為通直郎權管勾熙河路轉運司，李浩、王文郁及苗履權領所請之職任，修築蘭州城及通遠堡，當李憲行營東上之日，留守蘭州以固根本。李浩所需要辦事的人，就命他在軍前權選委勾當。〔註55〕

神宗當初命李憲從熙河以偏師出兵，並沒有明確指示要李取蘭州。李憲行軍迅速而襲取蘭州，建為帥府。神宗自然十分滿意。李憲在戊戌（十五）再上言，解釋他為何不待宋廷之命而取蘭州，他說奉命為致敵之計，攻取蘭州，內所以自固，外不妨致敵，兼且已精選漢蕃勁兵五七千騎，謀直取敵巢，因恐錯過時機才如此行事。神宗自然不會怪罪他，而詔諭今時宋軍既已城亭部，外縶其手足，又為戰栿，內衝夏人腹心，稱許他於謀攻之術盡於此，希望他能再做得更好。〔註56〕

不過，李憲並無遵照神宗的指示，馬上進行下一步的軍事行動。九月庚子（十七），李憲上言已按朝議選將領兵照應修建西使新城，他說待船筏稍具，就會募敢死之士，選漢蕃勁騎五七千，謀直趨敵巢之興州（即興慶府，今寧夏銀川市）及靈州。而蘭州是駐兵之所，待粗修完留兵守之。神宗不滿李憲的動作遲緩，即下詔表示現在諸路兵早晚出師，直趨興州與靈州，以蕩平西夏。兼且據董氈的蕃字書，他也稱會率兵往靈州破夏。神宗批評李憲還說甚麼待船筏稍具，選五七千騎前往，即是說不會全軍進發。他下令李憲等乘此機會與諸路軍協力，撲滅敵巢。假若以興州和靈州道路阻遠，即令全軍過河攻取涼州，不得只派偏裨前往。神宗又賜雜色戰袍、勒巾百副、銀纏桿槍五十條，都是白氂牛尾纓絞，給李憲獎勵行營漢蕃戰士破敵有功及新附降人得力者。辛丑（十八），神宗再催促李憲進軍，他說李憲已駐兵蘭州十日，雖說在此興修城池，安置戍壘；但神宗以此事可委官經辦，不需要留下大軍來辦理。神宗批評李憲

〔註55〕附錄：〈苗授墓誌銘〉；《長編》，卷三百十六，元豐四年九月甲午至戊戌條，頁7640～7641；《宋史》，卷三百五十〈苗授、王文郁傳〉，頁11068、11075；曾瑞龍：《拓邊西北：北宋中後期對夏戰爭研究》，附錄一〈蘭州在十一世紀中國的環境開發及其歷經驗〉，頁243。曾瑞龍認為宋廷所以省減修建蘭州城的規模，是受到當時宋夏軍事對峙的形勢的制約。他也舉出神宗在元豐五年批示蘭州延緩修建外圍的女遮堡，而全力修濬護城濠，也是出於同樣的考慮。

〔註56〕《長編》，卷三百十六，元豐四年九月戊戌條，頁7642。

總兩路蕃漢兵十餘萬，才入夏境百餘里，便想停止，乃正是犯了畫一拘束之弊，他限令在指揮到時，火速部署諸將，迤邐進軍。神宗要李憲選擇或東上靈州與諸路軍會合，或是北渡河以趨涼州，並要他激勵士氣，乘時奮取，不得遲疑。同日，李憲在九月戊子（初五）攻克撒逋宗城的捷報剛好抵京。神宗就沒怪罪李憲，而按李所請優賞有功將士。〔註57〕

九月甲辰（廿一），神宗再頒詔李憲，說近日據東北諸路的奏報，夏人已舉一國之兵約三四十萬以抗宋軍。現時西南地方全空虛，不是由本路及董氈之軍深入以分夏軍之勢，就得考慮合兵東向以禦西夏大軍。他命李憲宜依照累次所降命令以處分部勒行營將兵，並認真約好董氈兵馬前去招撫討除敵軍，或至靈州，或往涼州。神宗囑李憲務攻其必救，就可於宋軍攻其首尾之勢有助，而告誡他不得觀望遷延而有誤國事。〔註58〕

李憲在十月乙卯（初二），將後方佈置妥當外，便派大將李浩留守蘭州，他與苗授就率全軍東上。〔註59〕李、苗大軍在庚申（初七），已進至汝（女）遮谷（即弩札川，今甘肅定西市關川河谷），此處夏軍數萬，牛羊駝畜充滿山谷，於二十里外下寨，前據大澗兩重，後倚南山石峽。夏軍迎戰，自午時至酉時，夏軍不敵，退保大澗。李憲用兵謹慎，怕有伏兵，就沒有追襲，而只在夜間與夏軍隔岸互射，夏軍畏懼連夜遁去。宋軍在此役斬獲六百餘級，奪馬數百匹。神宗在壬戌（初九），還頒詔涇原總管劉昌祚及副總管姚麟，諭他們領兵出界，若前路相去不遠，就與熙秦軍會合，結為一大陣，聽李憲節制。神宗又從李憲之請求，詔負責熙秦大軍糧運的趙濟和胡宗哲從速應辦軍需。神宗還擔心李憲的進軍情況，蓋宋廷要至是月丙子（廿三）才收到李憲高川石峽（即南山石峽，今甘肅定西市魯家溝）的捷報。〔註60〕

〔註57〕《長編》，卷三百十六，元豐四年九月庚子至辛丑條，頁7644～7646。

〔註58〕《長編》，卷三百十六，元豐四年九月甲辰條，頁7648。

〔註59〕《長編》，卷三百十七，元豐四年十月乙卯條，頁7656～7657。李憲出發前，又以宋廷給他賞與來投有功的生羌的空名宣箚為數已不多，請神宗續給。神宗於是詔給他空名宣三百、告身一百。

〔註60〕《長編》，卷三百十七，元豐四年十月庚申至壬戌條，頁7666～7667；《宋會要輯稿》，第十四冊，〈兵八‧出師二‧夏州〉，頁8769；《宋史》，卷十六〈神宗紀三〉，頁305；卷四百六十七〈宦者傳二‧李憲〉，頁13639。關於此處提到另一個女遮谷或汝遮谷，據陳守忠的考證，只是吐蕃地名譯音上的混淆。自755年安史之亂後，河西和隴右被吐蕃佔領達九十餘年，吐蕃王國瓦解後部族離散並分居各地，李憲進軍所過，由蘭州至打羅城川（今訛為打拉池，在今甘肅白銀市靖遠縣共和鄉）沿途降服的一些部族都是為西夏控制的吐蕃部族而非黨項

　　李憲熙秦軍節節勝利，而种諤的鄜延軍也不遑多讓，繼奪得米脂寨後，十月癸亥（初十）又取得石州（疑陝西榆林市橫山區石馬洼一帶，今蘆河與無定河交匯處）。而涇原軍在劉昌祚及姚麟指揮下，在乙丑（十二）亦大破由夏統軍外戚梁氏之夏軍於磨臍隘。不過，王中正一路的糧運及行軍便出了嚴重問題。而他與种諤也為爭功而各自為戰。神宗沒有委任能號令全軍的主帥，已隱隱種下後來失利的種子。〔註61〕

　　种諤一軍在十月戊辰（十五）攻入夏州（今陝西榆林市靖邊縣以北55公里白城子），己巳（十六），又攻入銀州（今陝西榆林市橫山縣党岔鄉黨岔村大寨梁，在無定河與榆溪河交匯處的西南岸，城居毛烏素沙漠與黃土高原的分界線上，無定河在其東北2公里處接納榆溪河）。王中正在庚午（十七）隨後入夏州，但得不到任何戰利品。癸酉（二十），王中正軍至宥州（今陝西榆林市靖邊縣東與內蒙古鄂托克前旗境內，為西夏左廂軍治所），將城中居民五百餘家盡行屠殺以取其財物牛馬，軍於城東二日，殺所得馬牛以充食。王中正軍這樣做，既失人心也暴露其糧運不繼的問題。同日高遵裕軍至韋州（今寧夏吳忠市同心縣韋州鄉古城）及所在的監軍司，他令將士不要毀官寺民居以示招懷。而李憲一軍在乙亥（廿二）進至屈吳山（今甘肅白銀市靖遠縣東），遇到夏軍，斬獲四百級，生擒百人，獲牛馬羊萬餘，宋軍於打囉川下寨，營打囉城（即會州）。西蕃的禹藏郢成四（亦作裕藏穎沁薩勒，？～1085後）自夏軍寨派人以蕃首請發兵接應，李憲分遣人招納。禹藏郢成四以汪家等族大首領六人並蕃部及其母妻男等三十餘人來降，並帶來西夏給他們的印信及宣告數道。〔註62〕

　　族。在甘肅境內，吐蕃人所稱的地名至今相沿不改。宋人記載的女遮谷與弩札谷、女遮堡與弩札堡，因譯音相近，遂致相混。陳氏指出他循當日李憲進軍路線實地勘察是完全清楚的。確切的女遮谷，即前面所說李憲由西使新城向蘭州進兵途中駐軍休整的苑川河谷，距蘭州很近，只有四五十華里。而另一個女遮谷，即本條所提的，據陳的考證，實是弩札川，即今甘肅定西市關川河谷（祖厲河的支流）。參見陳守忠：〈李憲取蘭會及其所經城寨考〉，頁132～134。

〔註61〕《長編》，卷三百十七，元豐四年十月癸亥條，頁7669；乙丑條，頁7674～7678；卷三百十八，元豐四年十月丙寅至丁卯條，頁7680～7681；丙子條，頁7692；《宋會要輯稿》，第十四冊，〈兵八・出師二・夏州〉，頁8769。

〔註62〕《長編》，卷三百十八，元豐四年十月戊辰至庚午條，頁7682～7683；癸酉條，頁7686；乙亥至丙子條，頁7691～7692；己卯條，頁7694；卷三百十九，元豐四年十一月丁亥條，頁7707；《宋史》，卷十六〈神宗紀三〉，頁305；卷四百六十七〈宦者傳二・李憲〉，頁13639。

　　李憲在十月己丑（初七）報告他一軍的進展及戰績，他說大軍至天都山（今寧夏回族自治區中衛市海源縣境）下營，在囉逋川（《長編》作羅逋川）擊敗夏軍。這裡是西夏所稱的南牟內府庫（亦稱南牟會，夏主建有行宮，在今寧夏回族自治區中衛市海原縣境），內有七殿，其府庫、館舍皆已焚之。宋軍到囉通州捕獲西夏間諜，審問得知夏酋威明和統軍星多哩鼎的人馬輜重，在李軍不遠處。於是李派兵追襲，斬級千餘，生擒百餘人，擄獲牛羊孳畜萬計。李憲又奏離天都山至滿丁川，夏酋威明藏眾敗散，他再派兵追襲，又斬獲五百級，生擒二十餘人，奪馬二百餘匹，牛羊孳畜約七千。據〈苗授墓誌銘〉所載，此役也是由苗授指揮獲勝的。神宗收到李憲的捷報後大喜，即頒詔嘉獎，說李憲軍過天都山，斬戮甚眾，而趙濟供應糧草辦集，以李軍東去靈州只數舍（即數十里），應該很快就能與涇原和環慶軍會師。他要李憲更加鼓勵將士氣力，與兩路軍同心協謀破敵。神宗又樂觀地重申前議，若李軍攻靈州兵馬有餘力，宜趁著黃河冰凝結，分勁兵驍將北渡，攻擊興州。若興州能攻陷，靈州雖堅，仍會自潰。〔註63〕

　　當神宗樂觀地以為破靈州在望時，鄜延路經略使沈括及趙濟兄、提舉河東路常平等事趙咸，卻奏上兩路糧運往靈州前線的嚴重問題。神宗只得嚴令諸路轉運司辦好糧運工作。比較之下，李憲麾下的糧官權管勾熙河秦鳳路轉運司公事趙濟便能幹得多。他在庚寅（初八）上奏，稱他隨大軍至七朱川負責糧運工作，並無闕誤。他報告都大經制司需要一個月的人糧和馬食，他已牒本司，將先差下急夫搬運人馬食三萬，乾糧一百五十萬斤，自通遠軍裝發，赴西寧寨會合，可足夠現時人馬一月之備。現時見糧食存備足五十日支用，大軍要深入進攻，都不會有問題。神宗收到他的奏報後批示，說趙濟雖一面已告知本司，但考慮道路遭墜，怕有不達。他命宋廷可依趙濟所奏，下本司及涇原路經略、轉運司照會，於糧草所經本路城寨地分，催驅發遣。神宗對趙濟轉運糧草的表現是滿意的。據《長編》引《宋國史‧趙濟傳》所記，趙濟隨李憲築定西城，又城建蘭州，由天都山取道涇原路以歸，往返累近百餘日。當時陝西數次調役，曠日持久，民夫且潰。趙濟考慮到無以控制，若民夫自潰，則以後不可能再使他們復役，於是趙濟把民夫都放歸，停止以馬負糧。後來李憲大軍還而

〔註63〕附錄：〈苗授墓誌銘〉；《長編》，卷三百十九，元豐四年十一月己丑條，頁7709；《東都事略》，卷一百二十八〈附錄六‧夏國傳二〉，葉二上；《宋史》，卷十六〈神宗紀三〉，頁305～306。考《東都事略》記李憲追襲過天都山至囉逋山乃還，取蘭州，城之。這裡作囉逋山。

軍得以不飢。足見趙濟確是一位辦事得力的良吏。李憲的軍事行動得以成功，負責後勤工作的趙濟功不可沒。〔註64〕

當李憲一軍仍順利進軍時，种諤一軍卻以糧運不至而士卒飢困，行八日至鹽州（今陝西榆林市定邊縣），遭遇大雪而死者二三。部將劉歸仁率眾南奔，相繼而潰而入塞者三萬人。幸而知延州沈括處置得宜，才不致激成更大的兵變。但鄜延軍也隨河東軍之後，失去了戰鬥能力。〔註65〕

神宗在十一月辛丑（十九）還發出詔書給李憲，以熙秦軍出師以來，暴露在外已久，現雖駐在涇原路近邊，但慮他們休息不足。為此，命李憲等與涇原路經略使盧秉計議，分遣部隊於近便在糧草州軍城寨歇泊，命將佐存恤士卒，安養士氣。若靈州未攻下，而糧草有備，就從速進兵協助攻取；若靈州已拔，就依從之前的命令，據所分地清蕩敵境。神宗又將此詔發下給盧秉，若李憲軍有暴露寒凍，就計劃加以供應。按神宗的計劃，是以李憲一軍作為攻靈州的總預備軍，輔助主攻的涇原和環慶軍。〔註66〕

神宗沒有想到，就在同日，進攻靈州已十八天的環慶和涇原軍兵敗，被迫退師韋州，宋軍潰死者甚眾。總領兩軍的高遵裕在這次兵敗負最大責任，他嫉賢忌能，指揮無方，料敵不明以致慘敗。〔註67〕神宗尚不知宋軍失利，還在甲辰（廿二）應李憲之請，下詔命他盡快班師回本路，休養生息，並將有功將士按品第上奏，而所有行營的漢蕃將士，給予犒賞，並大開恩信，招納新收土地的生羌，並密定置戌他們之所，又計度版築城寨之具，等待春暖時興作。〔註68〕神宗對取靈州仍充滿信心。

〔註64〕《長編》，卷三百十九，元豐四年十一月己丑至庚寅條，頁7709～7711。

〔註65〕《長編》，卷三百十九，元豐四年十一月丁酉條，頁7715～7716。

〔註66〕《長編》，卷三百十二，元豐四年四月壬申條，頁7566；卷三百二十，元豐四年十一月辛丑條，頁7719～7720；《宋會要輯稿》，第十六冊，〈蕃夷六・吐蕃〉，頁9916。按盧秉在元豐四年四月前，已陞任涇原經略使。

〔註67〕《長編》，卷三百二十，元豐四年十一月辛丑條，頁7720～7721。關於高遵裕兵敗靈州的經過，以及宋軍退兵受到夏軍追擊的情況，游師雄（1037～1097）為高遵裕部將，後官至供備庫副使的安念（1043～1095）（按：其父為仁宗朝步軍都虞候安俊（？～1059））所撰的墓誌銘有頗詳細的記載，似未為《長編》等書所採用。另此墓銘的書寫者為熟知邊事的張舜民（約1044～約1114）。參見郭茂育、劉繼保（編著）：《宋代墓誌輯釋》（鄭州：中州古籍出版社，2016年2月），第一六零篇，〈宋故供備庫副使新就差提點右廂諸監上輕車都尉安府君（念）墓誌銘并序〉，頁362～363。

〔註68〕《長編》，卷三百二十，元豐四年十一月甲辰條，頁7725～7726。

　　神宗見環慶及涇原兩路攻靈州多時未見捷報（他未收到敗報），又近期沒收到兩軍消息，兼且收到李憲早前奏稱涇原鈐轄彭孫（？～1090 後）所部的涇原兵夫為夏軍抄掠，他怕攻靈州宋軍有失，在戊申（廿六）又改變主意，以事體至急，雖然李憲屢次奏請欲歸熙河路處理事務，但李軍駐石門子歇泊已多日，而郭茂恂已運糧至本處。神宗命李憲可帶三五百人騎，取近便城寨返本路，分派本路兵馬照管撫定所分地。而命其副將苗授從速領見在的行營將佐兵馬，裹護民夫與糧草直往靈州，協助高遵裕攻取。如高遵裕相度班師，就應抄便路接應。神宗又命一行人馬出發前，就差熙河路走馬承受樂士宣賜將士錢絹等。並命熙河路轉運判官趙濟與張太寧各部押本路民夫糧草，隨軍前往。神宗因剛收到高遵裕請諸路應援之飛奏，又在翌日（己酉，廿七）再詔李憲，若熙河所分地有需要措置的事，不可以委將佐辦理，然辦妥後，就要他總率苗授以下兵將速往靈州應援。神宗又命他權涇原路經略使方便指揮眾軍。〔註 69〕然而，為了軍糧不繼，李憲不肯冒險進軍。熙秦一軍始終沒有進軍靈州，應援涇原及環慶軍。〔註 70〕

　　據〈苗授墓誌銘〉所記，神宗在是冬，再詔促苗授率軍趨靈武，增援高遵裕。苗授軍止於通渭寨（今甘肅定西市通渭縣），條上進退利害，其言切至。神宗終於在十二月甲寅（初二）收到靈州兵敗的消息，他以環慶及涇原行營已回師準備返宋境，就命李憲及苗授停止前往靈州，經葫蘆河（今清水河，北流至青銅峽入黃河）返回本路撫定所分之地。丁巳（初五），神宗再詔李憲，以其大軍已西歸，芻糧自可於所在倉場供給，原來跟隨的人夫就不需要。神宗以百姓運糧多時，需要休息以備將來之用。他命李憲相度並牒轉運司，除委用必須的使人外，其他民夫都放散令歸家。〔註 71〕上文曾提到，因趙濟先前已釋放

<hr>

〔註 69〕《長編》，卷三百二十，元豐四年十一月戊申至己酉條，頁 7731～7732。

〔註 70〕邵伯溫在記靈武之役的始末時，就特別記諸路軍進攻靈州時，李憲的熙河兵不至。意指李憲故意逗留不前。另程頤（1033～1107）在元豐年間對呂大臨（1044～1091）談到元豐四年取興靈事，也認為李憲志在固守蘭會，怕進軍會覆其功，故必不肯向興靈進軍。梁庚堯在考述李憲一路的戰況時，便指出李憲一直遇到糧運不繼問題，就以各種理由藉口，延緩進軍靈州，到後來運糧的役夫潰散，軍隊要繼續前進已無可能，他就下令原地休整。參見邵伯溫：《邵氏聞見錄》，卷十三，頁 142；程顥（1032～1085）、程頤（著）、王孝魚（校點）：《二程集》（北京：中華書局，1981 年 7 月），《河南程氏遺書》，卷二上，頁 45；梁庚堯：〈北宋元豐伐夏戰爭的軍糧問題〉，載梁著：《宋代社會經濟史論集》（臺北：允晨文化實業股份有限公司，1997 年 4 月），上冊，頁 64～65。

〔註 71〕附錄：〈苗授墓誌銘〉；《長編》，卷三百二十一，元豐四年十二月甲寅條，頁

民夫歸家，故李憲大軍退師時早已遣散民夫，而沒有出現兵民爭糧的問題。

　　李憲知道神宗對這次兵敗心有不甘，在戊午（初六）上奏（按：可能也由樂士宣代奏）請暫赴京師稟奏攻取之策。神宗其實也想聽他的愛將的意見，但馬上再議興師，恐怕招致群臣的反對，於是下詔撫慰他一番，稱現時士卒凍殍之際，需要休養生息，以備敵人報復反擊。神宗命李憲安撫軍心，以待他日之用。又吩咐邊務當稟者，就命走馬承受附遞以聞。乙丑（十三），神宗以李憲自出界討夏，收復土地，皆有功績，特賜他銀絹各二千，並降敕獎諭，稍後再降恩命。據《長編》所記，知樞密院事孫固在神宗表示後悔沒聽他的話出兵時，就乘機對神宗說，兵法期而後至者斬，當初議五路合攻，會於靈州。現只有李憲軍沒有赴靈州，他卻自行開拓蘭州和會州，想以此弭責，實在不可赦，請神宗誅之。李憲進軍蘭州，並作為總後備軍接應攻靈州的宋軍，是神宗所批准的，神宗以李憲有功無過，當然不會聽孫固的話去處分李憲，只令人詰問李憲擅自還師之由。神宗對李憲信任不替，也許他後悔當日沒有堅持以李憲總領全軍。事實上五路大軍只有李憲一路取勝而收復失地，後來並全師而還。據趙滌賢的考證，五路伐夏的宋軍死者總數在八萬左右，但趙氏指出「李憲軍不但充份地利用了西夏的御莊大量窖穀，所向無敵，節節勝利（在因糧於敵和戰功赫赫方面極似劉（昌祚）軍），而且似始終沒有遭受意外災難，它具備的有利條件比劉軍多一個。因此，其死者人數少於（種）諤軍，就更明顯了。」趙氏的論證道出李憲苗授一軍的戰功優於諸軍的事實。〔註72〕

　　李憲為固守蘭州，在外圍的地方也加上了大量軍事設施，其中最重要的是道路的建築，特別是西使城與蘭州的道路。神宗在十二月丙寅（十四），當收到蘭州西使城修葺完畢並供戍守後，便下詔李憲等，以西使城其間有須增置堡寨及通接道路的地方，就命經制司相度施行，其以東地方，以靈州未下，就

　　　7736；丁巳條，頁7738；《宋史》，卷四百六十七〈宦者傳二‧李憲〉，頁13639；
　　　《宋會要輯稿》，第七冊，〈職官四十一‧經略使〉，頁4038。

〔註72〕《長編》，卷三百二十一，元豐四年十二月戊午條，頁7740；乙丑條，頁7743；
　　　《宋史》，卷三百四十一〈孫固傳〉，頁10876；卷四百六十七〈宦者傳二‧李
　　　憲〉，頁13640。趙滌賢指出李憲軍也曾發生糧餉不繼的問題，又在蘭州以北
　　　地區行動，正值隆冬之際，饑寒交迫在一定程度上仍存在，其死者人數不可能
　　　太少；不過，趙氏也同意李憲軍無水浸之患，也就大大減輕死亡人數。按趙氏
　　　並未考出李憲軍傷亡人數，也沒有留意趙濟等輸糧有效，而且李軍並不冒進，
　　　就大大減少了傷亡人數。參見趙滌賢：〈從宋元豐中靈州永樂兩次戰役宋軍死
　　　者人數考〉，《學術月刊》，1994年第6期，頁82～83。

暫時不要開展，令李憲部休整，別聽朝旨。神宗之前說不用李憲來京師稟奏軍情，但很快他又改變主意。同日又詔李憲以現領的職事交割與苗授，叫他量帶官吏隨從，從速乘驛馬，由便道往環慶路博詢將吏，找出宋軍攻不下靈州的原因，並要他提出詳盡的方略，籌策條畫，另經過涇原時，亦可詢問其將吏有關利害，親自帶來京師論奏。〔註73〕

宋廷在是月丁卯（十五）開始處分敗軍之將：高遵裕降為西上閤門使徙知坊州（今陝西延安市黃陵縣東北），劉昌祚及姚麟各降三官，改差為永興軍路鈐轄，彭孫降為東頭供奉官責為熙河路準備差使，不久添差金州（今陝西安康市）監當。彭從此成為李憲熙河兵團一員。另一方面，攻取米脂寨有功的种諤則在戊辰（十六）獲擢為鳳州團練使特加龍神衛四廂都指揮使，位列管軍。同時也以李憲麾下的轉運判官馬申及胡宗哲運糧不繼，有妨進軍，詔權發遣秦鳳路提點刑獄杜常（1031～1109），本來要依前降的朝旨予二人枷項審訊的處分，但今次依趙濟兄趙咸等特例特予免枷，只令他們在外受審，同時罷其職務。神宗也對熙河立功將帥賞功，同月己巳（十七），神宗將李憲的班官自宣慶使陞為高一級的景福殿使，而將他的遙郡自宣州觀察使陞為武信軍節度觀察留後。李憲以敵巢未覆，烽堠未寧，就懇辭神宗先前賞給他恩典。作為李憲副將中戰功最高的苗授，就自馬軍都虞候昌州刺史擢為殿前都虞候沂州防禦使。〔註74〕

李憲在同月甲戌（廿二）請宋廷差派蘭州官員，神宗按他的推薦，以四方館使熙河路副總管兼知河州的李浩正式調知蘭州，命他修畢會州後就充蘭會經略安撫副使，奉議郎孫路（？～1104）通判蘭州，洛苑使兼閤門通事舍人王文郁及宮苑使苗履為熙河路分兵官。另賜名西使城為定西城，鞏哥關（按元豐六年改為東關堡，今甘肅蘭州市東崗鎮）、龕谷堡、楚隴城並改為寨。〔註75〕

〔註73〕《長編》，卷三百二十一，元豐四年十二月丙寅條，頁7743～7744。

〔註74〕《長編》，卷三百二十一，元豐四年十二月丁卯至己巳條，頁7744～7746；〈侍衛馬軍司題名記〉，頁1244。

〔註75〕《長編》，卷三百二十一，元豐四年十二月甲戌條，頁7748～7749；戊寅條，頁7752～7753；卷三百二十三，元豐五年二月乙亥條，頁7790；《宋會要輯稿》，第七冊，〈職官四十一・經略使〉，頁4038；第十四冊，〈刑法六・矜貸〉，頁8540；《宋史》，卷三百三十二〈孫路傳〉，頁10687；卷四百六十七〈宦者傳二・李憲〉，頁13640。按熙河路都大經制司在元豐五年二月乙亥（廿三）上奏，稱經相度後，通遠軍去定西城路為便，就請自汝（女）遮堡以西隸通遠軍，龕谷寨以北隸蘭州。宋廷從其請。

四、涇原進築到固守蘭州

　　李憲從元豐四年底已說服再從涇原一路以進築的戰法再興師伐夏，苗授依然是他所倚賴的頭號戰將。元豐五年（1082）正月己酉（廿七），神宗依李憲的推薦，以熙河路總管李浩為熙河蘭會路安撫副使、副總管兼知蘭州，留守大本營。辛亥（廿九），神宗詔再議西征，以鄜延路經略安撫副使种諤知渭州。並特任李憲自都大專切經制熙河路邊防財利事為涇原路經略安撫制置使，正式成為比帥臣經略安撫使權力更大的制置使，知蘭州李浩兼權涇原路經略安撫副使。神宗又規定种諤和李浩均轄於李憲的制置司下。〔註76〕

　　值得一提的是，李憲出任制置使的同日，苗授以權發遣熙河路經略安撫都總管司公事上言，投訴熙河路走馬承受內臣樂士宣不理本軍師行日久，士卒疲乏，卻奏劾苗授援靈州之師未有行日。他說樂士宣明知苗軍情況，卻不卹軍事成敗，惟倚詔作威作福，望風旨以固寵，不能以實上聞，欲陷他於死地。苗授以此為由，要求神宗將他徙往本路。神宗安撫苗授一番，說軍中事樂士宣自當聞奏，但諭苗可以安心供職。〔註77〕苗授的後台是李憲，樂士宣要在苗授前作威是不智的。苗敢於奏劾樂士宣，自然得到李憲的支持。李憲顯然沒有偏袒麾下的內臣，他得到軍心，此事也可作旁證。

　　神宗準備再出兵之前，於二月戊午（初六），命苗授修繕熙州東嶽廟以迎福祐。己巳（十七），又命令諸路轉運使選各路廂軍及都水監所轄河兵約四萬人赴陝西集結，負責糧運，廂軍及河兵並隸李憲的涇原路制置司。〔註78〕

　　同月丁卯（十五），神宗又給李憲詔書，以董氈曾遣親信首領部勒兵馬來助攻西夏，牽制了西夏軍西部一大部份兵力，使得李憲順利攻取蘭州，事功可紀，董與立功首領都應受賞，命李憲委派苗授遣人因賞賜而告諭董氈、鬼章和阿里骨。另外又詔李憲原議建立的提舉熙河等路弓箭手營田蕃部共為一司，隸屬李憲新領的涇原路制置司。並許李憲奏舉勾當公事官一員，準備差使使臣三員，並給公使錢千緡，讓李憲直接管理他經營開發熙河的措施，而不假

〔註76〕《長編》，卷三百二十二，元豐五年正月己亥至辛亥條，頁7769～7770；《宋會要輯稿》，第七冊，〈職官四十一・經略使〉，頁4038；《宋史》，卷十六〈神宗紀三〉，頁306。

〔註77〕《長編》，卷三百二十二，元豐五年正月辛亥條，頁7771。

〔註78〕《長編》，卷三百二十三，元豐五年二月戊午至己未條，頁7781。董氈從元豐四年到五年一直採取聯宋攻夏的政策，西夏採取軟硬兼施又打擊又拉攏的手段應付，但董氈不為所動，堅持聯宋攻夏。可參齊德舜：〈《宋史・董氈傳》箋證〉，頁37～38。

手於人。〔註79〕

李憲與苗授出師的事一波三折，知蘭州李浩在三月乙酉（初四）招納黃河北蕃部嘛陵的親家翁哩那沒桑一家十五口，卻中了西夏的圈套，奉命以船接取的部屬東頭供奉官孫晞（？～1082）並當值士兵二人被擒。神宗一直希望聯合西蕃之力對抗西夏，當熙河路經略司在戊戌（十七）上奏，稱董氈和阿里骨派人送來蕃字書，說他們已拒絕與夏人通好，且訓練兵馬準備。神宗即回覆說當李憲和苗授出師有期，就會預先告之。〔註80〕

李憲在四月己巳（十八）終於繪畫奏上將來進兵出塞、築立堡障及破敵的方略，請神宗裁定。神宗信任李憲，委以便宜從事之權，而手詔李憲，表明不會將從中御：

> 地之險易，所嚮先後，自非目擊與敵變化，譬欬之間首末已異，豈隃度於千里之外，得能之乎？理固難中覆也。惟是探要鉤賾，敵之強弱與夫待我顯伏情狀，內顧己之兵食足以加賊、繼餉，使軍不虛發，財不徒費，發必可以摧敵，費必有濟國事，乃委注之深意，惟將帥博謀善圖之！〔註81〕

神宗大概不欲將西夏想結好董氈之事增加李憲的工作，同日便親自批示苗授，稱聞知西夏求和於董氈之情甚急，累請不成，又邀遼使同往，神宗覺得以平日西夏與青唐強弱大小之勢論之，西夏沒有理由自屈如此，懷疑背後必有深關國之存亡利害的理由，神宗以苗授所部接羌境，必知道其情狀，西夏一定大懼西蕃與宋軍合力覆其巢穴。神宗命他精繪地形，博謀於智者，從速上聞。〔註82〕

宋廷在四月戊寅（廿七），賞平定瀘州蠻之功，苗授的同袍林廣，自步軍都虞候遷馬軍都虞候，位次苗授殿前都虞候之下，另姚兕領果州防禦使，呂真

〔註79〕《長編》，卷三百二十三，元豐五年二月丁卯條，頁 7784～7787；《宋會要輯稿》，第十六冊，〈蕃夷六・吐蕃〉，頁 9917。

〔註80〕《長編》，卷三百二十四，元豐五年三月乙酉條，頁 7795；乙未至庚子條，頁7803～7805；卷三百二十七，元豐五年六月壬戌條，頁 7877；卷三百三十一，元豐五年十一月辛巳條，頁 7969；《宋會要輯稿》，第八冊，〈職官六十六・黜降官三〉，頁 4835。考那個被西夏誘擒的供奉官孫晞，據熙河蘭會路經略司在六月壬戌（十二）的奏報，孫已被殺而其部屬殿侍馬淩逃回。宋廷贈孫晞皇城副使，官其二子，賜銀絹、酒米有差以恤之。

〔註81〕《長編》，卷三百二十五，元豐五年四月己巳條，頁 7821。

〔註82〕《長編》，卷三百二十五，元豐五年四月己巳條，頁 7822。

為皇城使領忠州刺史。林廣稍後上章為韓存寶申冤，說韓雖有罪，但功亦多，以今日諸將而論，韓不至於死。神宗以西邊用兵，將他遣還環慶舊任。但他卻在七月己丑（初十）卒於道。〔註83〕

神宗以再舉在即，在五月辛巳（初一），就特詔苗授與負責糧運的趙濟，以熙河路財糧極為艱難，所修的堡障處多占防拓軍馬，近塞又無警急，既不能時省費，以待不虞，而在農事方作之時，調發力田之民，甚非得計。他要苗授二人不可不惻怛體度邊費，也要為朝廷愛惜財用。〔註84〕

不少朝臣都反對再用兵，但神宗並未接受。五月辛卯（十一），因收到環慶路經略司的奏報，說蕃官阿齊探知西夏梁太后自三月初已點集河南、西涼府（即涼州）、囉龐界、甘州、肅州（今甘肅酒泉市）、瓜州（今甘肅酒泉市瓜州縣）、沙州（今甘肅敦煌市）的民夫十人發九人，打算從諸路入寇，人馬已發赴興州。神宗以四月丁丑（廿六）夏軍二萬餘人侵犯淮安鎮，而自從去年宋軍發動攻夏以來，一直憂慮夏軍迴避不出戰，以致不能有斬獲。神宗認為果真的如情報所說的夏軍主動出擊，就是宋軍取勝的良機。苗授這時與鄜延的沈括和涇原的李憲收到神宗的急詔，要他們把握機會，要探得確實情報，準備有素，然後以本路兵馬合成大陣，守扼要害，伺夏軍深入就痛行掩殺。〔註85〕

五月丙申（十六），司天監上言七月辛巳（初二）是出兵吉日。神宗乃下詔進兵日依李憲所奏的七月初二。同日，李憲的涇原路制置司上言，已牒鄜延路四軍和環慶路兩軍，為減少非戰鬥人員，負責膳食的火頭並於禁軍步兵內差派，至於傔役、輜重、無廂軍，就由義勇和保甲充任。他怕兩路未肯照辦，就請降朝旨。神宗從之。神宗隨即詔陝西都轉運司，負責糧運而由諸州差雇車乘的人，所過州交替每人日支米二升、錢五十，到邊境止。而運糧出界，就只差廂軍。〔註86〕

〔註83〕《長編》，卷三百二十五，元豐五年四月戊寅條，頁7831；卷三百二十八，元豐五年七月己丑條，頁7896～7897。

〔註84〕《長編》，卷三百二十六，元豐五年五月辛巳條，頁7838。

〔註85〕《長編》，卷三百二十六，元豐五年五月辛卯條，頁7848。

〔註86〕《長編》，卷三百二十六，元豐五年五月丙申條，頁7851～7852。考李憲就出兵的日期，曾在五月丁未（十四）上奏神宗，說五路軍馬會合之地，遠近不齊，不可一一擇日。雖然擬七月辛巳（初二）中軍起發為準，但考慮未必最好，他請下司天監詳定。據載司天監太史局在十六日奏稱已集眾官定奪，將本京六壬加臨，得到七月初二辰（辛巳）具出兵吉日，同三省奉旨所進兵日同，故依李憲所奏。

神宗在五天後（辛丑，廿一），卻忽然詔罷李憲自涇原進築城堡以攻西夏的行動。他下詔陝西路都總管司，說涇原路進築城寨，財用雖已略具，但尚須措置諸路團結兵馬，他已令涇原制置司未得勾抽，先差發將兵並就近裡休整，至於為這次再舉而差發的文武官員，就遣還原差處。〔註87〕

為何神宗在萬事似已俱備，連出師日期都擇好之際，忽然停止出師？《長編》記陝西轉運司這時以役兵不足用，請下諸州和雇運夫。知永興軍呂大防（1027～1097）上奏，稱依前詔不再調民夫出塞，但現時漕檄雇夫就非科差不可。他說從之就違詔，不從就恐怕誤了出師日期。神宗令呂大防從前詔行事。據載神宗因派遣查察情況的使者回來，亟奏不可進築，於是議罷兵。〔註88〕

這位在關鍵時刻竟然能令神宗改變主意的使者是誰？群書都記神宗這名特使是他另一個心腹內臣內侍押班李舜舉。《涑水記聞》記本來神宗已詔更不調民運糧，李憲卻牒都轉運司調民夫運糧，而以和雇為名，官日給錢二百，並使人逼都轉運司接受其命令，李憲稱他受神宗密詔，威脅說若大軍缺乏軍糧可斬轉運使以下。陝西都轉運使被迫執行調民夫運糧之令，結果民間騷然，出錢百縉不能雇一夫，民人相聚立柵於山澤中，不受徵調。吏人前往徵調，就輒毆之。解州（今山西運城市西南）州官即使枷知縣以督之，但仍不能徵集。後來甚至由知州及通判自行往縣督之，均不成功。到出動州巡檢及縣尉前往相逼，民人就執梃相鬥，州縣無可奈何。據載因之前出師兵敗，凍綏死者十之五六，存者均憚行而無鬥志，倉庫蓄積皆竭。司馬光記群臣不敢諫，只有文彥博和呂公著上言進諫，但神宗都不聽。直到李舜舉從涇原來，對神宗泣告：「必若出師，關中必亂。」神宗才相信，召呂公著慰勞之。司馬光又記，李舜舉入見神宗後，在宮外見到宰相王珪（1019～1085）。王珪討好他說：「朝廷以邊事屬押班及李留後（按：指李憲），無西顧之憂矣。」李舜舉卻毫不客氣面折王珪說：「四郊多壘，此卿大夫之辱也。相公當國，而以邊事屬二內臣可乎？內臣正宜供禁庭灑掃之職耳，豈可當將帥之任邪？」據說聞者都為王珪慚愧。而宋廷在六月就詔罷涇原之役；不過，神宗卻改而採納种諤的建議，從鄜延修六寨以包圍橫山之地，還遣派反對李憲的李舜舉與陞任直龍圖閣的徐禧往視之，

〔註87〕《長編》，卷三百二十五，元豐五年四月丁丑條注，頁7828～7829；卷三百二十六，元豐五年五月辛丑條，頁7853。
〔註88〕《長編》，卷三百二十五，元豐五年四月丁丑條注，頁7828～7829；卷三百二十六，元豐五年五月辛丑條，頁7853。

並命徐禧節制軍事，即以徐禧取代李憲主持再舉之計劃。〔註89〕

　　神宗在八月丙辰（初七）為實現种諤和沈括謀取橫山的計劃，開展第一輪築城永樂（在今陝西榆林市大鹽灣鄉，無定河東岸。董秀珍 2003 年一說在陝西榆林市米脂縣龍鎮馬湖峪村，無定河西岸，南距米脂城 25 公里，北距故銀州城 25 公里）的軍事行動，負責此行動的徐禧、李舜舉及沈括在是日於延州出發，統率蕃漢十餘軍所將士卒共八萬人，連同一倍的役夫負糧者前往。宋軍由李浦（？～1100 後）將前軍，呂真（？～1099 後）佐之；曲珍將中軍，高永能（1013～1082）佐之；王湛將後軍，景思誼（？～1082）佐之，而由李稷負責饋餉及治理築城，所有的謀畫進止，都由徐禧專決，這次行動的原議人沈括反而無權，而另一原議人种諤由於素不為徐禧所喜，就被徐奏詔留守延州。种在是月辛未（廿二）還被追究先前兵敗的責任而被降授文州刺史。同日，宋廷也將已失寵的王中正貶降為嘉州團練使。〔註90〕

　　這場神宗寄望甚殷的軍事行動，一開始就因神宗用人不當而注定失敗。沈括有見識卻不獲授權，執掌大權的徐禧卻狂妄自大而紙上談兵，李舜舉作為神宗的心腹監軍，卻無武幹，而李稷也是剛愎自用敗事的庸才。雖然從征的將校多是能征慣戰的勇將，包括綏州蕃官高氏將家的第三代領軍人高永能、勇將曲珍、呂真及景思立之弟景思誼，但在徐禧瞎指揮下，除了曲珍和呂真僥倖逃脫外，其餘眾人包括徐禧本人，均不幸敗軍身死，連帶頗為宋廷士大夫欣賞的內臣李舜舉也賠上了性命。宋軍在九月甲申（初六）築好永樂城，夏軍三十萬即來攻，到戊戌（二十）才十四天便城陷，幾乎全軍覆沒。永樂城之役，比靈

〔註89〕梁庚堯指出，范純粹及其他陝西轉運使所擔心民間因強令運糧而騷動的事終於發生，呂惠卿在元豐七年（1084）赴太原府任後也指出當年河東民夫運糧形同差發的慘況。參見《涑水記聞》，卷十四，第 390 條，「李憲建議再舉靈武」，頁 282～283；《長編》，卷三百二十七，元豐五年六月乙卯條，頁 7869～7870；梁庚堯：〈北宋元豐伐夏戰爭的軍糧問題〉，頁 80～82。

〔註90〕《長編》，卷三百四，元豐三年五月癸未條，頁 7409；三百二十九，元豐五年八月丙辰至辛未條，頁 7921～7923。考曲珍在元豐三年二月已任權鄜延路鈐轄，是諸將中資格最老而官職最高的。關於永樂城的所在，眾說紛紜。呂卓民在 2006 年所撰一文，認為永樂城當在今陝西榆林市東南上鹽灣鄉上鹽灣村，其村東北側的古城遺址即是昔日永樂城的遺存。參見呂卓民：〈宋永樂城考〉，原載《西部考古》第一輯（2006），現收入呂卓民：《西北史地論稿》（北京：中國社會科學出版社，2011 年 3 月），頁 120～126；董秀珍：〈陝北境內宋與西夏緣邊城堡位置考〉，收入姬乃軍（主編）：《延安文博》（西安：陝西旅遊出版社，2003 年 10 月），頁 45。

州之役敗得更慘，對神宗的身心打擊更大。〔註91〕徐禧、李稷是文臣中最壞的配搭，他們並無王韶儒將之才而自以為是，偏偏作為監軍內臣的李舜舉又沒有李憲獨立判斷軍情而阻止主帥蠻幹胡來的能力。聞鼙鼓而思良將，當永樂城覆師時，神宗大概會想到王韶與李憲。文彥博早在是年秋曾上言指出「謀攻料敵，老將所難，不當與漸進白面書生惟務高談虛論，容易而計畫之。」可惜當神宗知道白面書生徐禧敗死覆師時已太遲。〔註92〕

　　當宋夏兩軍尚在永樂城激戰時，趙濟在九月乙酉（初七）上言，他奉苗授的關牒，分遣使臣取不繫團結的漢蕃弓箭手盡赴行營，以禦夏軍或有的攻擊。神宗尚不知永樂城下的狀況，還詔苗授所徵集之人，如無益於事，就不必再追集，命指揮到日，就據邊情便宜施行，並令抄送此詔與在涇原的李憲知悉。丁酉（十九），神宗還批示知熙州苗授，以兵久暴露，不但浪費供餽，還兼孤軍在野而楚棟隴堡小而難容，怕一旦遇上敵騎，既不能野戰，兼且苗授是帥臣在外，熙州的根本空虛，就命他從速分派軍馬回駐熙州及通遠軍，令他徑歸帥府治事，通遠軍就令其子苗履總領照管。神宗並不知永樂城已危在旦夕，極需援軍救應。〔註93〕

　　九月戊戌（二十），永樂城陷，宋軍將校自徐禧、高永能及監軍李舜舉，蕃漢官二百三十人，兵一萬二千三百餘人皆陣亡。〔註94〕宋廷考慮夏人會興師報服，就命各路守臣做好防禦工作。神宗擔心西夏會很快興師報怨，就著手做好各樣防禦工作。一方面繼續籠絡董氈，在十月乙卯（初八）賜他討西夏有功首領官告三十一，並賜絹有差。另一方面，將當初力諫用兵的權管勾陝西轉運通判而被降授宣德郎的范純粹，戊午（十一），復為奉議郎陞任陝西轉運副使。

〔註91〕有關這場永樂城之戰的始末，論者甚多。筆者在考論北宋綏州高氏蕃官一文中曾詳論之。可參閱何冠環：〈北宋綏州高氏蕃官將門研究〉，載何著：《北宋武將研究續編》（新北：花木蘭文化出版社，2016年3月）。中冊，頁425～434。

〔註92〕《長編》，卷三百二十九，元豐五年九月丙午條，頁7941～7942；文彥博（1006～1097）（撰），申利（校注）：《文彥博集校注》（北京：中華書局，2016年2月），下冊，卷二十五〈奏議・謝賜答詔〉，頁738～739。考文彥博此一奏議，《長編》記是在元豐五年秋上；惟《文彥博集》卻在題下注元豐五年三月上。文彥博此奏當是在徐禧出發往延州前上。

〔註93〕《長編》，卷三百二十九，元豐五年九月乙酉條，頁7931；丁酉條，頁7934；《宋會要輯稿》，第十五冊，〈兵十四・便宜行事〉，頁8881～8882。按《宋會要輯稿》將此事繫於九月壬辰（十四）。

〔註94〕《長編》，卷三百二十九，元豐五年九月戊戌條，頁7935～7937；卷三百三十，元豐五年十月戊申朔條，頁7945。

神宗特別關注蘭州的防禦，同日批示苗授，以蘭州城壕至今尚未開濬，很快黃河便會冰合，蘭州甚近夏界，於邊防甚為不便。神宗說李浩先前所請修的洛施、乩洛宗兩堡，雖已規畫好，但聞知本路禁軍累經和雇與版築之役，人力疲弊，需要休息。他們併工營建的蘭州及龕谷，已有金湯之固。為此，洛施二堡可俟明春有餘力再為之。因兵民力已困，己未（十二），熙河蘭會路走馬承受樂士宣又奏請罷明年修汝遮堡，神宗即命李憲相度以聞。但神宗以防務要緊，稍後再命李憲隨後經營之。〔註95〕

苗授這時也在嚴拿奸細方面有所作為，他在丙寅（十九），苗授奏上宋廷，稱他近日遣部落子策桑入西界，擒獲部落子詰丹格、勒厥，已將他們刺充淮南本城兵，詰丹格安置真州，而勒厥往楚州。不過，神宗卻覆詔苗授，說近有指揮，只是以投來的單獨蕃部刺配淮南本城。神宗以其捕獲的人自合處斬，現時為何如此施行？要他關牒前來，擒獲的奸細就在所至州軍斬訖來奏。〔註96〕

夏軍已準備發動對蘭州的攻擊，夏人以戰書繫矢，射到鎮戎軍境上。知軍劉昌祚將西夏的戰書報告涇原經略使盧秉，盧卻將戰書毀棄。夏人又遣所俘的宋囚攜戰書給盧，並以夏國南都統昴星嵬名濟之名義移牒涇原，盧不敢不奏。牒文表面稱夏願議和，卻盛氣凌人。神宗在十一月乙巳（廿八）又收到內臣閻仁武的奏報，說在十月壬申（廿五），蘭州北有夏軍五十餘人，隔著黃河呼叫，說夏軍已擊敗鄜延路兵（指永樂城宋兵），等到黃河結冰就會到蘭州。神宗詔苗授宜大造守城器具，又提醒苗授，夏將星多哩鼎聞說用兵凶忍，在永樂之役，起初領兵至的是梁默寧凌，逾巡十餘日，每日命萬餘人持鍬钁撅城，將被城上宋兵擊死的夏兵移去，或覆之以氈，不讓宋軍看到。後來哩鼎領兵至，就驅率蕃丁蟻附而進，死者列布城下，但他並不掩屍，還晝夜急攻，終令新造的永樂城不守。神宗要苗授知道，並密諭蘭州守將廣備守具。〔註97〕

正月乙巳（廿九），宋廷收到夏軍渡過黃河，直抵蘭州城下的報告，神宗以這支夏軍為數不少，而蘭州守軍竟然不預知，是偵察的人全不得力，他要李憲一面問責一面奏明。另一方面對有功的將吏神宗就不吝厚賞。二月丁未（初一），苗授努力修建鞏固蘭州及附近堡寨獲得宋廷褒賞。元豐六年（1083）二

〔註95〕《長編》，卷三百三十，元豐五年十月乙卯至己未條，頁7948～7950；《宋會要輯稿》，第十六冊，〈方域二十‧諸堡‧乩洛宗堡〉，頁9687。

〔註96〕《長編》，卷三百三十，元豐五年十月丙寅條，頁7956～7957。

〔註97〕《長編》，卷三百三十一，元豐五年十一月乙巳條，頁7978～7980；《宋會要輯稿》，第十五冊，〈兵二十八‧備邊二〉，頁9225。

月丁未朔（初一），神宗以苗授及趙濟等修築通遠軍榆木岔、熨斗平及蘭州勝如堡之勞，賜苗授對衣、金帶、銀絹五百，趙濟三百，馬申二百，餘官有差。神宗卻尚未知悉，夏軍數十萬已在同日乘冰凍渡過黃河入寇蘭州，殺將官楊定，奪兩關門，幾乎奪取西城門。李浩本來打算閉城距守，副將熙河蘭會鈐轄王文郁請出兵擊之。李浩表示城中騎兵不滿數百，安可出戰？王文郁認為敵眾我寡，正當折其鋒以安眾心，然後才可堅守，這正是三國時魏將張遼（？～222）保全合肥（今安徽合肥市）之道。走馬承受閻仁武卻說奉詔令宋軍堅守，不令出戰，如王文郁必定要開關出戰，他就會劾奏。王文郁堅持說現披城出戰，以一當千，勢有萬死，他不怕被劾奏。況且守則沒有必固之勢，戰則有可乘之機。他堅請出戰，得到李浩的同意。王於是募死士七百餘人，夜縋城而下，持短兵縱騎突襲夏軍。夏軍不防，驚潰而渡黃河，由於忽然冰陷，故溺死者眾，王文郁救回被夏軍所虜的兵民入城。人皆將王文郁比擬唐初名將尉遲敬德（585～658）。靠著李浩的決定和王文郁的奮戰，蘭州轉危為安。三天後（丙辰，初四），神宗收到蘭州被攻擊的戰報，他將李憲降一階為宣慶使經略安撫都總管，苗授罰銅三十斤，李浩降一階為四方館使階州刺史，坐夏軍犯蘭州幾奪西門始覺，而將守城有功的王文郁擢為西上閤門使知蘭州，代替李浩。〔註98〕

　　李憲知道蘭州是西夏必爭之地，見夏軍退至黃河外而不進，一定再會大舉，乃令部屬增城守塹壁，準備好防城的樓櫓。〔註99〕夏軍果然在三月再進攻蘭州。李浩與王文郁募兵開城接戰及上城守宿，另派人率蕃兵於馬家谷守隘，終於力戰擊退夏軍。戰後，熙河制置司在是月辛卯（十六）申報宋廷，說奉命修築的鞏哥關的城基因險峻削，卻兼土多沙而壁壘不堅，已差苗履別擇地形增展城守。〔註100〕

　　當苗履在熙河擔任更多職任時，其父苗授於是月以疾求罷，宋廷允准，

〔註98〕《長編》，卷三百三十二，元豐六年正月乙巳條，頁8009；卷三百三十三，元豐六年二月丁未朔條，頁8013；丙辰條，頁8018；《皇宋十朝綱要校正》，卷十下〈神宗〉，頁309；《宋會要輯稿》，第八冊，〈職官六十六·黜降官三〉，頁4836；《宋史》，卷十六〈神宗紀三〉，頁309；卷三百五十〈王文郁傳〉，頁11075；卷四百八十六〈外國傳二·夏國二〉，頁14013；吳廣成（撰）、龔世俊等（校注）：《西夏書事校證》（蘭州：甘肅文化出版社，1995年5月），卷二十六，夏大安九年（1083），頁300。
〔註99〕《宋史》，卷四百六十七〈宦者傳二·李憲〉，頁13640。
〔註100〕《長編》，卷三百三十四，元豐六年三月辛卯條，頁8035。

將他召還朝執掌宿衛，而在三月己亥（廿四），以曾任知熙州的趙濟，再以陝西轉運判官通直郎加直龍圖閣，復知熙州，代替苗授之任。〔註101〕苗授是年五十四歲，他從此離開奮戰多年的西邊，入朝執掌禁衛。就在四月辛亥（初七），曾與苗授並肩作戰的种諤，在龍神衛四廂都指揮使文州刺史知延州鄜延路經略使任上卒，戊午（十三），宋廷以西上閣門使果州團練使涇原路總管劉昌祚徙為昌州刺史知延州，並替補种之管軍之缺，晉陞為龍神衛四廂都指揮使。〔註102〕

重用苗授的宋神宗像

〔註101〕附錄：〈苗授墓誌銘〉；《長編》，卷三百三十四，元豐六年三月己亥條，頁8039；卷三百三十九，元豐六年九月乙卯條，頁8166 按苗授墓誌銘記他以疾請罷，宋廷召他還朝，惟月日不詳。當在趙濟在三月己亥（廿四）前。考苗授在是九月乙卯（十三）已以殿前都虞候都大提舉編欄的身份負責京師新城的開挖外壕的興役。

〔註102〕《長編》，卷三百三十四，元豐六年四月辛亥條，頁8047；戊午條，頁8049；丙寅條，頁8051。宋廷並詔劉昌祚，需一改种諤在鄜延所壞的大小政事。

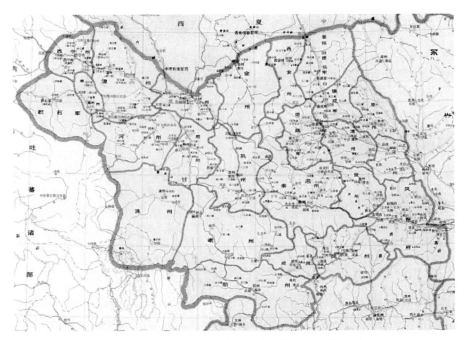

宋神宗在王韶及李憲等開拓的熙河蘭會路

第四章　兩任殿帥：苗授後期的武臣生涯

一、宿衛歲月

苗授在元豐六年三月召返京師，以殿前都虞候擔任殿帥燕達的副手執掌宿衛後，一直小心謹慎地工作。他的長子苗履則仍在蘭州，在李憲及李浩的麾下立功。

元豐六年四月甲子（十九），李浩敗夏軍於巴義谷（豁）。夏軍兵聚於巴義谷，準備進攻蘭州。李浩偵知夏軍所在，就潛師掩擊，夏軍退出，李浩率軍追入夏界，夏軍從吃羅、瓦井來援，與宋軍大戰，大敗。本來李浩有功，卻被劾已罷蘭州卻仍帶本路鈐轄擅奏赴闕之罪，但李憲為他的愛將申訴，說李浩自辨雖奏請赴闕，卻並未離任。神宗接納李浩的申訴，說李浩於法當以擅去官守論，但以他未離本路，另以他剛出塞有功，就僅罰銅二十斤。[註1]

因李憲奏上李浩等出境擊敗夏軍於巴義谷的戰功，宋廷於四月庚午（廿五）厚賞熙河漢蕃諸將，李憲復為景福殿使，李浩陞引進使高州防禦使，苗履

〔註1〕　《長編》，卷三百三十四，元豐六年四月甲子至戊辰條，頁 8051～8052；《宋會要輯稿》，第八冊，〈職官六十六・黜降官三〉，頁 4836；第十四冊，〈刑法七・軍制〉，頁 8586；《皇宋十朝綱要校正》，卷十下〈神宗〉，頁 309；《東都事略》，卷一百二十〈宦者傳・李憲〉，葉六下；《宋史》，卷十六〈神宗紀三〉，頁 310；卷三百五十〈李浩傳〉，頁 11079；卷四百六十七〈宦者傳二・李憲〉，頁 13640；《西夏書事校證》，卷二十六，夏大安九年（1083），頁 301。按《皇宋十朝綱要》將李浩敗夏軍事繫於四月癸亥（十六）。

就以皇城使商州團練使領吉州防禦使。苗履在父不在身邊而能單獨立功。〔註2〕

宋廷在五月戊子（十三），以之前修築的蘭州質孤、勝如和熨斗平堡子，查明不堪守禦，現已毀廢。其原相度保明官李憲、苗授、李浩及康識特赦其罪，但苗授、樂士宜與閻仁武先前所賜的敕書和銀絹就追回。在京中的苗授這次薄責也算幸運了。〔註3〕幸而楚棟隴堡在壬辰（十七）修好，才挽回眾人的一點面子，宋廷賜名通西寨，隸通遠軍。〔註4〕

值得一提的是，與苗授頗有淵源的李清臣，在八月辛卯（十八），得到神宗的賞識，從朝散大夫吏部尚書擢為中大夫尚書右丞，位列執政。〔註5〕

苗授在京師執掌禁旅，其中一項工作，就是督辦京師城防的工程。九月乙卯（十三），提舉京城所上言，稱準朝旨，發民夫開新城（外城）的外壕，正等待動工，而朝廷命開封府界提點司與提舉京城所官一同提舉。提舉京城所提出，勘會本所已檢計分放工料，難與開封府界一同提舉，因為現時民夫近在輦轂之下，全靠鎮撫，請求由管軍臣僚都大提舉。神宗只接受部份建議，以苗授作為管軍殿前都虞候的身份都大提舉編欄，但詔開封府界撥民夫五萬人，仍差權開封府推官祖無頗、提點開封府界縣鎮公事范峋負責此項工役。〔註6〕

元豐七年（1084）二月辛巳（十二），苗履和他的上司李浩被神宗降職：苗履自皇城使降一階為左藏庫使，李浩自引進使降一階為四方館使，理由是他們所奏夏軍「犯蘭州事異同」。二人的《宋史》本傳都沒有交待他們降職的原因。惟一的解釋是他們如實地報告蘭州的戰情，與李憲所奏的不同，間接說李憲誇大戰果。神宗為庇護李憲，就只好說兩人所奏不實而責之。〔註7〕

〔註2〕《長編》，卷三百三十四，元豐六年四月庚午條，頁8054；《宋史》，卷三百五十〈王君萬附王贍傳〉，頁11070；《東都事略》，卷一百二十〈宦者傳·李憲〉，葉六下。考《東都事略·李憲傳》記李憲被降職為宣慶使後「而敗賊於定西城」，疑即指宋軍敗夏軍於巴義谷一事。又獲厚賞的漢蕃將中，蕃官皇城使環州刺史李忠傑領光州團練使，蕃官趙醇忠為皇城使榮州刺史，王君萬子王贍自六宅使遷皇城使，康識自洛苑使遷左騏驥使，蕃官莊宅使阿雅卜為右騏驥使，蕃官供備庫副使韓緒（？～1087後）、蕃官趙惟吉（？～1084後）、董行謙、包正並為西京左藏庫副使，內殿崇班焦穎叔為內殿承制。

〔註3〕《長編》，卷三百三十五，元豐六年五戊子條，頁8067。

〔註4〕《長編》，卷三百三十五，元豐六年五月壬辰條，頁8069。

〔註5〕《長編》，卷三百三十八，元豐六年八月辛卯條，頁8149。

〔註6〕附錄：〈苗授墓誌銘〉；《長編》，卷三百三十九，元豐六年九月乙卯條，頁8166。按〈苗授墓誌銘〉記「修寬京城，以公護其役」，當指此事。

〔註7〕《長編》，卷三百四十三，元豐七年二月辛巳條，頁8242；《宋史》，卷三百五

苗履被降職，但苗授卻陞職。因在是月丁亥（廿三），步帥劉永年病卒，苗授在同月丙申（廿七）就依次陞任步軍副都指揮使，並自沂州防禦使遷容州觀察使兼統領馬軍司。〔註8〕

苗履在西邊，則追隨乃父的部將李浩。是年九月丙午（初九），他與李浩奉權勾熙河蘭會路經略司趙濟之命，統領蕃漢四將人馬，以備出入，防禦西夏軍來犯。〔註9〕

與苗授頗有交情的范祖禹，在元豐七年十二月戊辰（初三）以協修《資治通鑑》書成，宋廷下詔獎諭他與主修的司馬光，賜銀絹、衣帶、馬，他以奉議郎擢秘書省正字。〔註10〕

神宗於元豐八年（1085）三月戊戌（初五）崩，長子哲宗繼位，以年幼由祖母高太后垂簾聽政。〔註11〕高太后傾向舊黨，不久，以司馬光、呂公著為首的舊黨大臣先後回朝。苗授雖是神宗重用的人，但他與舊黨文臣的關係也不差。

四月乙亥（十二），朝奉郎守太府少卿宋彭年上言，以殿前馬步軍司管軍闕官，他請依故事差八員，而每一司常留一二員宿衛。宋所說不差，當時在京宿衛的管軍就只有殿帥燕達及兼管馬步二司的苗授。宋廷以管軍乃朝廷重事，宋彭年妄有干預，特罰銅三十斤。宋廷雖責宋彭年，但也為他的上言，於同月乙酉（廿二），將知延州龍神衛四廂都指揮使劉昌祚召赴京師供職。同日，宋廷以范仲淹（989～1052）子朝議大夫直集賢院范純仁（1027～1101）自河中府徙知慶州並加直龍圖閣。〔註12〕

苗授有書賀范純仁出任環慶帥，范純仁以書作覆，稱他為「步軍苗太尉」，除了謙稱他誤被朝恩外，又大大稱揚苗授之武幹及戰功：

> 右某。比者誤被朝恩，再膺寵寄，邑里尚存於故老，山川復觀

十〈苗履、李浩傳〉，頁11068～11069、11079。按《長編》此條記苗履自皇城副使降左藏庫使，大誤，苗履早已陞至諸司正使之宮苑使多時，他降職前應為皇城使。

〔註8〕 附錄：〈苗授墓誌銘〉；《長編》，卷三百四十三，元豐七年二月丁亥條，頁8248；丙申條，頁8250。

〔註9〕 《長編》，卷三百四十八，元豐七年九月丙午條，頁8357。

〔註10〕 《長編》，卷三百五十，元豐七年十二月戊辰條，頁8390。

〔註11〕 《長編》，卷三百五十三，元豐八年三月戊戌條，頁8456。

〔註12〕 《長編》，卷三百五十四，元豐八年四月乙亥條，頁8474；乙酉條，頁8483；卷三百五十六，元豐八年五月甲辰條，頁8516。按宋彭年在五月甲辰（十二）又以朝請郎太府少卿獲授提點江南西路刑獄，屬於擢陞。他先前的上言看來為宋廷所肯定。

於舊封。顧邇暮之何堪，蓋獎存之有自。伏惟某官，沈潛妙算，卓举英才，擁旄久握於帥權，出塞屢分於將鉞。折衝萬里，指點虜於掌中；制勝兩楹，出奇兵於堂上。職嚴武衛，任總師干。輇舊物而不遺，借片辭而為寵。致茲忝幸，曷稱眷私。未遑置牘之儀，先辱貽音之及。載惟感頌，曷罄敘宣。〔註13〕

據黃宗羲所考，范純仁與苗授都屬胡瑗門人，大概同窗之誼令范苗有不錯的交往。〔註14〕

苗授在元豐六年九月奉委修城的工作，卻在這年五月丙午（十四）被查究工程質素有問題，以京城西壁等壕河有開淺虧功，而擅令開濠夫數功出錢三百文。他與開封府界提點范峋與及開封府推官王同老均被責罰金。〔註15〕

苗授在此事上不過是小過失，宋廷未予深究。在四月開始已陸續回朝的舊黨大臣以司馬光、呂公著為首，已開始準備推倒熙豐之政。〔註16〕苗授的上司李憲知幾，自行以疾論罷。宋廷在六月戊寅（十六），就將他從熙河蘭會經略安撫制置使上，徙充永興軍路副都總管。〔註17〕

與苗裕在西邊征戰多年，本來名位在苗之上卻在元豐四年靈州之役兵敗的高遵裕，投閒置散多年後，在是年八月庚午（初九）卒。苗授於是年八月癸酉（十二），仍獲宋廷委以重任，以步軍副都指揮使容州觀察使擔任山陵都護。而他的副手陞為步軍都虞候的劉昌祚就擔任靈駕一行都總管。〔註18〕十

〔註13〕 范純仁（1027～1101）：《范忠宣集》，文淵閣《四庫全書》本，卷八〈回步軍苗太尉〉，葉十四上；〈賀秦州范龍圖〉，葉十四下至十五上；《長編》，卷三百五十四，元豐八年四月乙酉條，頁8483；卷三百五十七，元豐八年六月戊子條，頁8554～8555；卷三百五十九，元豐八年八月丁卯條，頁8579。按范純仁此信的撰寫日期不詳，考此信後是〈賀秦州范龍圖〉，按范龍圖即范育，他在八月丁卯（初六）自朝奉郎直集賢院權發遣鳳翔府為直龍圖閣知秦州。則范純仁致書賀范育當在八月丁卯（初六）後。考范純仁在六月戊子（廿六）已以知慶州上書論事，他覆苗授書當在四月乙酉（廿二）至八月丁酉（初六）之間。

〔註14〕 《宋元學案》，卷一〈安定學案‧安定門人‧忠宣范堯夫先生純仁〉，頁32；卷三〈高平學案‧忠宣范堯夫先生純仁〉，頁143～144。

〔註15〕 《長編》，卷三百五十六，元豐八年五月丁丙午條，頁8516；《宋會要輯稿》，第十五冊，〈方域一‧東京雜錄〉，頁9276。

〔註16〕 考呂公著在四月丁丑（十四）召為侍讀，七月戊戌（初六）拜尚書左丞。而司馬光也在五月戊午（廿六）拜門下侍郎。參見《宋史》，卷十七〈哲宗紀一〉，頁318～319。

〔註17〕 《長編》，卷三百五十七，元豐八年六月戊寅條，頁8537。

〔註18〕 附錄：〈苗授墓誌銘〉；《宋會要輯稿》，第三冊，〈禮二十九‧歷代大行喪禮上‧

月乙酉（廿四），神宗下葬於永裕陵。苗授大概以勞遷一官為威武軍節度觀察留後。而是月己卯（十八），他的文臣好友范祖禹又自秘書省正字擢為著作佐郎。〔註19〕

苗授的好友范祖禹陞官，惟在同月己丑（廿八），宋廷便開始算他老上司李憲的賬。宋廷詔李憲依赦勿問，特罷其內職，他因功所除授觀察留後的告令，需繳納於尚書省。以李憲奏事不實，不應引常赦不原之例。〔註20〕

苗授可能看出形勢不佳，在朝為官不易，就在十一月壬寅（十二），以疾求宮觀罷職。但宋廷不許，詔給他寬假療疾。宋廷不讓苗授罷宿衛，大概一方面他做事謹慎，雖然他是李憲的頭號大將，但回朝的舊黨大臣對他沒有太大的惡感，另一方面，宋廷決定派剛召回朝的步軍都虞候劉昌祚出知渭州，擔任涇原帥，取代他們不喜的盧秉。若苗授也罷職，京師統領宿衛就只剩下殿帥燕達一人，實為不妥。〔註21〕

哲宗在翌年正月庚寅朔（初一）改元元祐，舊黨言官侍御史劉摯（1030～1098）、殿中侍御史劉次莊、監察御史王巖叟（1044～1094）在是月戊戌（初九）已急不及待上奏高太后，批評熙豐新政。左正言朱光庭（1037～1094）與王巖叟隨即在辛丑（十二）及甲辰（十五）嚴劾新黨的宰執，劾蔡確不恭，章惇不忠而韓縝不恥。庚戌（廿一），劉摯再連上四奏，痛劾蔡確和章惇，朱光

神宗〉，頁 1355；〈禮三十七・帝陵・神宗永裕陵〉，頁 1563；《長編》，卷三百五十九，元豐八年八月庚午條，頁 8581。范學輝指出，三衙管軍常被委以監修宮殿、皇陵與都城差事，苗授的前任與後任，都被委以監護帝后陵及修建都城。參見范學輝：《宋代三衙管軍制度研究》，第七章〈三衙的職能下〉，頁 408～411。

〔註19〕附錄：〈苗授墓誌銘〉；《長編》，卷三百六十，元豐八年十月己卯，頁 8609；乙酉至丙戌條，頁 8617～8619；《宋史》，卷十七〈哲宗紀一〉，頁 320。考苗授墓誌銘記苗授在哲宗即位後便遷留後，惟考群書，苗授在修神宗陵時的官職尚是觀察使，疑他在神宗下葬永裕陵後才遷留後。又當日與他一同修京師新城的權提點開封府界諸縣公事的直龍圖閣朝散郎范峋，卻被劾請辭應奉山陵，戶部不許，他與戶部更新論奏，最後侍御史劉摯以他當黜責，在十月丙戌（廿五）落職，出知臨江軍（今江西宜春市樟樹市）。

〔註20〕《長編》，卷三百六十，元豐八年十月己丑條，頁 8622。

〔註21〕《長編》，卷三百六十一，元豐八年十一月壬寅條，頁 8638；丙午條，頁 8639～8640；卷三百六十二，元豐八年十二月壬戌條，頁 8656。考宋廷在十一月丙午（十六），以步軍都虞候雄州團練使劉昌祚知渭州，盧秉改知湖州（今浙江湖州市）。又宋廷也知委劉昌祚出知渭州，管軍就常闕員的問題。到十二月壬戌（初二），就改任樞密直學士知永興軍劉庠（1023～1086）為涇原經略安撫使知渭州，替回劉昌祚。

庭和王巖叟配合劉摯，辛亥（廿二）又連上數奏，要將二人扳倒。二月庚申朔（初一），朱光庭再上一奏，再請罷蔡確、章惇及韓縝，而以司馬光、范純仁及韓維（1017～1098）代之。劉摯與王巖叟隨即上奏附和。〔註22〕

　　舊黨文臣除了痛擊新黨宰執外，司馬光於二月壬戌（初三），又繼韓維後，上奏論如何處理西夏請求歸還故地的問題。他以神宗在夏主秉常被囚時興兵討伐西夏，諸將取其邊地，建米脂、義合、浮圖、葭蘆、吳堡、安疆等寨，都是藉口，用為己功，都是為其身謀，並非為國計。他說聞知此數寨，都孤懸邊外，難以應援，而田非肥良，不可以耕墾，而地非險要，不足以守禦。朝廷得之，徒分屯兵馬，坐費芻糧，有久戍遠輸之累，無拓土闢境之實。他主張廢米脂諸寨，命延州與慶州將城寨毀撤，將原地歸還西夏。至於定西城與蘭州，並非西夏本土，司馬光認為可以保留以為後圖，俟夏人再請，才議應留或與。他又以經略司現稱熙河蘭會，然會州尚在化外，如此稱呼就會啟敵疑心，他請不如改為熙河岷蘭經略司。比起韓維，司馬光的意見較為務實，他也提到西夏以舉國之眾，攻圍蘭州，期於必取，而賴蘭州的將士堅守，得以保全，以使夏人銳氣小挫，不敢輕易犯邊。他也明白此數寨，中國得之雖無利，但對西夏卻為害頗多，因諸地深入其境，近其腹心之地，西夏常懼中國一朝討襲，就無以抵禦，所以才必欲得之，不肯放棄。他以為既然打算與西夏議和，就宜因其顧慮，歸還數寨。但司馬光認識蘭州的戰略價值，仍主張加以保留。〔註23〕

　　蘭州是苗授父子奮戰取得之地，司馬光幸而沒有輕率地提出放棄，他有否諮詢苗授好友范祖禹的意見，惜文獻無徵。

　　劉摯與王巖叟仍是繼續上奏請罷蔡確與章惇，他們在二月丙寅（初七）及丁卯（初八）再申前議。朝臣的激烈鬥爭，幸而暫時沒有影響到禁軍將領的工作，殿帥燕達與步帥苗授仍然好好地供職。高太后很明顯借言官的手除去蔡確等。劉摯立功，他在辛未（十二）便獲擢為試御史中丞。〔註24〕

〔註22〕《長編》，卷三百六十四，元祐元年正月庚寅朔條，頁8697；戊戌條，頁8699～8706；辛丑條，頁8709～8710；甲辰條，頁8711～8712；庚戌至辛亥條，頁8716～8731；卷三百六十五，元祐元年二月庚申朔條，頁8745～8749。

〔註23〕《長編》，卷三百六十四，元祐元年正月壬戌條，頁8749～8752；《宋史》，卷四百八十六〈外國傳二‧夏國下〉，頁14015；司馬光（撰），李文澤、霞紹暉（校點）：《司馬光集》（成都：四川大學出版社，2010年2月），第二冊，卷五十〈章奏三五‧論西夏箚子〉，頁1051～1057。

〔註24〕《長編》，卷三百六十五，元祐元年二月丙寅至丁卯條，頁8761～8766；辛未條，頁8770。

　　關於應否放棄新得的城寨的問題，曾為苗授撰寫其母墓誌的尚書右丞李清臣在元祐元年（1096）二月乙亥（十六）上言，他以西夏雖通問使，卻未就貢職，察其深意，實在是緩兵之策，看宋強弱而定。若朝廷有厭兵之論，則自棄新疆，坐收全勝。若依舊固守，則等今秋物力稍完，必定左右攻劫，使邊臣應接倉皇。縱使未能襲破城寨，也能使宋廷上下恐動，自謀退保。他料夏人計必出於此。他建議詢問久在西邊的呂大防與范純仁的意見，以定新得城寨可守可棄之決策。高太后從其請，果遣中使手詔問二人的意見。〔註25〕

　　宋廷在二月丁亥（廿八），將原本出知渭州的步軍都虞候劉昌祚徙知熙州，取代李憲的得力助手，繼苗授知熙州的趙濟。〔註26〕宋廷顯然要改變李憲、苗授與趙濟熙州之政。

　　因言官不斷的攻擊，新黨首領首相蔡確自請罷職，高太后從其請，閏二月庚寅（初二），蔡確以正議大夫充觀文殿大學士出知陳州，司馬光授左僕射兼門下侍郎，繼任首相。壬辰（初四），呂公著陞任門下侍郎。〔註27〕因司馬光獲委提舉神宗皇帝實錄，與苗授有交的范祖禹在閏二月丙申（初八），就以著作佐郎為實錄院檢討官。而苗的另一友好范純仁更在同月乙卯（廿七），自吏部尚書擢同知樞密院事，位列執政，也正是苗的頂頭上司。而范祖禹也在四月辛卯（初四），再擢為著作郎。五月戊辰（十二），再獲范純仁薦，令中書省記其名。〔註28〕

　　熙州的人事在三月己卯（廿二）再有變化，陞任馬軍都虞候知熙州的劉昌祚在熙州才兩月多，便徙知渭州，而改由曾推薦苗授的四方館使知雄州劉舜卿領英州刺史晉龍神衛四廂都指揮使繼任。〔註29〕熙州既是苗授建功之

〔註25〕《長編》，卷三百六十六，元祐元年乙亥條，頁8791～8797。

〔註26〕《長編》，卷三百六十七，元祐元年二月丁亥條，頁8820。

〔註27〕《長編》，卷二百六十六，元祐元年二月辛巳條，頁8800～8802；甲申條，頁8808～8812；卷三百六十七，元祐元年二月丙戌條，頁8818～8820；卷三百六十八，元祐元年閏二月庚寅條，頁8854；壬辰條，頁8863。考陞為左正言的朱光庭在二月辛巳（廿二）再上奏請罷蔡等三人。蔡確在是月甲申（廿五）已上言請去位。宋廷命呂公著代他管勾門下省。同日劉摯仍嚴詞劾奏他無禮不恭。左諫議大夫孫覺繼上章劾蔡確與韓縝。而左司諫蘇轍在二月丙戌（廿七）又猛攻蔡、章、韓三人。

〔註28〕《長編》，卷三百八十八，元祐元年閏二月丙申條，頁8875；卷三百七十四，元祐元年四月辛卯條，頁9063；卷三百七十八，元祐元年五月戊辰條，頁9173；《宋史》，卷十七〈哲宗紀一〉，頁321。

〔註29〕《長編》，卷三百七十三，元祐元年三月己卯條，頁9024。

地，現時也是苗履用命之所，熙州守臣的作為，當也是遠在京城的苗授所關注的。

苗授在四月辛卯（初四），又看到他的老上司李憲稱久病乞半俸致仕，並求迴避有過節的陝西轉運副使。李憲的自請引退，宋廷許之，罷他永興軍路馬步軍副總管職，命他提舉崇福宮，許他在西京洛陽居住。〔註30〕不過，言官並不放過李憲，御史中丞劉摯與殿中侍御史林旦（？～1091 後）的嚴劾，高太后就在同月乙巳（十八）將李憲特降留後一官為觀察使提舉明道宮，另外三名內臣王中正、石得一與宋用臣也被貶降。〔註31〕

苗授稍後又目睹舊黨最終沒有放過他在熙河的同僚趙濟。五月戊寅（廿二），趙濟以直龍圖閣調知河東路的解州，離開任職近十年的熙河。左司諫王巖叟仍窮追猛打，再劾趙濟先以贓污坐廢於家，後來靠李憲一言而得以復為帥臣。王又污衊趙濟從未以職事為憂，只日與將士蒲博為戲，無帥臣體。請削他職置之散地。王含血噴人，不承認趙濟多年來在熙河盡心盡力，並與將士同甘共苦。宋廷聽從王的意見，就在是月癸未（廿七），再將趙濟落直龍圖閣，差管中嶽廟的閒職。〔註32〕而苗授麾下另一大將李浩也在同月辛巳（廿五）再自鄜延路馬步軍都總管徙為河東路馬步軍副總管，離開了熙河。〔註33〕

苗授對於宋廷人事自然無可置一詞，他掌禁旅，惟克盡闕職。是年七月己未（初四），他聯同殿前司上言，以內外諸軍馬步射，自有教閱格法，已教習有成。他說元豐七年曾續降旨射弓病色，他以若盡行減去，也於教法無害。他的建議為宋廷所接納。〔註34〕

九月丙辰朔（初一），首相司馬光病逝。呂公著繼為首相。舊黨言官開始清除尚在執政位的三名熙豐舊臣張璪、安燾（1031～1105）以及與苗授頗有淵源的尚書左丞李清臣。是月癸亥（初八），御史中丞劉摯首先上言，說他風聞張璪、安燾與李清臣同欲上章辭位，他說三人同受神宗顧命，一旦同時求退，就會讓臣下疑高太后必有所難，他以張璪傾邪柔佞，在位最久，朋姦害政，賣恩營私，言官前後言疏其罪，主張只罷他一人。至於安燾與李清臣，雖然並非

〔註30〕《長編》，卷三百七十四，元祐元年四月辛卯條，頁 9069。
〔註31〕《長編》，卷三百七十五，元祐元年四月乙巳條，頁 9105～9109。
〔註32〕《長編》，卷三百七十八，元祐元年五月戊寅條，頁 9183～9184。
〔註33〕《長編》，卷三百七十八，元祐元年五月辛巳條，頁 9192。
〔註34〕《長編》，卷三百八十二，元祐元年七月己未條，頁 9300。

宜為執政，但二人並非罪惡暴著，就主張留下二人。〔註35〕

　　張璪在九月己卯（廿四）加資政殿大學士罷知鄭州獲准後，安燾也在十月壬辰（初八）自請罷樞補外郡，但高太后不許。御史中丞劉摯上言，假惺惺地說安燾與李清臣皆常才，當蔡確、章惇與張璪朋姦結黨害政時，安李二人身為丞輔卻無所救正，以順隨人，以保祿位，誠非大臣之節，不過比起蔡確等，其罪有別。他說所以一直沒有劾去二人。他說並非認為二人宜在廟堂，不過借二人存之於位，以全國家大體，以成就太后不忘舊臣之意，以解天下之疑。右司諫王覿（？～1103後）也附和劉之意見，說安李二人才能皆無足以過人者，說蔡、章用事時，他們惟務順從，不能有所建明，王又說二人本非為惡之人，雖務順從，其情可恕，認為可留下安、李二人，以他們無害於政。〔註36〕

　　舊黨言官鬥倒安李二人前，他們卻又內鬥。元祐二年（1087）正月，御史中丞傅堯俞（1024～1091）、侍御史王巖叟及左司諫朱光庭攻擊深為高太后器重的翰林學士蘇軾，說他撰試題不當，有譏諷先朝之意。是月乙丑（十二），高太后召三人入見執政，諭三人更不須彈奏。丙寅（十三），三人赴都堂，由右僕射呂公著、門下侍郎韓維、中書侍郎呂大防、尚書左丞李清臣及尚書右丞劉摯諭旨。但三御史不肯罷休，丁卯（十四），又各上疏論奏。蘇軾在是月庚午（十七）上奏為己申辨。辛未（十八），傅堯俞與王巖叟入對，又再劾蘇軾。高太后表態以此為小事，但二人仍不肯收手，甚至頂撞高太后。二人寧願不在御史台供職，在家待罪。〔註37〕

　　傅與王二人不但沒有辭職，他們在四月乙巳（廿四）將矛頭指向並未自行引退的李清臣，把他罵得一文不值，嚴劾他「竊位日久，資材冗闒，無補事功，而性行憸邪，陰能害政。專於為己，有患失之心；苟於隨人，無自立之志。素餐尸祿，人為羞之，而清臣恬然自居，不以為恥。方王珪、蔡確輩用事之時，欺君罔上，無日不有，清臣則唯阿附其間，未嘗進一言之忠。自陛下登用耆哲，修復舊章，興滯救弊，惟日不足，清臣又隱默於中，亦無一言之助。

〔註35〕《長編》，卷三百八十七，元祐元年九月丙辰朔條，頁9415；癸亥條，頁9420～9421。

〔註36〕《長編》，卷三百八十九，元祐元年十月戊子條，頁9454～9455；壬辰至丙申條，頁9464～9467；《宋史》，卷十七〈哲宗紀一〉，頁323。

〔註37〕《長編》，卷三百九十四，元祐二年正月辛酉至甲子條，頁9588～9590；乙丑至戊辰條，頁9592～9593；庚午至辛未條，頁9594～9602。

人材之能否，清臣不知，民事之利病，清臣不識。」監察御史上官均及右諫議大夫梁燾也加入痛擊李清臣。李清臣受不了言官的壓力，就屢表請補外職。戊申（廿七），高太后加他資政殿學士出知河陽。〔註38〕

文臣之黨爭，苗授自然不會介入，他安份供職管好禁軍。六月甲辰（廿四），知樞密院事安燾代奏上他的請求，以上四軍闕額，馬軍司因此用減指條招揀人添填。安燾以上軍兵士，雖有招法許令減指，但其揀填即無減指明文。兼且中軍見闕的人數也不少，若用減指揀填上軍，即中軍闕數越多，他請上軍闕額今後並依等杖招揀人添填。〔註39〕

是年七月乙卯（初六），苗授推薦朝奉大夫朱衍（？～1091後），稱他沉勇有謀，宋廷將朱特換莊宅使領文州刺史。稍後宋廷命朱衍知金州（今陝西安康市）。朱衍請依种諤例，授三路沿邊州軍差遣，仍帶一路分鈐轄或都監，若宋廷以為不可，就請還舊官。宋廷從之。〔註40〕

苗授在京師盡力推薦可任邊事的人，這時西邊又告吃緊，因西夏於七月辛亥（初二）配合鬼章，入寇鎮戎軍諸堡，〔註41〕故宋廷命時任熙河蘭會路鈐轄的苗履在戊辰（十九），盡快赴任。〔註42〕

宋廷正憂慮西夏與青唐聯合入寇時，知岷州种誼在八月戊戌（十九），卻以奇襲的方式收復洮州，並擒獲李憲多年不能擒到的青唐大酋鬼章。這一場漂亮的勝仗，既為种誼本人及种家將，也為熙河將士爭了很大的面子。宋廷在十月庚子（廿二）賞功，主帥知熙州劉舜卿就自龍神衛四廂都指揮使超擢為馬軍都虞候，功勞最高的种誼擢西上閤門使。其餘將校各賞功不等。因劉舜卿的陞遷，原馬軍都虞候涇原帥劉昌祚就在十一月壬申（廿四）就以勞遷殿前都虞候。這次洮州之戰，可惜苗履沒有參加而沒有立功。〔註43〕

〔註38〕《長編》，卷三百九十九，元祐二年四月乙巳條，頁9727～9729；戊申條，頁9734。

〔註39〕考安燾在六月辛丑（廿一）自同知樞密院事擢為知樞密院事。樞密院這番上奏當是他的意思。參見《長編》，卷四百二，元祐二年六月辛丑條，頁9785；甲辰條，頁9788～9789。

〔註40〕《長編》，卷四百三，元祐二年七月乙卯條，頁9803；《宋會要輯稿》，第八冊，〈職官六十一・換官〉，頁4697。朱衍在同年九月壬戌（十三）復朝奉大夫。

〔註41〕《長編》，卷四百三，元祐二年七月辛亥條，頁9800。

〔註42〕《長編》，卷四百三，元祐二年七月戊辰條，頁9820。

〔註43〕《長編》，卷四百四，元祐二年八月戊戌條，頁9840～9843；卷四百六，元祐二年十月庚子條，頁9886；丙午條，頁9890；卷四百七，元祐二年十一月壬申條，頁9903。

　　苗授的戰友韓存寶被誅多年後，其子韓資在元祐初年為父申冤，惟宋廷未有回應。因洮州之戰獲勝，宋廷獎勵將士。九月庚申（十一），左司諫丁騭（？～1093 後）就上奏為韓翻案，指韓存寶被刑之初，只因原審他的何正臣希神宗意，並不推原本情，而曲加鍛鍊，將韓置之重法。丁指責何「勇於謀身，輕絕人命，致先朝有誤殺之名」，他請求除去韓的罪名，恢復他本身官爵，而貶責何正臣附會朝廷慘刻之罪。〔註44〕丁一方面為韓申冤，另一方面則是間接反神宗之政。

　　是年十二月十一日，宋廷將為哲宗生辰興龍節而作的道場所罷散香酒果賜殿帥燕達及步帥苗授，由大文豪翰林學士蘇軾撰寫賜燕、苗二人的口宣，稱許二人的忠君守職：

　　　　有敕：卿等志在愛君，忠於衛上。屬誕彌之紀慶，修淨供以祈

　　年。宜有頒寵，以旌勤意。步軍副都指揮使苗授以下同。〔註45〕

　　元祐三年（1088）四月辛巳（初五），宋廷因首相呂公著屢表求退，就授他為司空同平章軍國事，而以呂大防為左僕射兼門下侍郎為首相，范純仁為右僕射兼中書侍郎為次相。戊子（十二）。苗授另一朝臣好友范祖禹也獲宋廷自著作郎兼侍講獲遷起居舍人。但范祖禹三上章辭免，並以首相呂公著的女婿為由為請，呂公著也在高太后前請罷范新職，但高太后表示擢用范祖禹，不因是呂之故，而使呂諭范就職，范的知舊多勸范受命，但范不願，仍上章請辭，五月癸丑（初八），高太后接受范的請求。〔註46〕苗授兩位范姓朝臣好友，這時

〔註44〕《長編》，卷四百五，元祐二年九月庚申條，頁 9867～9868；卷四百十五，元祐三年十月甲申條，頁 10070～10072。據右正言劉安世在元祐三年十月甲申（十二）的說法，他是尚書右丞胡宗愈的妻族，因胡的推薦當上言官。因胡任執政而避親嫌罷諫官遷禮部員外郎。他在元祐三年十月甲申（十二）被出知處州。據李燾所考，他被排除出朝，是反對胡宗愈的人的手段，與丁的治事無關。丁這次為何為韓存寶申冤，理由待考。

〔註45〕蘇軾（撰），孔凡禮（點校）：《蘇軾文集》（北京：中華書局，1986 年 3 月），第三冊，卷四十一〈內制口宣・賜殿前都指揮使燕達以下罷散興龍節道場香酒果口宣・元祐二年十二月一日〉，頁 1207；《宋史》，卷十七〈哲宗紀一〉，頁 317、319。考宋臣於元豐八年五月丁酉（初五），請以哲宗生辰十二月生辰己丑（初七）翌日庚寅（初八）為興龍節。

〔註46〕《長編》，卷四百九，元祐三年四月戊子條，頁 9969；卷四百十，元祐三年五月癸丑條，頁 9993；卷四百十三，元祐三年八月辛丑條，頁 10045；《宋史》，卷十七〈哲宗紀一〉，頁 326～327。考右正言劉安世在八月辛丑（廿八）便上奏攻擊呂公著擢用其子弟親屬，指他與范祖禹翁婿共事於實錄院，前所未有。幸而范祖禹辭起居舍人之職，不然言官的攻擊就更有口實。

均受高太后看重。

七月丙午（初二）因殿帥燕達病逝，宋廷於丙辰（十二）及丁巳（十三）依次補陞任三衙管軍。苗授於是依次自步帥陞任三衙之首的殿帥並拜武泰軍節度使。是年苗授五十九歲，他首次擔任殿帥，登上他軍旅生涯的高峰。〔註47〕

為苗授撰寫制文的再次是翰林學士蘇軾，蘇軾對苗授稱揚備至：

> 門下：出總元戎，作先聲於士氣；入為環尹，寓軍政於國容。將伸閫外之威，以迪師中之吉。咨於爾眾，朕得其人。侍衛親軍步軍副都指揮使、威武軍節度觀察留後、持節福州諸軍事福州刺史、上柱國、濟南郡開國公、食邑二千八百戶、食實封三百戶苗授，早以異材，見稱武略。被服忠義，有烈丈夫之風；砥礪廉隅，得士君子之概。薦揚邊圉，益著勞能。拔自眾人，既蒙先帝之遇；遂拜大將，無復一軍之驚。祗厲殿嚴，肅將齋鉞。予欲少長有禮，而兵可用；汝其夙夜在公，而令必行。於戲！愛克厥威罔功，茲為深戒；師眾以順為武，古有成言。惟懋乃哀，毋忘朕訓。〔註48〕

苗授沒有即時接受此武臣希求的任命，他還兩度以疾請辭。宋廷首先在七月癸亥（十九）由蘇軾撰寫兩則不允的詔旨：

> 省表具之。試材以舊，謀帥尤艱。故以久次用人，欲其深練於事。而卿辭以錮疾，豈所望哉。速即乃官，毋復退避。

> 覽表具之，環衛之嚴，節制之重，誕告多士，以長萬夫。朕豈

〔註47〕附錄：〈苗授墓誌銘〉；《長編》，卷四百十二，元祐三年七月丙午條，頁10024；丙辰至丁巳條，頁10027；卷四百三十，元祐四年七月甲戌條，頁10381；卷四百三十八，元祐五年二月庚申條，頁10565。在這次陞邊中，涇原帥殿前都虞候劉昌祚升任步軍副都揮使，熙河帥馬軍都虞候劉舜卿遷殿前都虞候，太原府副都總管李浩升馬軍都虞候。捧日天武四廂都指揮使兼權馬步軍司姚麟陞授步軍都虞候，永興軍路馬步軍副都總管和斌為龍神衛四廂都指揮使。按姚麟於四年七月甲戌（初六）以步軍都虞候權殿前司公事，他兼領的馬軍司及新舊城巡檢職務，就由次官分領。又和斌後陞任步軍都虞候，在元祐五年二月庚申（廿五）卒於任上。

〔註48〕《蘇軾文集》，第三冊，卷三十八〈制敕·除苗授特授武泰軍節度使殿前副都指揮使勳封食實如故制·元祐三年七月十二日〉，頁1097。范學輝對蘇軾這道任命詔書，全文照錄，稱一代大文豪的大手筆，自然是冠冕堂皇。范學輝沒有留意，新授的管軍一般都會上表辭卻任命，蘇軾稍後便因苗授辭任，而代宋廷撰寫幾道批答給苗授，不許他辭任。蘇軾先後為苗授撰寫幾道制詞口宣，算是和苗授結了善緣。參見范學輝：《宋代三衙管軍制度研究》，第十六章〈三衙管軍的選任制度〉，頁947。

輕用其人哉。確然固辭，未喻厥指。往祗朕命，毋曠乃官。〔註49〕

然後再命蘇軾於七月甲子（二十）撰寫另一度口宣，不許苗授辭殿帥之任：

> 有敕：卿早練武經，晚著邊效。進持帥節，實允僉言。翅以次遷，無煩懇避。〔註50〕

苗授最終接受殿帥之職後，大概在七月底，宋廷以慶祝高太后生辰的坤成節，賜苗授以下罷散坤成節道場香酒果，命翰林學士蘇頌（1021～1101）撰寫口宣，又表揚苗授宿衛之功：

> 有敕：卿等提兵之要，宿衛於朝，遘崇慶之誕辰，演迦文之密義。助茲贊祀，宜有頒宣。〔註51〕

宋廷於八月辛卯（十八）又循例命蘇軾撰寫一道敕書，諭武泰軍（即黔州，今重慶市彭水苗族土家族自治縣）的官吏軍人僧道百姓，關於苗授任為本鎮節度使的任命，又一次稱許苗授的才能足為宿衛之長：

> 敕：朕以苗授賦材勇嚴，馭眾整暇。擢為宿衛之長，寵以節旄之榮。惟爾邦人，當諭朕意。〔註52〕

苗授出任殿帥後，屬行訓練殿司將校武藝。九月乙卯（十二），他上奏宋廷，說依殿試格引試驍騎事藝，合格該獎賞人包括內弓箭手十將郝貴射一石力弓，馬步射通中垜十一箭，請賜他絹二十五疋。宋廷從之，並御批郝貴除支

〔註49〕《蘇軾文集》，第三冊，卷四十三〈內制批答·賜新除殿前副都指揮使武泰軍節度使苗授上第一表辭免恩命不許斷來章批答二首·元祐三年七月十九日〉，頁 1257。

〔註50〕《蘇軾文集》，第三冊，卷四十二〈口宣·賜新除殿前副都指揮使武泰軍節度使苗授辭免恩命第二表不允批答口宣·元祐三年七月二十日〉，頁 1221。

〔註51〕蘇頌（著），王同策等（點校）：《蘇魏公集》（北京：中華書局，1988 年 9 月），上冊，卷二十五〈內制·口宣·賜殿前副都指揮使苗授以下罷散坤成節道場香酒果口宣〉，頁 337；《宋史》，卷十七〈哲宗紀一〉，頁 318；《宋會要輯稿》，第十六冊，〈道釋一·披度〉，頁 9989；《長編》，卷四百三十，元祐四年七月己卯條，頁 10385。考《宋會要·道釋一》記宋廷在元豐八年二月十九日，詔太皇太后七月十六日生辰為坤成節（按：神宗在是年三月戊戌（初五）崩，《宋會要》記二月十九日頒詔當有誤，《宋史·哲宗紀一》記宋廷在四月乙亥（十二）詔以太皇太后生日為坤成節當是）。考苗授在元祐四年七月己卯（十一）已罷殿帥之任，蘇頌這道口宣不會是元祐四年七月十六日高太后坤成節道場所撰，當是撰於元祐三年七月二十日後。

〔註52〕《蘇軾文集》，第三冊，卷四十一〈內制敕書·示諭武泰軍官吏軍人僧道百姓等敕書·元祐三年八月十八日〉，頁 1185。

賜絹外，特與更轉一資。〔註53〕

宋廷在是年十一月壬辰（二十），以罷散哲宗生辰興龍節之道場的香酒果賜苗授以下，又命蘇軾撰寫口宣：

> 有敕：卿等以衛上之忠，屬誕彌之慶。預嚴淨會，以薦壽祺。

及此告成，宜加寵賚。〔註54〕

高太后對苗授算是恩待，而宋廷言官文臣對平居如儒者，並且和不少朝臣頗有交情的苗授也算得上客氣。可苗的老上司李憲知道宋廷朝臣就不會對他留情，就在是年閏十二月戊申（初六），以提舉明道宮任滿，就請告老，宋廷就將他除右千衛上將軍，分司南京，許陳州居住。〔註55〕李憲是年才四十七歲，要比苗授年輕十多歲，李憲卻知幾而退，也許給苗授一點啟示。

元祐四年二月甲辰（初三），舊黨的開明派首領呂公著卒。〔註56〕以右正言劉安世（1048～1125）為首的舊黨激進言官排除異己，進一步打擊同屬舊黨的尚書右丞胡宗愈（1029～1094），劉在三月戊寅（初七）繼續嚴劾胡，胡終於頂不住壓力，於三月己卯（初八）罷為資政殿學士出知陳州。〔註57〕呂公著之婿、苗授之友范祖禹在是月己丑（十八）則從承議郎著作郎擢為中書舍人仍賜金紫，雖然呂已逝，不必避親嫌，但他仍不接受此職。四月壬子（十二），知漢陽軍吳處厚告發已罷相多時的知鄧州蔡確在安州時，曾作〈夏中登車蓋亭〉絕句十篇，內五篇皆涉譏訕宋廷特別是高太后。言官劉安世、梁燾、吳安詩、王巖叟以及在五月辛未（初二）擢為右諫議大夫的范祖禹，痛劾蔡確之罪。雖然已出知杭州的蘇軾及中書舍人彭汝礪為蔡確說公道話，蔡也上書自辨，但高太后被言官的危言打動，於五月丁亥（十八），就將蔡確重貶英州別駕，新州（今廣東雲浮市新興縣）安置。苗授的兩位范姓友人在此事的立場南轅北轍，范祖禹認為蔡確之罪天下不容，若以列卿分務留都，未符眾議，請處以典刑，重行竄謫。但范純仁與另一執政尚書右丞王存（1023～1101）卻反對

〔註53〕《長編》，卷四百十四，元祐三年九月乙卯條，頁10061。考這個十將郝貴與苗授當年的部將西頭供奉官郝貴同名，不知是否同一人。參見第二章注34。

〔註54〕《蘇軾文集》，第三冊，卷四十二〈口宣·賜殿前副都指揮使苗授已下罷散興龍節道場香酒果口宣　元祐三年十一月二十日〉，頁1223；《宋史》，卷十七〈哲宗紀一〉，頁317、319。考宋臣於元豐八年五月丁酉（初五），請以哲宗生辰十二月生辰己丑（初七）翌日庚寅（初八）為興龍節。

〔註55〕《長編》，卷四百十九，元祐三年閏十二月戊申條，頁10147。

〔註56〕《長編》，卷四百二十二，元祐四年二月甲辰條，頁10210～10211。

〔註57〕《長編》，卷四百二十三，元祐四年三月戊寅至己卯條，頁10232～10238。

再重責蔡確，認為宜務寬厚，不可以語言文字之間，曖昧不明之過，誅竄大臣，不可開此先例。〔註58〕

苗授大概沒有想到，范祖禹變得如此嫉惡如仇，繼打倒蔡確後，他在五月丁酉（廿八），一方面請不要因蔡確而牽連太廣，但另一方面又劾知樞密院事安燾不可為執政，又說安雖無營救蔡確之跡，其實是其黨。他又聯同梁燾、劉安世及吳安詩劾奏范純仁，稱范為相一年，日失人望，又營救蔡確，請罷免范。范仲淹與王存知道留不下去，六月庚子朔（初一），他們均請罷。文彥博及其他執政入對後，甲辰（初五），宋廷將范純仁罷為觀文殿學士出知潁昌府（即許州，今河南許昌市），王存罷為端明殿學士出知蔡州（今河南駐馬店市汝南縣）。〔註59〕

宋廷因蔡確車蓋亭一獄處置失誤而弄得舊黨朝臣內部大分裂，高太后的偏執與言官不識大體均有責任。范祖禹尤其成為激進言官的代表，他在六月丙午（初七）又上奏反對宋廷用韓忠彥（1038～1109）為左丞，許將（1037～1111）為右丞。壬子（十三），又嚴劾安燾為蔡確、章惇一黨。〔註60〕

七月甲戌（初六），宋廷將范祖禹任為中書舍人兼侍講，但梁燾等言官卻同奏請留下范任諫職，而范亦請追還任舍人誥命。宋廷從其請，范大概覺得任言官更能發揮他的長處。〔註61〕

當范自覺任職諫臣樂此不疲時，苗授卻意興闌珊，已萌去意。是月己卯（十一）他以足疾自請罷軍職，宋廷授他為保康軍節度使出知潞州，而以步軍副都指揮使劉昌祚為武康軍節度使代為殿前副都指揮使。苗授的足疾也許是真的，殿中侍御史孫升（？～1099）在是月丁丑（初九）便上奏說，殿前三帥之任，所以侍衛禁嚴，統率士旅，惟威名足以彈壓群眾，惟勇健足以懾伏悍強。他說苟非其人，就難以擔任是職。他指苗授久艱步履，屢廢朝參，而以家居來治軍政。孫說侍衛禁嚴，怎能安坐家中而統率軍旅，苗不應如此自負。他

〔註58〕《長編》，卷四百二十四，元祐四年三月己丑條，頁10253；卷四百二十五，元祐四年四月壬子條，頁10270～10277，戊午條，頁10282～10285；卷四百二十六，元祐四年五月辛未條，頁10297～10299；戊寅至庚辰條，頁10301～10311；卷四百二十七，元祐四年五月辛巳至丁亥條，頁10314～10326。

〔註59〕《長編》，卷四百二十八，元祐四年五月丁酉至己亥條，頁10345～10355；卷四百二十九，元祐四年四月庚子朔至甲辰條，頁10357～10358。

〔註60〕《長編》，卷四百二十九，元祐四年六月丙午至，頁10363～10366；壬子條，頁10371～10372。

〔註61〕《長編》，卷四百三十，元祐四年七月甲戌條，頁10381。

說明堂大禮日近，望高太后早日處理此事，更換殿帥。因孫升之言，高太后接受苗授的辭職。不過，筆者認為苗授求退，也因他看不慣宋廷近日文臣間不講是非的激鬥，就借足疾引退以避禍。〔註62〕

高太后給苗授很大的面子，命蘇軾弟、新任翰林學士蘇轍（1039～1112）撰寫一道大大稱許苗授的制詞：

門下：上將之任，本智略以為先；萬夫所望，亦材武之兼尚。惟擢拜之未幾，亟辭疾以告勞。言念悃誠，式敷明命。殿前副都指揮使、武泰軍節度、黔州管內觀察處置等使、持節黔州諸軍事、黔州刺史、上柱國、濟南郡開國公、食邑二千八百戶、食實封三百戶苗授，早讀兵法，有志事功。久踐戎行，自奮邊鄙。入參環列，既被遇於先朝；累積歲勞，適謀選於元帥。遂分旄節之寄，克諧卒乘之歡。宿衛逾年，勤勤為請。愍獨賢於煩使，俾暫佚於近藩。爵加貴名，邑衍真食。潞子之舊，俗武而淳；守土之臣，事簡且暇。於戲！建纛而出，知寵數之不移；勿藥有瘳，幸年歲之未暮。臥理非壯士之節，力疾有忠臣之風。勉哉安平，起就勳業。可特授檢校司空、持節房州諸軍事、房州刺史、充保康軍節度、房州管內觀察處置等使、知潞州軍州事兼管內勸農使、兼提舉澤、晉、絳、慈、遼州、威勝軍屯駐駐泊就糧、本城兵馬巡檢公事，替韓宗古，加食邑五百戶，食實封二百戶，勳封如故。主者施行。〔註63〕

〔註62〕附錄：〈苗授墓誌銘〉；《長編》，卷四百三十，元祐四年七月甲戌條，頁10381；丙子至己卯條，頁10384～10385。因苗授辭去殿帥之職，宋廷依次補陞三衙管軍。除劉昌祚繼任殿帥外，殿前都虞候知熙州劉舜卿陞任步軍副都指揮使晉徐州觀察使徙知渭州。馬軍都虞候李浩自忠州防禦使遷黔州觀察使，步軍都虞候權殿前司事成州團練使姚麟就陞任殿前都虞候。龍神衛四廂都指揮使康州團練使和斌陞步軍都虞候。皇城使果州團練使帶御器械為衛州防禦使擢捧日天武四廂都指揮使仍充廊延副總管，皇城使廉州團練使劉斌為信州團練使擢龍神衛四廂都指揮使。以上各人大部份曾在苗授麾下任職。又范學輝曾舉苗授被孫升以足疾為理由罷免殿帥職的例子，說明任職三衙管軍必須身強力壯。不過，范氏沒有注意，四年後苗授又獲重召再任殿帥，顯然所謂足疾而罷，既是孫升想罷去苗授的理由，也是苗授本人求退的最佳借口。參見范學輝：《宋代三衙管軍制度研究》，第十五章〈三衙管軍的任職資格〉，頁885；第二十章〈三衙與宋代統兵體制〉，頁1235。

〔註63〕蘇轍（撰），曾棗莊、馬德富（點校）：《欒城集》（上海：上海古籍出版社，1987年8月），中冊，卷三十三〈北門書詔五十四首‧麻制十三首‧除苗授保康軍節度使知潞州制〉，頁693～694；《長編》，卷四百二十九，元祐四年六月丁未

苗授並不馬上接受宋廷給他的優差，他上表辭免。高太后命蘇頌撰寫不允他辭免的詔書：

> 敕苗授：省所劄子，奏辭免恩命事，具悉。卿稟溫嚴之氣，有沈毅之謀，擢領十連，入長三衛。惟拱護周廬之重，加訓齊卒乘之勤，方倚宿名，遽辭苦疾。閔煩戎政，特徇雅懷，易節制於房陵，析麾符於上黨。中外均勞之寄，可謂優隆；偃息藩軍之餘，無妨頤養。復覽遜辭之奏，何其謙畏之深。雖嘉乃誠，難從所欲，所請宜不允。故茲詔示，想宜知悉。〔註64〕

二、出守大藩

潞州是苗授祖籍所在，他罷殿帥出守潞州，接替韓宗古，高太后可算是體貼。不過，批評苗授不應繼續擔任殿帥的殿中侍御史孫升在苗罷職還不到一月，在七月丁酉（廿九），又翻苗授的舊賬，說他治軍，相承習為姑息以收恩，不及當年郝質治軍嚴肅，他說郝質治下，作過軍人一經徒流，鮮有還者，而他所坐臥，寂不聞人喘息聲，其嚴憚如此。苗授就大大不如，而繼任的人和斌與劉斌卻繼承苗的方式，繆懦為甚，以至諸軍驕惰自肆，無所忌憚。總之，就是苗授治軍不嚴。〔註65〕

〔註64〕 條，頁10367；卷四百三十一，元祐四年八月癸丑條，頁10421。考蘇轍在元祐四年六月丁未（初八）自戶部侍郎遷吏部侍郎，三天後（即庚戌，十一）改翰林學士。又關於苗授加檢校司空，范學輝解釋這是宋代自哲宗以來給殿帥加官的制度，苗授之前的殿帥燕達，他以後的姚麟均加檢校司空。參見范學輝：《宋代三衙管軍制度研究》，第十四章〈三衙管軍的地位〉，頁792～793。

〔註64〕 《蘇魏公集》，上冊，卷二十二〈內制・詔書・賜新除檢校司空充保康軍節度使知潞州苗授辭免恩命不允詔〉，頁295。據《宋會要輯稿》記載，哲宗在元祐八年十月廿九日，因兵部言提舉亳州明道宮的前步軍都虞候劉斌請借用剩員，而未有明文規定人數。兵部說勘查紀錄，苗授以節度使借留用十六人，徐誠以刺史借留八人，以此約之，團練使當留十人，防禦使當留十二人，而觀察使及留後十三人。宋廷從之。以此推之，苗授以保康軍節度使出知潞州時，宋廷許他借留用十六人服侍。參見《宋會要輯稿》，第六冊，〈職官三十二・差使剩員所　神衛剩員所〉，頁3827。又關於三衙管軍可以使用退役步軍剩員的制度，范學輝也引用苗授這一例子加以說明。參見范學輝：《宋代三衙管軍制度研究》，第十四章〈三衙管軍的地位〉，頁797～798。

〔註65〕 《長編》，卷四百三十，元祐四年七月丁酉條，頁10405。考范學輝也引用孫升此奏，論及此時管軍從苗授、和斌到劉斌治軍不嚴，以致軍政廢弛的問題。范氏並未深究一向治軍嚴整的苗授，為何會「相承習為姑息以收恩」？究竟是苗授意興闌珊，還是別有緣故？為何苗授在紹聖二年重任殿帥時卻又治軍認

　　苗授給人的印象與過去的紀錄，是治軍嚴整，孫升批評他的，是否出於偏見，還是苗授在引退前意興闌珊所致？

　　九月辛巳（十四），宋廷大饗明堂，赦天下，百官加恩。苗授獲加食邑，這次又是蘇頌當制，撰寫這制詞：

> 門下：行莫大於孝，孝以尊親為先；祭則致其嚴，嚴以配天為重。朕欽承謨烈，昭事穹旻，歷季秋之吉辛，躬三歲之大享。樵蒸焜上，既接禮於明神裸將於京，遂昭功於聖考。迨茲竣事，推以渙恩，襃嘉元戎，宣揚丕命。保康軍節度、房州管內觀察處置等使、檢校司空、持節房州諸軍事、房州刺史、上柱國、濟南郡開國公、食邑三千三百戶、食實封五百戶苗授，天姿端厚，性縝沈雄。傑然師帥之才，奮於州縣之職。干戈衛社，隱若敵國之堅；談笑臨邊，無武將之體。冒犯矢石，保守封疆。先帝知其才謀，委成戎閫；前歲召於邊徼，入長殿廬。謙而有光，寵至益戒，以疾屢請，辭劇彌堅。解蘭、錡之親兵，領關、陘之重鎮。精禋既戒，祭貢預虔，熙典克成，寵章載錫。加數邑田之廣，衍封幹食之多。襃命非私，疇功惟允。於戲！聽鼓鼙而思將帥，予不忘於舊勳，守富貴而和人民，爾宜圖於遠略。祗服明訓，往惟欽哉。可

　　已罷知潞州的苗授再次表現他的謙遜，與仁宗的駙馬李瑋（1035～1093）分別上表請辭所授恩命。宋廷命翰林學士蘇頌一併批答不允：

> 省表具悉。昔仁宗之祀明堂也，復希闊不講之典，故推恩特異；今朕之躬大饗也，用郊丘三歲之制，故行慶有常。而卿以節制之崇，領郡牧之寄，預顯相之列，增加封食，抑惟舊章。胡然遜辭？蓋出謙重。已行之命，宜即欽承，所請宜不允。

> 覽表具悉。國家敬恭神事，祗率舊章。三歲親祠，禮莫為重，四海來祭，物無不共。方仲辛之禮成，推大澤以雲布。凡百卿士，普同慶休。矧引殿邦之賢，侍祠之官，位為節制之重。爰加大命，以廣靈休。適觀奏封，尚覲遜避。言綸已布，寢罷固難，所請宜不許。〔註66〕

真？參見范學輝：《宋代三衙管軍制度研究》，第十七章〈北宋三衙管軍的選任〉，頁1070。

〔註66〕　《蘇魏公集》，上冊，卷二十一〈內制·敕書·保康軍節度使苗授加食邑制〉，頁284～285；卷二十五〈內制·賜李瑋苗授上第一表辭免恩命不允批答、不

但苗授仍上第二表辭免恩命。宋廷再命蘇頌一併批答殿帥劉昌祚及苗授的辭免恩命：

> 有敕：近緣宗祀，誕布慶恩。眷彼帥臣，朝有褒典。再披奏幅，過守謙沖。命已告庭，理難從欲。〔註67〕

苗授出知潞州後，過的是半退休的生活。據其部屬通判潞州李眾（1037～1090）的墓誌銘所記，苗授到潞州後，「至則臥閣自養，吏敢慢文移，閱月不省，動盈几格。」幸而靠通判李眾在他告假時，代他把公事處理好。〔註68〕

據〈苗授墓誌銘〉所載，因苗氏祖墳皆在潞州壺關，故苗授建節歸故鄉時，又躬掃先人之墓，加封植，又不時大具牢酒會鄉中父老，並出金帛遍遺苗氏疏屬數百家。苗授在潞州又做了一件好事，以潞州民多不葬，暴田野表，他就出公田數頃為塋，以瘞之。〔註69〕

苗授在朝中的相識，不斷言事的范祖禹在是年十月庚子（初四）陞任給事中。〔註70〕苗授與他有否交往不詳，不過，范一直沒有參劾苗授倒是事實。

先後為苗授撰寫制詞的翰林學士承旨蘇頌在元祐五年（1090）三月壬申（初七）擢為尚書左丞，而苗授早年上司韓琦長子韓忠彥也同時拜同知樞密院事。二人均是開明溫和的舊黨人物，惟他們與苗授的交往似乎不深。與苗授有交的范純仁在同月癸酉（初八）本來徙知太原府，但六日後又罷之。五月丙寅（初二）本來將他移知延安府，因言官反對，到戊子（廿四）最終改命知太原府。太原離潞州不遠，苗授與范純仁也許有書信往還。〔註71〕

是年十二月壬辰（初二），教苗授稍告慰的是，他的老上司李憲自右千衛上將軍分司南京為延福宮使、宣州觀察使提舉明道宮，仍居陳州，待遇略有

許批答〉，頁333；《宋史》，卷十七〈哲宗紀一〉，頁329。考哲宗即位後首次大饗明堂，赦天下，百官加恩在元祐四年九月辛巳（十四），苗授與李瑋當在是日或稍後獲詔加恩，而他們辭恩當在此日後。

〔註67〕《蘇魏公集》，上冊，卷二十五〈內制·口宣·賜殿前副都指揮使劉昌祚保康軍節度使苗授上第二表辭免恩命不允斷來章批答口宣〉，頁344。

〔註68〕李昭玘（約1047～約1126）（撰），張祥雲（輯校）：《樂靜集輯校》（濟南：齊魯書社，2021年6月），卷二十八〈李奉議墓誌銘〉，頁259；《長編》，卷四百四十五，元祐五年七月己巳條，頁10711。考李昭玘在元祐五年（1090）七月己巳（初六）自秘書省正字授校書郎。李眾為苗授工作的事大概得於李家所述。

〔註69〕附錄：〈苗授墓誌銘〉。

〔註70〕《長編》，卷四百三十四，元祐四年十月庚子至辛丑條，頁10456～10457。

〔註71〕《長編》，卷四百三十九，元祐五年三月壬申至癸酉條，頁10574～10575；卷四百四十二，元祐五年五月丙寅條，頁10630～10631；戊子條，頁10639。

改善。〔註72〕

　　曾為苗授寫過制詞的御史中丞蘇轍在是月壬子（廿二）又狠狠地攻擊同屬舊黨的范純仁和給事中范純禮（1031～1106）兄弟，既批評范純仁為相時專附益韓維兄弟，又指范純禮不學無術，只靠僥倖才致身侍從。批評過苗授的侍御史孫升附和蘇轍，還把范祖禹也批評上。〔註73〕舊黨大臣爭權內鬥，看來苗授離開是非地的京師是明智的。

　　元祐六年（1091）二月辛卯（初二），宋廷中樞人事更替，劉摯自門下侍郎拜尚書右僕射兼中書侍郎為次相，蘇轍自御史中丞拜尚書右丞，王巖叟自權知開封府充簽書樞密院事。蘇軾在兩天後自吏部尚書拜翰林學士承旨。另天章閣待制樞密承旨趙君錫（？～1099）拜御史中丞。〔註74〕

　　苗授當年舉薦過有武幹的朝散大夫知道州（今湖南永州市道縣）朱衍，在是年四月乙卯（廿六），因廣南西路帥臣孫覽（？～1099後）的推薦，特換武階的內藏庫使領文州刺史，充廣南西路都監兼知融州（今廣西柳州融水苗族自治縣）。〔註75〕似乎英雄所見略同，苗授當年倒沒有推薦錯人。

　　宋廷在五月庚申（初二），詔許李憲任便居住。這時在潞州的苗授，一度有出守延州的機會。據劉摯的說法，六月丙申（初八），因延帥趙卨卒，宋廷以戶部侍郎寶文閣待制范純粹代知延安府，但在乙巳（十七），眾會都堂，范純粹到來，以母老堅辭，首相呂大防曾提出以苗授或劉舜卿代知延州。但因劉摯反對而打消此意，最終說服范純粹出任。〔註76〕呂大防想苗授出守延安府，苗授卻在同月甲寅（廿六），便自請罷知潞州之任。宋廷允准，授他右衛上將軍提舉崇福宮（按：苗授墓誌銘稱他提舉鳳翔府上清太平宮），他就遷居洛陽。次相劉摯對他批評一番，仍記得他是李憲部下，說他昔日在西邊，「諂事李憲，以軍功欺罔寖貴，遂授節鉞，領殿帥。然諰諰常懼人摘其惡。」又說他家富甲於洛陽，家業已成，居於洛陽的甲第，所謂「史館園」。又說他為官，官窮但家富，故時以去官為念，不復有報效朝廷之意，故前年託疾出知潞州，

〔註72〕《長編》，卷四百五十三，元祐五年十二月壬辰條，頁10843。
〔註73〕《長編》，卷四百五十三，元祐五年十二月壬子條，頁10868；卷四百五十四，元祐六年正月丙戌條，頁10889。蘇轍兄蘇軾在在元祐六年正月丙戌（廿六）獲高太后召還為吏部尚書，但范純禮同日仍然自給事中陞權刑部侍郎。
〔註74〕《長編》，卷四百五十七，元祐六年二月辛卯至癸巳條，頁10901～10903。
〔註75〕《長編》，卷四百五十七，元祐六年四月乙卯條，頁10949。
〔註76〕《長編》，卷四百五十八，元祐六年五月庚申條，頁10957；卷四百五十九，元祐六年六月丙申條，頁10982～10984。

現時求宮觀祠職，卻不放棄其節度使之名銜，故得此除授。劉摯說金吾衛與左右衛，異於諸衛，但俸有六千，而品級與節度使同，卻班在其上，實在是優命。〔註77〕客觀而論，劉摯對苗授這番評論，並不公允，苗在李麾下，多立戰功故得授殿帥，絕非是靠諂李憲而得，他所以自請罷軍職以及求祠職，並非無報效之心，並非只為了享受個人的榮華富貴。他大概看到舊黨回朝，對異己痛下殺手，他的上司李憲及熙河同僚多被貶黜，與其給人責降，不如自行告退。據宋人筆記所載，苗授倒是很知足的人，他曾說：「平生無大過，惟於熙河多得官為恨。」大概以邊奏例以虛功而受厚賞之謂。這也看到李憲對下屬的厚待，連苗授也覺得賞得太厚。苗授對邊事頗有識見，他指出議者重遼而輕夏，卻不知遼人衣服飲食，以中國為法，但夏人不慕中國，習俗自如，不可輕視。他又提到為涇原總管時，曾雪夜巡邊，看到有馬跡，他派人逐得之，原來是夏之巡邏四更的人。他說夏人逐更而巡，是中國防禦所不及的。苗授在李憲麾下的大將中，他是少數頗具儒士氣質涵養的人。他的為人行事絕非劉摯所說那樣。幸而舊黨在紹聖元年失勢後，他仍有復出報效朝廷的機會。〔註78〕

李憲在八月癸丑（廿六）請致仕獲宋廷准許，宋廷詔授他右武衛上將軍致仕。但從御史遷中書舍人的孫升，在乙卯（廿八）卻不放過李憲，稱李方在罪責，而加以恩禮，讓他致仕自便。他說怕開此一例，今後有罪流竄的人，皆以

〔註77〕據苗授的部屬通判潞州李眾的墓誌銘所記，苗授到潞州後，「至則臥閣自養，吏敢慢，文移閱月不省，動盈几格。」幸而靠通判李眾在他告假時代他把公事處理好。又關於苗授洛陽這個「史館園」，屬於舊黨的邵博（？～1158）曾有詳細的描述，稱苗授既貴，欲找天下佳處以居，找到洛陽（河南府），而洛陽的園宅又號稱最佳居所，最後他購得太祖宰相王溥（922～982）故園。園既古，景物皆蒼然，於是他出全力以裝飾之，意欲凌駕洛陽諸園。園舊有七葉二樹，對峙高百尺，春夏天望之如山高，而創堂之北有竹萬竿，大滿有兩三圍，疏密琅玕，如碧玉椽。創亭之南，東有水。來自伊水。可浮十石舟，建亭壓其溪，有大松樹七株，現引水澆之，有池適合種蓮荷，令造水軒，板出水上。對軒有橋亭。邵博稱園中所制甚雕侈，然猶未盡說。邵博又提到在丞相故園（不詳指唐宋丞相何人）水東，為直龍圖閣趙氏所得，亦大造第宅園林。這個直龍圖閣趙氏，是否趙濟？待考。參見附錄一：〈苗授墓誌銘〉；《長編》，卷四百六十，元祐六年六月甲申條，頁11003；《樂靜集輯校》，卷二十八〈李奉議墓誌銘〉，頁259；邵博（？～1158）（撰），劉德權、李劍雄（點校）：《邵氏聞見後錄》（北京：中華書局，1983年8月），卷二十五〈苗帥園〉，頁196～197。

〔註78〕附錄：〈苗授墓誌銘〉；《東都事略》，卷八十四〈苗授傳〉，葉四上（頁1283）；《宋史》，卷三百五十〈苗授傳〉，頁11067；陳師道（1053～1102）（撰），李偉國（點校）：《後山談叢》（與《萍洲可談》合本）（北京：中華書局，2007年11月），卷六，頁81、84。原書苗授寫作苗綬，李偉國考當為苗授之訛寫。

疾請致仕，則是王法不行於有罪的人，將何以為國？孫升話說得那樣重，宋廷就收回前詔，不讓李憲以右武衛上將軍致仕。〔註79〕苗授的運氣好一點，其仍在西邊效命的兒子苗履，在調離熙河後，在孫升上奏的同日，以知鎮戎軍東上閤門使吉州防禦使，以擊退夏軍來犯功獲賜銀絹百疋兩。〔註80〕

值得一提的是，在元祐六年（1091）閏八月甲子（初八），首相呂大防及次相劉摯以有四部尚書久闕，見在的人皆資淺未可用，又不可闕官，於是主張用前執政為尚書，於是一致同意以李清臣為吏部尚書。二人沒有想到此一任命惹來朝臣言官的激烈反對，尤其是給事中范祖禹，既封還詔書，又連上兩奏把李清臣罵成忘恩負義阿附權貴而投機取功名的小人。誠如前文所述，李清臣先後為苗授寫過制文，又為其母寫墓誌銘，怎樣看李也不像范所說的那樣不堪，而范祖禹早年與苗授有交情，今天他對與苗授有舊的人卻痛下殺手。最後李清臣做不成吏部尚書，稍後徙知成德軍。〔註81〕

曾嚴厲批評苗授的次相劉摯，在十月卻遇上麻煩，御史中丞鄭雍（？～1099）、殿中侍御史楊畏（？～1113）在是月癸酉（十八），藉王鞏（1048～1117）的事牽連劉摯與蘇轍，猛烈攻擊二人朋黨。奏劾過苗授的孫升也被指為劉摯一黨。王巖叟稍後為劉摯辯護，指楊畏乃呂惠卿的門人，受張璪知遇最甚，他意圖去太后心腹之人而為姦邪開路。但高太后在十一月乙酉朔（初一），仍將劉摯罷為觀文殿學士知鄆州。〔註82〕

與苗授相知的范純仁在十一月癸巳（初九）從太原府移知河南府。正好與遷居洛陽的苗授為比鄰。他們同在洛陽，交往如何待考。范純仁在十二月壬申（十八）上奏，以禦戎失策，自請黜降。宋廷就將他自太中大夫降中大夫。〔註83〕

劉摯當日對苗授窮追猛打，他罷相後兩月，宋廷原本在元祐七年（1092）

〔註79〕《長編》，卷四百六十四，元祐六年八月癸丑條，頁11091～11092。
〔註80〕《長編》，卷四百六十四，元祐六年八月乙卯條，頁11094～11095；卷四百七十七，元祐七年九月戊子條，頁11359。苗履在元祐七年九月戊子（初八）再擢涇原路都鈐轄仍知鎮戎軍。
〔註81〕《長編》，卷四百六十五，元祐六年閏八月甲子條，頁11103～11106；壬申條，頁11111。
〔註82〕《長編》，卷四百六十七，元祐六年十月癸酉至甲戌條，頁11151～11153；癸未條，頁11160～11163；卷四百六十八，元祐六年十一月乙酉朔條，頁11167。
〔註83〕《長編》，卷四百六十八，元祐六年十一月癸巳條，頁11170；卷四百六十八，元祐六年十二月壬申條，頁11185～11186。

正月丁未（廿四）將他徙知大名府，但打倒他的御史中丞鄭雍和背叛他的楊畏極力反對，楊畏還斥他「備位宰執，不能盡節一心，以圖報效，背公死黨，敢擅威福，反覆懷邪，罪狀非一」。劉摯在位時，對人不留餘地，現時卻承受著惡果。苗授對劉被貶未必放在心上，但早年當薦他可任兵官的戰友步軍副都指揮使涇原帥劉舜卿，在奉召回京擔任宿衛道中病卒，也許是教他難以釋懷的。〔註84〕

宋廷在六月辛酉（初九），因先前次相劉摯及簽書樞密院事王巖叟被言官鄭雍及楊畏所劾去職。宋廷的宰執做了一輪更動：首相呂大防留任，加右光祿大夫，尚書左丞蘇頌遷左光祿大夫拜右僕射兼中書侍郎為次相，尚書右丞蘇轍陞太中大夫為門下侍郎，同知樞密院事韓忠彥陞太中大夫知樞密院事，翰林學士太中大夫范百祿（1029～1094）擢中書侍郎，翰林學士梁燾陞中大夫拜尚書左丞，而劾罷劉摯及王巖叟的御史中丞鄭雍就擢為尚書右丞，寶文閣待制權戶部尚書劉奉世（1041～1113）就擢樞密直學士簽書樞密院事。以上的新任宰執，蘇頌與蘇轍都為苗授寫過制詞。與苗授有交的范祖禹，也在戊辰（十六）拜翰林學士。范稍後拜復置的翰林侍講學士兼修國史。至於批評過苗授的中書舍人孫升，也在同日授天章閣待制知應天府（今河南商丘市），但監察御史董敦逸（？～1097後）與黃慶基劾他撰寫梁燾及鄭雍的制詞譏刺朝廷，於是罷他天章閣待制，為集賢殿修撰權知應天府。〔註85〕

苗授的老上司李憲在六月戊寅（廿六）卒於陳州，得年只五十一。他逝世時，宋廷主政的文臣認為他是帶罪之身，故沒有給他甚麼恩恤。這大概是苗授真的感慨的事。他從熙寧末年到元豐時期，一直受李憲提拔而立功，舊黨主政者卻並不以李憲有功，而認為他生事害民。〔註86〕

舊黨特別是言官的偏激，不但清算新黨臣僚，還以朋黨之名對付同屬舊黨的人。舊黨中溫和開明的吏部尚書王存便看不過眼。他從揚州召入為吏部尚書不到一年，他以在朝朋黨之論大熾，他就向高太后苦口婆心地進諫：「人臣朋黨誠不可長，然不察則濫及善人，東漢黨錮之獄是也。慶曆中，或指韓琦、富弼、范仲淹、歐陽修為朋黨，賴仁宗聖明不惑，今日果有進此說者，願

〔註84〕《長編》，卷四百六十九，元祐七年正月丁未條，頁11204～11205；己酉條，頁11207。

〔註85〕《長編》，卷四百七十四，元祐七年六月辛酉條，頁11301；戊辰條，頁11306～11307；卷四百七十五，元祐七年七月癸巳條，頁11320。

〔註86〕《長編》，卷四百七十四，元祐七年六月戊寅條，頁11313。

陛下察之。」可惜高太后不納忠言。他也為此與主政諸臣不合，於是請老，但不許，就求補外。八月乙卯（初四），他以吏部尚書資政殿學士出知大名府，離開是非地，接替徙知揚州的另一前執政資政殿學士張璪。王在同月癸亥（十二）再改知杭州。〔註87〕

苗授退隱洛陽，當然是明智之舉。教他略告欣慰的是，其子苗履在九月戊子（初八）自東上閣門使吉州防禦使擢為涇原路都鈐轄兼知鎮戎軍，出任他當年獲委但未到任的職位。〔註88〕

因言官的攻擊，連深受高太后欣賞的兵部尚書蘇軾在十一月癸卯（廿四）也不自安，請求出知越州。高太后不允，將蘇改端明殿學士禮部尚書兼翰林侍讀學士。〔註89〕

是年十二月乙卯（初七），與苗授同樣追隨李憲的前涇原帥盧秉，於元祐三年被貶領宮祠多年後，於龍圖閣直學士太中大夫提舉洞霄宮上卒。據黃宗羲的記載，盧秉也是胡瑗門人，但他與苗授的交情如何，因他沒有文集傳世，故不詳。〔註90〕

元祐八年（1093）正月甲申（初六），被貶新州的新黨首領蔡確卒於貶所。庚寅（十二），范純仁詔復為太中大夫。高太后其時已老病，她準備復用范純仁，卻沒有在她有生之年，特別是七年十一月癸巳（十四）祀天地於圜丘而行之大赦而赦免蔡確，就種下後來新黨回朝報復的禍根。三月甲申（初七），次相蘇頌因被侍御史楊畏、監察御史來之邵及黃慶基劾其稽留賈易詔命，自請罷獲准。御史們得勢不饒人，又攻擊中書侍郎范百祿朋比希罔，很愎自任，援引黨與。說他是川黨之首。范百祿受不了壓力，辛卯（十四），自請罷職，宋廷就以范百祿為太中大夫充資政殿學士出知河中府。宋廷隨即命范純仁徙知潁昌府，而以知潁昌府的安燾改知苗授閒居的河南府。據載安燾也是胡瑗門人，他徙知河南府，有否與苗授往還不詳。〔註91〕

〔註87〕《長編》，卷四百六十七，元祐七年八月乙卯條，頁 11337～11338。

〔註88〕《長編》，卷四百七十七，元祐七年九月戊子條，頁 11359。

〔註89〕考蘇軾在元祐七年八月癸酉（廿二）自兵部尚書龍圖閣學士兼侍讀，到十月尚書及帖職均更易。參見《長編》，卷四百七十六，元祐七年八月癸酉條，頁 11348；卷四百七十八，元祐七年十月癸卯條，頁 11395。

〔註90〕《長編》，卷四百七十九，元祐七年十二月乙卯條，頁 11402；《宋元學案》，第一冊，卷一〈安定學案〉〈安定門人・龍學盧先生秉〉，頁 51。

〔註91〕《長編》，卷四百八十，元祐八年正月甲申條，頁 11415；庚寅條，頁 11417～11418；卷四百八十二，元祐八年二月壬午至己丑條，頁 11463～11468；辛卯

與苗授有交的李清臣終於在元祐八年（1093）四月甲子（十八），自資政殿學士通議大夫知永興軍召回為吏部尚書。但權給事中姚勔論李清臣不當召用，宋廷於五月己卯（初三）又將他出知真定府。他始終不見容於舊黨。〔註92〕

五月辛卯（十五），宋廷又起風波，狂妄的監察御史董敦逸與黃慶基各上四狀與三狀，劾蘇軾與蘇轍援引黨與及懷邪徇私。蘇軾反擊，連上章自辨，高太后接受，並將不識相的二人罷為荊湖北路及福建路轉運判官。二人更被上司御史中丞李之純與侍御史楊畏說他們誣害忠良，而再貶知臨江軍與南康軍。〔註93〕

六月己未（十三），高太后驛召知潁昌府范純仁回朝，楊畏知悉後，就上表攻擊范純仁守太原的過失，又說范師事程頤，闇狠不才，於國無補。當范純仁抵京後，楊又劾他自潁昌府被召，未入見而張蓋過內臣為不恭。幸而這次高太后沒聽他妄言。當時有論者說，楊畏與蘇氏兄弟都是蜀人，他前擊劉摯，後擊蘇頌，都是暗中為了蘇轍拜相。當高太后覺得楊有私心，就在外召回范純仁。除了范純仁被起用外，李清臣也在是月甲子（十八）獲召還任戶部尚書。七月丙子朔（初一），范純仁拜右僕射兼中書侍郎為次相。〔註94〕

高太后在八月辛酉（十六）病重，延至九月戊寅（初三）崩。哲宗親政後，很快便盡反元祐之政，復行熙豐之政，而復用新黨諸臣。〔註95〕已罷廢多時的苗授想不到再有機會獲得重用。

三、老當益壯

哲宗在翌年（1094）改元紹聖，宣示要紹繼神宗之政。二月丁未（初五），

至癸巳條，頁 11470；《宋史》，卷十七〈哲宗紀一〉，頁 335～336；《宋元學案》，卷一〈安定學案〉〈安定門人‧樞密安先生燾〉，頁 58。

〔註92〕《長編》，卷四百八十三，元祐八年四月甲子條，頁 11486；卷四百八十四，元祐八年五月己卯條，頁 11493。

〔註93〕《長編》，卷四百八十四，元祐八年五月辛卯至癸卯，頁 11495～11508；卷四百八十九，紹聖四年六月丙戌條，頁 11599；卷四百九十二，紹聖四年十月癸未條，頁 11676～11677；卷四百九十三，紹聖四年十二月乙酉條，頁 11711。考董敦逸在哲宗親政後又被召回，紹聖四年六月丙戌（初四）他已任侍御史。但他為蔡卞所惡，是年十月癸未（初三）就以救牓事打擊他。十二月乙酉（初五），宋廷以他不覺台吏擅收救牓，因奏御不實，將他降一官知興國軍。

〔註94〕《長編》，卷四百八十四，元祐八年六月己未至壬申條，頁 11512～11515；《宋史》，卷十七〈哲宗紀一〉，頁 336。

〔註95〕《宋史》，卷十七〈哲宗紀一〉，頁 336。

先授新黨的戶部尚書李清臣與兵部尚書鄧潤甫（1027～1094）為中書侍郎及尚書右丞。與苗授頗有淵源的李清臣再次成為執政。據載他因久不得志，遂首倡紹述以迎合哲宗，與他同時獲擢右丞的鄧潤甫依附之。他擬進策問題就迎合哲宗，李清臣所擬之題略曰：「復詞賦之選，而士不加勸；罷常平之官，而農不加富；可差可募之說雜，而役法病；或東或北之論興，而河患滋；賜土以柔遠也，而羌夷之侵未已；弛利以便民也，而商賈之路不通。可則因，否則革，惟當之為貴，聖人何有固必焉？」其中「賜土以柔遠也，而羌夷之侵未已」的話更是苗授等武將所感不平的。據說他所提到元豐之事就激怒了哲宗。當試新科進士時，初考官盡取主元祐的，但禮部侍郎楊畏覆考，悉反之，哲宗即親試舉人，賜畢漸以下及第，所取的盡是主熙豐之政的人，於是國論遂變，是於士大夫爭紹述而元祐之人皆相繼得罪。〔註96〕

　　三月乙亥（初四），哲宗罷首相呂大防，丁酉（廿六），再罷門下侍郎蘇轍。四月壬子（十一）黜蘇軾職貶知英州（今廣東英德市）。甲寅（十三）以王安石配神宗廟庭。同日追復蔡確為右正議大夫。壬戌（廿一），以新黨首領章惇為首相，而罷范純仁。戊辰（廿七），閏四月甲申（十四），被黜多時的安燾為門下侍郎。五月辛亥（十七），罷劉安世。六月甲戌（初五），再貶蘇軾惠州。癸未（十四），曾布（1036～1107）拜同知樞密院事。七月丁巳（十八），又將已死的司馬光、呂公著及王巖叟贈官奪去，另將呂大防、劉摯、蘇轍、梁燾、劉安世、吳安詩、韓川（？～1104）及孫升等舊黨宰執及言官貶官落職。十一月壬子（十四），哲宗特追贈蔡確觀文殿大學士。十二月甲午（廿七），范祖禹、趙彥若及黃庭堅（1045～1105）坐修神宗實錄詆誣，責授散官安置遠州：范安置永州，趙澧州（今湖南常德市澧縣東南），黃庭堅黔州（今重慶市彭水苗族土家族自治縣）。另呂大防也在紹聖二年（1095）二月乙亥（初九）以監修史事失實貶秩，分司南京，安州居住。〔註97〕

　　值得注意的是，哲宗在紹聖元年正月庚寅（十八），因殿帥劉昌祚病逝，

〔註96〕《宋史》，卷十八〈哲宗紀二〉，頁339；《皇宋十朝綱要校正》，下冊，卷十三〈哲宗〉，頁360；陳均（1174～1224）（編），許沛藻等（點校）：《皇宋編年綱目備要》（北京：中華書局，2006年12月），下冊，卷二十四，紹聖元年正月至三月，頁581～582。

〔註97〕《通鑑長編紀事本末》，第六冊，卷一百一〈哲宗皇帝·逐元祐黨人上·編類章疏附〉，葉四上至十五下（頁3119～3142）；《宋史》，卷十八〈哲宗紀二〉，頁339～342；《皇宋十朝綱要校正》，卷十三〈哲宗〉，頁360～363。按鄧潤甫在二月丁未（初五），拜右丞，五月乙丑（廿五）便卒於任上。

出人意表地重新起用在元祐六年自請罷知潞州而提舉鳳翔府上清太平宮，年已六十五的苗授，第二度出任殿帥並加保康軍節度使。武臣兩度擔任三衙管軍之首的殿帥，在整個宋代只有太宗朝的戴興（？～999）、仁宗朝的許懷德（978～1061）及苗授三例。宋廷賜苗授的制文，稱道他：

> 國家重內輕外，彊本弱枝，簡稽將帥之臣，總率熊羆之士。式敷渙號，圖任舊人。檢校司空、右衛上將軍、上柱國苗授，為時虎臣，學古兵法。智略發於洮隴，威名震乎邊庭。被遇先朝，擢司禁衛。迺者進受元戎之寄，肅將齋鉞之嚴。出倨价藩，退休祠館。祭遵好禮，緩帶而雅歌；欽德成功，深居而高臥。疇若中軍之任，莫如宿將之良。藉其老成，起以舊節，入為環尹，祗戺殿巖。於戲！帥乘用和，唯忠勇則兢勸；旌麾不改，竚號令而一新。往懋乃心，無忘朕訓。可特授檢校司空、充殿前副都指揮使、保康軍節度、房州管內觀察處置等使。〔註98〕

首相章惇沒有提出異議，也許當年苗授副他出使遼國的淵源，也有一點關係。另新任中書侍郎李清臣及門下侍郎安燾都與苗授頗有淵源。而新任同知樞密院事的曾布也對苗授沒有意見。〔註99〕

哲宗擢用苗授二度出掌殿帥重任，就很有像徵意義，他要紹述神宗之政，對祖母高太后之政，就要「送舊迎新」，重用仍然在世的新黨或新政執行人，就順理成章。苗授的老上司，執行神宗開拓西北有功的李憲終於在此時得以恢復名譽。他在紹聖元年便自宣州觀察使獲追贈兩官為武泰軍節度使，

〔註98〕 參見附錄：〈苗授墓誌銘〉；邵伯溫：《邵氏聞見錄》，卷八，頁84；《東都事略》，卷八十四〈苗授傳〉，葉四上（頁1283）；《宋史》，卷三百四十九〈劉昌祚傳〉，頁11055；卷三百五十〈苗授傳〉，頁11067；《宋會要輯稿》，第四冊，〈儀制十一・武臣追贈・管軍節度使〉，頁2540；不著撰人（編），司義祖（點校）：《宋大詔令集》，卷一百二〈軍職八・苗授殿前副都指揮使保康軍節度使制・紹聖元年正月庚寅〉，頁376。按劉昌祚在紹聖元年正月在殿前副都指揮使武康軍節度使任上卒，年六十八，贈開府儀同三司，諡毅肅。關於苗授兩任殿帥的事，新出土的苗授墓誌銘、《東都事略》及《宋史》的苗授本傳，以及邵伯溫的《邵氏聞見錄》都有言及。而林希所撰的苗授墓誌銘，更特別指出苗授是繼戴興及許懷德第三人，再任殿帥。關於戴興及許懷德兩任殿帥的事，可參見《宋史》，卷二百七十九〈戴興傳〉，頁9475～9476；卷三百二十四〈許懷德傳〉，頁10477。

〔註99〕 考章惇在熙寧七年八月丁丑（十二），以知制誥為遼國母生辰使，苗授則以引進使忠州團練使副之。參見《長編》，卷二百五十五，熙寧七年八月丁丑條，頁6235。

謚敏恪。〔註100〕

　　曾依附舊黨後來投靠新黨的權吏部尚書侍讀同修國史林希（1034～1101），在紹聖二年九月，奉哲宗之命為苗授撰寫墓誌銘時，除了誇獎苗授「披荊棘，冒矢石，攻堅陷敵，挺身弗顧，復境拓土，論功居多」，並譽之為名將外，更迎合哲宗紹述之意，借為苗授表功而為哲宗說出其欲重新開拓西邊的政策：

> 臣讀實錄，伏見神宗皇帝既考正百度，遂立武事以威四夷，謀臣猛將爭效智力，材官衛士，一藝必賞。天下府庫皆利器，郡縣皆精兵，以戰則克，以計則服，而河湟之功尤為俊偉。〔註101〕

　　已罷相出知揚州的蘇頌，在苗授復任殿帥後，曾與他有書信往還。蘇的文集收有兩通〈回殿前太尉〉書啟，從信中所描述的殿前太尉，肯定就是苗授。因苗授「遽貽華翰」，故蘇頌回覆，第一通書啟云：

> 右某啟：伏審顯膺庭告，進職殿巖。擁新鎮之節旄，視上公之禮秩。遠趨嚴召，榮拜異恩。竊以某官，識洞韜鈐，學敦詩禮。世服忠勤之節，躬兼儒雅之風。入則總親校於內庭，出則抗威稜於邊閫。勳勞夙著，聲誼益隆。輟帥府之閎謀，肅提禁旅；陞將壇之重寄，密衛宸居。方慶寵光，遽貽華翰。欣銘兼至，敷諭奚殫？〔註102〕

〔註100〕《長編》，卷四百七十四，元祐七年六月戊寅條注，頁11313；《宋會要輯稿》，第四冊，〈儀制十三・內侍追贈・贈節度使〉，頁2570；《東都事略》，卷一百二十〈宦者傳・李憲〉，葉六下；《宋史》，卷四百六十七〈宦者傳二・李憲〉，頁13640。

〔註101〕附錄：〈苗授墓誌銘〉。考墓誌銘的作者林希，字子中，福州人，進士登第。他在熙寧至元豐年間一直擔任史官，頗有文才，他為宰相王珪門人，受王的提拔。他在元祐初年雖然依附韓縝與李清臣而獲得任用，但韓、李去職後便不受重用，惟其弟林旦（？～1091後）卻成為舊黨打擊新黨的言官鷹犬，但林旦不久也給其他言官打倒。林希在哲宗親政獲得重用，他既依附章惇，又暗中投靠章的對手曾布。他在紹聖四年（1097）閏二月終於自翰林學士拜同知樞密院事，成為執政。但在元符元年（1098）四月因與御史中丞邢恕（？～1104後）相爭，互相攻擊而被雙雙罷免，林希出知亳州（今安徽亳州市），再沒有回朝，徽宗建中靖國元年（1101）四月卒。林希《宋史》有傳。關於林希的生平事蹟，特別是他在神宗哲宗朝的投機作風，可參考李華瑞：〈林希與《林希野史》〉，載雲南大學中國經濟史研究所、雲南大學歷史系（編）：《李埏教授九十華誕紀念文集》（昆明：雲南大學出版社，2003年11月），頁44～57。

〔註102〕《蘇魏公集》，下冊，卷五十〈啟・回殿前太尉一〉，頁758；附錄一〈贈司空蘇公墓誌銘・曾肇撰〉。考蘇頌此啟稱這位殿前太尉「擁新鎮之節旄」，又說他「遠趨嚴召」，另又稱他「識洞韜鈐，學敦詩禮。世服忠勤之節，躬兼儒

大概苗授收到蘇頌的回信，又致書蘇頌謝他的頌揚，故蘇頌再致第二通書啟回覆：

> 右某啟：言念衰遲暮景，久辭拱著之榮；誕育初辰，方切免懷之念。豈謂某官，敦修契素，講敘彝儀。白雪長言，借華褒於麗句；南辰妙相，形善祝於餘齡。集鑪薰壽斝之芳，兼篚帛仙巾之飾。義全金石，豈輶薄之能勝；地隔川塗，悵披承之攸阻。永言佩服，姑用傾馳。〔註103〕

正如蘇頌此啟所說，苗授言及已到「衰遲暮景」，而他「久辭拱著之榮」。但他老當益壯，仍克盡厥職，管好殿前司。他重任殿帥的成績，因《長編》闕紹聖元年與二年，故文獻無徵，只有《宋會要輯稿》記他在紹聖二年正月乙丑（廿八），上言殿前司獄空，哲宗詔賜銀絹有差。他治軍不懈，確是老當益壯。〔註104〕

苗授當年得力大將李浩，在擔任環慶路副都總管後，最後以馬軍都虞候黔州觀察使再知蘭州，卻在紹聖二年正月卒於任上，宋廷贈他安化軍留後。〔註105〕而苗授也在是年九月戊戌（初六），復任殿帥還不到兩年，便以保康軍節度使檢校司空卒，年六十七，哲宗念其功，賜尚方龍腦水銀以殮。輟視朝一日，贈開府儀同三司，諡莊敏。據他的墓誌銘所記，他勳至上柱國，爵封濟南郡開國公。其子苗履於同年十一月庚申（廿八）將他葬於衛州共城縣卓水原。哲宗命時任朝請大夫權吏部尚書兼侍讀同修國史的林希撰寫苗授墓誌銘（見附錄）。〔註106〕

雅之風。入則總親校於內庭，出則抗威稜於邊閫。勳勞夙著，聲誼益隆。」這完任吻合苗授在紹聖元年從洛陽召回，改授保康軍節度使重任殿帥的身份，而歷任殿帥中，也只有苗授有學敦詩禮兼儒雅之風的名聲。此啟撰寫的年月不詳，當撰於紹聖元年正月苗授重入，而蘇頌出知揚州之後。

〔註103〕《蘇魏公集》，下冊，卷五十〈啟・回殿前太尉二〉，頁759。

〔註104〕《宋會要輯稿》，第十四冊，〈刑法四・獄空〉，頁8494。

〔註105〕《宋會要輯稿》，第四冊，〈儀制十一・武臣追贈・觀察使追贈・贈留後〉，頁2545；《宋史》，卷三百五十〈李浩傳〉，頁11079。

〔註106〕關於苗授的卒年，《宋會要・禮四十一》繫於紹聖二年九月，惟《宋會要・儀制十一》則繫於紹聖三年九月。因《長編》缺紹聖二年及三年，而群書亦無記載。幸而新近出土的〈苗授墓誌銘〉清楚記載苗授卒於紹聖二年九月戊戌（初六），故可知《宋會要・儀制十一》一條所記，將二年九月訛寫為三年九月。又據《景定建康志》卷廿六的〈侍衛馬軍司題名記〉所載，姚麟在紹聖元年正月除馬軍副都指揮使，二年九月改差。按該記所謂改差，多半指邊職。據《宋史・姚麟傳》所記，姚麟在紹聖三年，本來自馬帥建武軍留後出知渭

　　據〈苗授墓誌銘〉所載，苗授妻劉氏，封永嘉郡君，先苗授而卒。他有子三人，長子苗履，苗授卒時以戰功累擢四方館使吉州防禦使。次子苗漸，時任左班殿直，次苗蒙，尚未仕。苗授有女七人，長適左班殿直蕭允中，次適進士宋益，次適朝奉郎趙兌，次適大名府軍巡判官馬光，次許嫁承事郎高公紋。餘在室。苗授孫苗訛，任西頭供奉官閤門祗候。至於在南宋初年發動苗劉之變的苗傅，卻未名列其中。疑他即是苗訛。〔註107〕

　　林希代表宋廷，表揚苗授的功勳，稱許他：

　　　　公於此時，披荊棘，冒矢石，攻堅陷敵，挺身弗顧，復境拓土，論功居多，遂蒙主知，束拔不決，而能遇自畏警，勇於靜退，理行平易，故為上所親信，勳在太史，為宋名將，猶書史所稱。方慮衛霍，皆應書法，至於克全功名，保有富貴，子孫世其秩祿，終始之際，有榮耀焉。此刻，天子優寵待臣之恩也。

　　而墓誌最後的四言銘，就從他的家世說到他的一生的仕歷與功勳：

　　　　鬻熊之裔，世為晉望，有相于唐，今顯以將，
　　　　其將維何，儀同保康。奮躬逢時，我績戴揚。
　　　　在昔熙寧，臣詔獻策，帝用從之，河湟以開。
　　　　公統戎行，號令指麾，刻剖腥臊，攘批嶮峨。
　　　　疾風震霆，蕩動梟隨，來襲冠裳，銳縱紕羈，
　　　　長戈西往，種落晏怡。天子曰嘻。予嘉汝勳。
　　　　為予爪牙，出征入衛，言念爾考，有功河西，
　　　　麟危卒保，仁祖之知，奕世顯名，外挌夷灰，
　　　　嗣繼忠勤，抑自陰德，天子之褒，公拜稽首，

州，知樞密院事安燾請將他留在京師，雖然曾布反對，但韓忠彥為姚說話，故「尋拜武康軍節度使、殿前副都指揮使」。據此可知苗授殿帥的職位，後來由姚麟繼任。筆者懷疑《宋史‧姚麟傳》所記的紹聖三年，可能又是紹聖二年的筆誤。又據蘇頌前引的制文，苗授的食邑初時為三千三百戶食實封五百戶，到紹聖二年時已增至四千一百戶食實封九百戶。參見《宋會要輯稿》，第三冊，〈禮四十一‧輟朝‧管軍節度使〉，頁 1665；第四冊，〈禮五十八‧群臣謚〉，頁 2064；〈儀制十一‧武臣追贈‧管軍節度使〉，頁 2540；《宋史》，卷三百四十三〈林希傳〉，頁 10913～10914；卷三百四十九〈姚麟傳〉，頁 11059；卷三百五十〈苗授傳〉，頁 11068；《蘇魏公集》，上冊，卷二十一〈內制‧保康軍節度使苗授加食邑制〉，頁 284～285；《景定建康志》，卷二十六〈官守志三‧侍衛馬軍司題名記〉，頁 1245；附錄：〈苗授墓誌銘〉。

〔註107〕附錄：〈苗授墓誌銘〉。

惟國威靈，臣愚何有，在漢營平，先零是圖。

即贊于學，有雄之辭，加惠保康，式長厥慶，

史臣作銘，惟天子命。

林希將苗授譽為名將，將之比為西漢名將衛青（？～前 106）與霍去病（前 140～前 117），又將他比為西漢破先寧的名將營平侯諡壯的趙充國（前137～前 52）。可惜林希不能預知苗授的孫兒苗傅在南宋初年成為叛臣。

苗授的長子苗履早年從父征，學習兵略，是苗氏將門的繼承人。他在父親召入執掌宿衛後，一直在西邊參與宋廷開邊的行動，官至管軍。他的軍旅生涯將在第五章詳述。

四、餘論

神宗推行新政，目標是富國強兵，進而擊敗遼夏，並開疆闢土，建不世之大業。雖然他英年早逝，高太后攝政的元祐時期，一反神宗之政，但哲宗親政後，又恢復神宗之政，特別是開邊西北。在神宗與哲宗兩朝，不少武臣因宋廷的開邊政策而得以建功立業。宋廷在神宗以後的不成文規定，非有功不得為三衙管軍，而有功將士都能得到厚賞和擢陞，這就大大鼓勵大批健兒勇將用命沙場。

苗授、苗履父子就是神宗熙豐以後開邊行動而獲得重用的將領。苗授出身潞州上黨苗氏將門，到他已是第三代。他既是將家子，又因緣際會成為士林望重的大儒胡瑗的門人，於是才兼文武，他既擁有良好的文臣網絡，又具有將門子弟的沙場殺敵的本事。他出仕後，早年先後跟隨韓琦、龐籍及梁適等名臣。他後來能出人頭地，得建功勳，端賴追隨了神宗朝執行拓邊西北行動主帥王韶與李憲，在開拓熙河的行動，苗有機會獨當一面，特別是攻取蘭州一役建立殊勳。他在元豐六年召入執掌禁軍，離開奮戰多年的西疆。他到哲宗繼位後，累遷三衙管軍之首的殿帥。但目睹從元豐末年到元祐初年朝廷文臣間的激烈黨爭，他即知幾而退，自請罷軍職出知潞州，後來再請休致閒居洛陽。當元祐八年九月哲宗親政後，他又出乎意料被重召兩度出任殿帥，直至兩年後卒於任。

在神宗與哲宗朝的殿帥中，從郝質、賈逵、楊遂、盧政，到燕達、苗授、劉昌祚與姚麟，苗授的出身背景與經歷無疑是很特別的，其中值得注意的，是他很有文臣的人緣，因他出身胡瑗門下，和平居給人儒者的風貌，許多文臣都

樂於與他交往。與他曾有良好交往的文臣有屬於舊黨言官中堅的范祖禹，屬於舊黨開明溫和派，官至宰相的范純仁與蘇頌，而新黨的溫和派官至執政的李清臣及安燾也似與他交好。至於舊黨的蘇軾與蘇轍兄弟，曾多次為苗授撰寫制文，但他們的關係如何不詳，不過，蘇氏兄弟從沒有像舊黨激進派劉摯及孫升曾嚴劾苗授。至於舊黨領袖之一的首相呂大防，似乎也頗欣賞苗授。苗授有這特別的人脈，在文臣主導的宋廷下，他能長期執掌禁旅，並兩任殿帥，這當是很重要的原因。值得一提的是，在哲宗親政時任首相的章惇，在熙寧七年八月丁丑（十二），以知制誥為遼國母生辰使時，苗授則以引進使忠州團練使副之。而到元符三年（1100）正月戊子（廿一），當甫繼位的徽宗要補授管軍，新黨大將知樞密院事曾布提到苗履名字時，徽宗即表同意，而許將及蔡卞（1058～1117）也稱哲宗早想擢苗履時，曾布卻說苗履是其親嫌，故不敢提，看來苗授父子與章、曾二人也頗有淵源，故苗授在紹聖初年復任殿帥便沒有受到二人的留難。〔註108〕

　　苗授治軍嚴整，用兵有勇有謀，多立軍功，為他撰寫墓誌銘的林希，譽他為名將。范學輝以他從胡瑗學，以及平居侃若儒者，又稱他為儒將。〔註109〕他是神宗最寵信的內臣，長期經制熙河的李憲的麾下首號大將。李憲對他父子的提拔也不遺餘力。宋代內臣與武臣的關係，李與苗是一個頗有參考價值的個案。〔註110〕

　　苗授所經歷的熙寧、元豐、元祐與紹聖時期，是宋廷文臣因新政的推行而引發激烈黨爭的時期。在這時期，舊黨與新黨朝臣不但勢同水火，打壓排斥對方，他們自身也發生激烈的內鬥：新黨得勢時，除排斥舊黨外，也打擊同一陣營的權力角逐者。舊黨亦然，他們在元祐時期，除了對新黨份子趕盡殺絕外，對本陣營的人也分黨分派加以排斥。說到底是為奪取權力，而非政見之爭。言

〔註108〕《長編》，卷二百五十五，熙寧七年八月丁丑條，頁6235；卷五百二十，元符三年正月戊子條，頁12380；《宋史》，卷十八〈哲宗紀二〉，頁340～341。考章惇在紹聖元年四月壬戌（廿一）始拜相，而曾布要到六月癸未（十四）才同知樞密院事。他們二人在苗授復任殿帥後掌政，苗之任命與二人無關，但苗授之後能安然執掌禁軍至卒於任內，與章、曾二人的支持不無關係。又苗授諸婿中並無曾姓的，曾布說他與苗履為親嫌，可能他與苗履有姻親關係。

〔註109〕范學輝：《宋代三衙管軍制度研究》，第十九章〈三衙管軍的素質狀況〉，頁1142。

〔註110〕范學輝對李憲與麾下諸將的關係有很好的論述，可參見范學輝：《宋代三衙管軍制度研究》，第十六章〈三衙管軍的選任制度〉，頁1015～1016。

官既甘於做當權者的打手，也是權力的角逐者，不少言官打倒執政後，便取而代之成為執政。作為武臣的苗授，因是神宗新政的執行者，故曾為舊黨臣僚所劾；當新黨重新執政，就被重新起用，逝世時更獲得哲宗高度評價，肯定他的功勳。不過，他只是文臣黨爭的旁觀者，加上他行事謹慎，就沒有受到怎樣的貶責。神宗到哲宗朝文臣的黨爭，過程其實頗複雜，許多牽涉在內的文武臣僚以至內臣其實並沒有為人所注意，本章從武將管軍苗授的視角與立場去看此段時期，也許有不同的發現。

第五章 將門虎子：苗氏將門第四代傳人苗履將業考

　　從將業、名位而論，苗授是潞州上黨苗氏將門五代人中最高和最顯赫的，嚴格來說，他才是苗氏將門的真正起家人，幸運的是，已如上一章提到他的長子苗履（1060～1100後）能克紹箕裘，繼承父業，繼任三衙管軍，不墜苗氏將門的名聲。和苗授同輩官至三衙管軍的名將，從竇舜卿（985～1072）、宋守約（？～1075）、郝質（？～1078）、賈逵（1010～1078）、楊遂（？～1080）、盧政（1007～1081）、燕達（1030～1088）、和斌（1011～1090）、張守約（1017～1091）、劉舜卿（1032～1092）、劉昌祚（1027～1094）、李浩（？～1095）到王文郁（1034～1099），他們的後代都沒能紹繼其將業。只有种、姚兩家將門，和苗氏將門一樣，分別從种諤（1027～1083）和姚麟（1038～1105）開始，兩代人連續出任管軍。〔註1〕

〔註1〕 考郝質、賈逵、劉昌祚、燕達、楊遂和苗授均官至殿帥。姚兕生前未任三衙，其弟姚麟則官至殿帥。而姚麟之二子姚雄（？～1109）和姚古（？～1127後）均繼任管軍。种氏將門自第二代种諤建功擢管軍後，第三代的种師道和种師中兄弟也在徽宗朝擢陞管軍，种師道還在欽宗時因率兵勤王而被擢為同知樞密院事。據陸游（1125～1210）所記，劉昌祚之子劉遠（？～1136後）在宣和末年以武臣任京東提點刑獄，認識陸父。按《建炎以來繫年要錄》記在紹興六年（1136）三月辛未（初三），宋廷以拱衛大夫、惠州防禦使知全州（今廣西桂林市全州縣）劉遠，徙知邕州（今廣西南寧市）並同提舉買馬。這個劉遠很可能就是劉昌祚子。待考。另據周必大（1126～1204）所記，劉昌祚有一孫女嫁太祖長子燕王德昭（951～979）後人左朝奉郎子筬，生子和州防禦使伯驤（1115～1173），封碩人。至於其他曾任殿帥及管軍之武臣的後代仕歷不詳，

　　苗履自幼便隨其父從征，亦學兵法，出入行陣，〔註2〕先後跟隨儒將王韶（1030～1081）和甚有武略的內臣李憲（1042～1092）開邊西北，並多建功勳。在哲宗及徽宗（1082～1135，1100～1125在位）朝繼續在西北開邊的戰役上紹繼父業，最後也和乃父一樣，擢任管軍。不幸的是，他的兒子御營前軍統制苗傅（？～1129）卻在建炎三年（1129）三月癸未（初五）與副統制劉正彥（？～1129）發動兵變，殺簽書樞密院事王淵（1077～1029）及內侍押班康履（？～1129）等百餘人，並迫高宗（1107～1187，在位1127～1162）退位，禪位予他只有三歲的皇長子魏國公趙旉（1127～1129，諡元懿太子），請隆祐孟太后（1073～1131）聽政，史稱「苗劉之變」或「明受之變」。苗傅受封武當軍節度使，但到是年五月卻被勤王的御營左軍統制韓世忠（1089～1151）所敗及擒獲，六月癸丑（初六）（按：《宋史》作七月辛巳（初五）），苗傅及劉正彥被誅於建康（今江蘇南京市）（本書第六、七、八章對此一事變將有詳述）。〔註3〕苗傅以此被列為叛臣，子弟被殺，家族被牽連，經歷五代的苗氏將門也就此沒落，苗履父子許多立功的事跡也大概為此原因被史臣刪去。

　　苗履《宋史》有傳，附於其父苗授傳後，其生平事蹟亦散見於《續資治通鑑長編》（以下簡稱《長編》）、《宋會要輯稿》及宋人文集筆記。因今本《長編》闕徽宗元符三年（1100）正月丁酉（三十）以後的記載，而《宋史》苗履本傳也沒記他在徽宗朝的事跡，故他晚年的事跡不詳。本章只能盡量鉤尋他的軍

他們似未任武官高職。參見《宋史》，卷三百三十五〈种世衡傳附种諤、种師道、种師中傳〉，頁10745～10748、10750～107554；卷三百四十九〈郝質、賈逵、竇舜卿、劉昌祚、盧政、燕達、姚兕、姚麟、楊遂、劉舜卿、宋守約傳〉，頁11049～11065；卷三百五十〈苗授、張守約、王文郁、李浩、和斌傳〉，頁11067～11069、11072～11075、11078～11081；陸游（撰），孔凡禮（點校）：《家世舊聞》（與《西溪叢語》合本）（北京：中華書局，1993年12月），卷上，頁192；李心傳（1167～1244）（編撰），辛更儒（點校）：《建炎以來繫年要錄》（上海：上海古籍出版社，2018年12月）（以下簡稱《繫年要錄》），第四冊，卷九十九，紹興六年三月辛未條，頁1675～1676；卷一百一，紹興六年五月乙亥條，頁1704～1705；周必大（撰），王瑞來（校證）：《周必大集校證》（上海：上海古籍出版社，2020年11月），第三冊，卷七十，《平園續稿》三十〈神道碑・和州防禦使贈少師趙公伯驌神道碑・嘉泰四年〉，頁1025。

〔註2〕附錄：〈苗授墓誌銘〉，《宋史》，卷三百五十〈苗授傳附苗履傳〉，頁11068。

〔註3〕《皇宋十朝綱要校正》，下冊，卷二十一〈高宗〉，建炎三年三月癸未至六月癸丑條，頁614～616；《宋史》，卷二十五〈高宗紀二〉，頁462～466；卷三百五十〈苗授傳附苗履傳〉，頁11069；卷四百七十五〈叛臣傳上・苗傅劉正彥附〉，頁13802～13809。

旅生涯事跡。另為了較完整描述苗履生平，本章首兩節和第四章部份內容有所重覆。

一、從征西北

苗履初次隨父出征並立功，在熙寧七年（1074）四月，據〈苗授墓誌銘〉所記，當西蕃首領木征戰敗窮蹙時，他派人見李憲，願請得信使引他歸降。因木征可能詐降，李憲便問麾下誰敢出使。苗授即說他雖只有一子苗履，但也不敢惜。李憲嘉其有勇，便遣苗履使木征。苗履到木征所在的趙家山，順利引木征家人來降。六月乙亥（初九），宋廷賞熙河之功，苗授以功自西上閤門使擢四方館使榮州刺史，苗履也以功擢閤門祗候。〔註4〕

苗履另一次出征並立功在熙寧九年（1076）正月出征交趾。事緣熙寧八年（1075）十一月戊寅（二十），交趾攻陷欽州（今廣西欽州市），三日後又攻陷廉州（今廣西欽州市浦北縣），宋南疆告急。宋廷即在十二月辛亥（廿四），委知延州天章閣待制趙卨為安南道行營馬步軍都總管、經略招討使兼廣南西路安撫使，任南征軍主帥，而以陞任昭宣使、入內押班、嘉州防禦使的李憲任副帥，又以秦鳳路副都總管龍神衛四廂都指揮使燕達為行營副都總管。李、燕二人都是苗履父苗授的上司。因文臣極力反對李憲任副帥，神宗改派宿將郭逵為主帥，而以趙卨為副。宋廷在熙寧九年（1076）正月庚午（十三）點將南征，苗履獲選率本部從征。身為涇原副都總管兼第一將的苗授卻沒有被徵召。〔註5〕

郭逵所率的南征軍在熙寧九年十二月癸卯（廿一）渡過富良江後，因軍糧不繼而傷亡甚多，就決定接受交趾的請降，沒有進攻交州而班師。宋廷尚未知道此仗打得窩囊。熙寧十年二月丙午（廿五），繼王安石為相的吳充等上表賀安南平。宋廷改收復的廣源州為順州。宋廷在三月壬申（廿二）將南征軍副帥燕達調為鄜延路副都總管。宋廷又在四月丁未（廿八）據安南招討使的報告，陞賞富良江接戰及策應有功將士三千七百人。據宋人筆記所載，苗履所部

〔註4〕　附錄：〈苗授墓誌銘〉；《長編》，卷二百五十二，熙寧七年四月甲申條，頁6160；
　　　　丁酉條，頁6179～6180；卷二百五十四，熙寧七年六月乙亥條，頁6208；《宋
　　　　史》，卷三百五十〈苗授傳附苗履傳〉，頁11068。

〔註5〕　《長編》，卷二百七十，熙寧八年十一月戊寅條，頁6624；卷二百七十一，熙
　　　　寧八年十二月辛亥條，頁6649；卷二百七十二，熙寧九年正月庚午條，頁6659；
　　　　卷二百七十七，熙寧九年七月壬午條，頁6772；卷二百八十一，熙寧十年四
　　　　月丁未條，頁6897。

兵，擔任先鋒，隨副帥燕達渡過富良江。他部屯於郭逵大營西面六十里的如月渡。因交州人屯諒州甲洞，苗履就欲乘虛進攻。苗履獲黃金滿引導過江，他先向郭稟告而行捷徑，趨交州十五里。苗履一擊破敵，擒安南王子佛；但郭逵將他追回，還要按行軍法。幸苗履具言已得郭的節制，於是獲免。經趙卨詳定，苗履實有功，他所部過江奪隘，又先下江與敵戰。他所部四十人遷二資，一百三十七人賜絹有差。苗履在此役為乃父爭了面子。〔註6〕

苗履步步高陞，其父在元豐三年七月癸亥（初二），相信是李憲的推薦，自步軍都虞候昌州團練使自知雄州（今北京市雄安區）徙知熙州（今甘肅定西市臨洮縣）兼權發遣熙河路經略安撫馬步軍都總管司。據苗授墓銘所載，苗履這時正知通遠軍（今甘肅定西市隴西縣）。苗授授知熙州後，以苗履知通遠軍，隸節制，法當避，苗授就請以苗履自隨，擔任他的書寫機宜文字。但神宗不許，特命苗履為本路兵馬鈐轄。於是父子同主兵一道。〔註7〕

元豐四年（1081）七月，神宗五路攻夏。給李憲及苗授的任務，是命熙河路都大經制司領兵乘機取徑道攻西夏興州（即興慶府，今寧夏銀川市）的老巢，或北取涼州（今甘肅武威市），與董氈合兵。神宗在七月丁未（廿二）批示，先前為董撥修城寨，暫時不動工，令報與董知。值得一提的是，擔任聯絡董氈的，就是此時已官洛苑使的苗履。據蘇轍後來所記，神宗命苗履多持金幣，由董的族子趙醇忠（即巴氈角，木征弟，？～1087後）引見之。神宗同日批示，西蕃撫諭使苗履等奏，已約期董氈點族六部族兵馬十三萬，在八月中，分三路與宋軍會合。神宗令李憲將此軍情下涇原、環慶、鄜延路經略司及統兵的內臣王中正照會。〔註8〕

〔註6〕《長編》，卷二百七十九，熙寧九年十二月癸卯條，頁6843～6844；卷二百八十，熙寧十年二月丙午條，頁6867～6868；卷二百八十一，熙寧十年三月壬申條，頁6886；四月丁未條，頁6897；卷二百八十四，熙寧十年八月乙巳條，頁6957～6958；卷三百三，元豐三年四月乙未條注，頁7374～7375；蔡條（1097～1158後）（撰），馮惠民、沈錫麟（點校）：《鐵圍山叢談》（北京：中華書局，1983年9月），卷二，頁35。按李燾亦引用蔡條的說法，只是對郭逵欲斬燕達及苗履的記載有保留，稱有待詳考。郭逵後來的報告，也沒有言及苗履的過錯。

〔註7〕附錄：〈苗授墓誌銘〉，頁267；《長編》，卷三百五，元豐三年六月癸丑至乙卯條，頁7428～7429；《宋史》，卷三百五十〈苗授傳〉，頁11068。

〔註8〕《長編》，卷三百十四，元豐四年七月丁未條，頁7608；蘇轍（撰），曾棗莊、馬德富（校點）：《欒城集》（上海：上海古籍出版社，1987年3月），中冊，卷四十三〈御史中丞論時事箚子十二首·再論熙河邊事箚子〉，頁956～957。

就在李憲、苗授大軍出發前，苗履在七月庚戌（廿五）奏上最新軍情，說西蕃大首領經沁伊達木凌節齎阿里骨所寫的蕃書稱，在七月戊子（初三），斫龍城蕃家守把堡子南宗向下地名西囉谷，有西夏三頭項人設伏，劫掠蕃兵。夏兵斬首三百而降百二十三人。〔註9〕

宋廷在九月丁亥（初四），以收復蘭州，首先獎賞時任前軍副將的苗履與李憲弟李宇入西蕃撫諭董氈之功，苗履自洛苑使，李宇自左侍禁寄班祗候各遷一官。丙申（十三），李憲再舉薦苗履與中軍副將王文郁為熙河路鈐轄。王文郁及苗履負責修築蘭州城及通遠堡。神宗准奏。〔註10〕

李憲在十二月甲戌（廿二）請宋廷差派蘭州官員，神宗按他的推薦，以四方館使熙河路副總管兼知河州（今甘肅臨夏回族自治州臨夏市）的李浩正式調知蘭州，命他修畢會州（今甘肅白銀市靖遠縣）後就充蘭會經略安撫副使，奉議郎孫路（？～1104）通判蘭州，洛苑使兼閤門通事舍人王文郁及已陞為宮苑使的苗履為熙河路分兵官。〔註11〕

元豐五年（1082）九月初，當宋夏兩軍尚在永樂城（在今陝西榆林市大鹽灣鄉，無定河東岸。一說在陝西榆林市米脂縣龍鎮馬湖峪村，無定河西岸，南距米脂城25公里，北距故銀州城25公里）激戰時，負責糧運的趙濟在九月乙酉（初七）上言，他奉苗授的關牒，分遣使臣取不繫團結的漢蕃弓箭手盡赴行營，以禦夏軍或有的攻擊。神宗尚不知永樂城下的狀況，還詔苗授所徵集之人，如無益於事，就不必再追集，命指揮到日，就據邊情便宜施行，並令抄送此詔與在涇原的李憲知悉。丁酉（十九），神宗還批示知熙州苗授，以兵久暴露，不但浪費供餽，還兼孤軍在野而楚棟隴堡小而難容，怕一旦遇上敵騎，既不能野戰，兼且苗授是帥臣在外，熙州的根本空虛，就命他從速分派軍馬回駐熙州及通遠軍，令他徑歸帥府治事，通遠軍就令其子苗履總領照管。神宗並不知永樂城已危在旦夕，極需援軍救應。〔註12〕

〔註9〕《長編》，卷三百十四，元豐四年七月庚戌條，頁7611。

〔註10〕《長編》，卷三百十六，元豐四年九月丁亥條，頁7639；丙申條，頁7641；徐松（1781～1848）（輯），劉琳、刁忠民、舒大剛、尹波等（校點）：《宋會要輯稿》（上海：上海古籍出版社，2014年6月），第十五冊，〈方域八·修城上·蘭州城〉，頁9438；《宋史》，卷三百五十〈苗授傳附苗履傳〉，頁11068。

〔註11〕《長編》，卷三百二十一，元豐四年十二月甲戌條，頁7748。

〔註12〕《長編》，卷三百二十九，元豐五年九月乙酉條，頁7931；丁酉條，頁7934；《宋會要輯稿》，第十五冊，〈兵十四·便宜行事〉，頁8881～8882。按《宋會要輯稿》將此事繫於九月壬辰（十四）。

宋軍在永樂城一役全軍覆沒後，只能採取守勢。李憲知道蘭州是西夏必爭之地，見夏軍退至黃河外而不進，一定再會大舉，乃令部屬增城守塹壁，準備好防城的樓櫓。〔註13〕夏軍果然在元豐六年（1083）三月再進攻蘭州。李浩與王文郁募兵開城接戰及上城守宿，另派人率蕃兵於馬家谷守隘，終於力戰擊退夏軍。戰後，熙河制置司在是月辛卯（十六）申報宋廷，說奉命修築的鞏哥關的城基因險峻削，卻兼土多沙而壁壘不堅，已差苗履別擇地形增展城守。苗履這時就奉命增築要塞。〔註14〕

當苗履在熙河擔任更多職任時，其父苗授於是月以疾求罷，宋廷允准，將他召還朝執掌宿衛，而在三月己亥（廿四），以曾任知熙州的趙濟，再以陝西轉運判官通直郎加直龍圖閣，復知熙州，代替苗授之任。〔註15〕

二、獨當一面

元豐六年四月甲子（十九），李浩敗夏軍於巴義谷（谿）。夏軍兵聚於巴義谷，準備進攻蘭州。李浩偵知夏軍所在，就潛師掩擊，夏軍退出，李浩率軍追入夏界，夏軍從吃羅、瓦井來援，與宋軍大戰，大敗。本來李浩有功，卻被劾已罷蘭州卻仍帶本路鈐轄擅奏赴闕之罪，但李憲為他的愛將申訴，說李浩自辨雖奏請赴闕，卻並未離任。神宗接納李浩的申訴，說李浩於法當以擅去官守論，但以他未離本路，另以他剛出塞有功，就僅罰銅二十斤。〔註16〕

因李憲奏上李浩等出境擊敗夏軍於巴義谷的戰功，宋廷於四月庚午（廿

〔註13〕《宋史》，卷四百六十七〈宦者傳二・李憲〉，頁 13640。

〔註14〕《長編》，卷三百三十四，元豐六年三月辛卯條，頁 8035。

〔註15〕附錄：〈苗授墓誌銘〉，《長編》，卷三百三十四，元豐六年三月己亥條，頁 8039；卷三百三十九，元豐六年九月乙卯條，頁 8166。按苗授墓誌銘記他以疾請罷，宋廷召他還朝，惟月日不詳。當在趙濟在三月己亥（廿四）前。考苗授在是九月乙卯（十三）已以殿前都虞候都大提舉編欄的身份負責京師新城的開挖外壕的興役。

〔註16〕《長編》，卷三百三十四，元豐六年四月甲子至戊辰條，頁 8051～8052；《宋會要輯稿》，第八冊，〈職官六十六・黜降官三〉，頁 4836；第十四冊，〈刑法七・軍制〉，頁 8586；《皇宋十朝綱要校正》，卷十下〈神宗〉，頁 309；王稱（？～1200 後）：《東都事略》，收入趙鐵寒（1908～1976）主編：《宋史資料萃編第一輯》（臺北：文海出版社，1967 年 1 月），卷一百二十〈宦者傳・李憲〉，葉六下；《宋史》，卷十六〈神宗紀三〉，頁 310；卷三百五十〈李浩傳〉，頁 11079；卷四百六十七〈宦者傳二・李憲〉，頁 13640；《西夏書事校證》，卷二十六，夏大安九年（1083），頁 301。按《皇宋十朝綱要》將李浩敗夏軍事繫於四月癸亥（十六）。

五）厚賞熙河漢蕃諸將，李憲復為景福殿使，李浩陞引進使高州防禦使，苗履就以皇城使商州團練使領吉州防禦使。苗履在父不在身邊而能單獨立功。〔註17〕

　　元豐七年（1084）二月辛巳（十二），苗履和他的上司李浩被神宗降職：苗履自皇城使降一階為左藏庫使，李浩自引進使降一階為四方館使，理由是他們所奏夏軍「犯蘭州事異同」。二人的《宋史》本傳都沒有交待他們降職的原因。惟一的解釋是他們如實地報告蘭州的戰情，與李憲所奏的不同，間接說李憲誇大戰果。神宗為庇護李憲，就只好說兩人所奏不實而責之。〔註18〕

　　苗履被降職，但苗授卻陞職。因在是月丁亥（廿三），步帥劉永年（1030～1084）病卒，苗授在同月丙申（廿七）就依次陞任步軍副都指揮使，並自沂州防禦使遷容州觀察使兼統領馬軍司。〔註19〕

　　苗履在西邊，則追隨乃父的部將李浩。是年九月丙午（初九），他與李浩奉權勾熙河蘭會路經略司趙濟之命，統領蕃漢四將人馬，以備出入，防禦西夏軍來犯。〔註20〕

　　神宗於元豐八年（1085）三月戊戌（初五）崩，長子哲宗繼位，以年幼由祖母高太后垂簾聽政。〔註21〕高太后傾向舊黨，不久，以司馬光、呂公著為首的舊黨大臣先後回朝。苗授雖是神宗重用的人，但他與舊黨文臣的關係也不差。他曾以疾請罷，但宋廷不許。

　　元祐二年七月辛亥（初二），西夏配合吐蕃青唐部大酋鬼章（1017 前～

〔註17〕《長編》，卷三百三十四，元豐六年四月庚午條，頁 8054；《宋史》，卷三百五十〈王君萬傳附王瞻傳〉，頁 11070；《東都事略》，卷一百二十〈宦者傳・李憲〉，葉六下。考《東都事略・李憲傳》記李憲被降職為宣慶使後「而敗賊於定西城」，疑即指宋軍敗夏軍於巴義谷一事。又獲厚賞的漢蕃將中，蕃官皇城使環州刺史李忠傑領光州團練使，蕃官趙醇忠為皇城使榮州刺史，王君萬（？～1080）子王瞻自六宅使遷皇城使，康識自洛苑使遷左騏驥使，蕃官莊宅使阿雅卜為右騏驥使，蕃官供備庫副使韓緒（？～1087 後）、蕃官趙惟吉（？～1084後）、董行謙、包正並為西京左藏庫副使，內殿崇班焦穎叔為內殿承制。按王君萬和苗授均是王韶和李憲麾下拓邊西北的大將。

〔註18〕《長編》，卷三百四十三，元豐七年二月辛巳條，頁 8242；《宋史》，卷三百五十〈苗履、李浩傳〉，頁 11068～11069、11079；《宋會要輯稿》，第八冊，〈職官六十六・黜降官三〉，頁 4840。按《長編》此條記苗履自皇城副使降左藏庫使，大誤，苗履早已陞至諸司正使之宮苑使多時，他降職前應為皇城使。

〔註19〕附錄〈苗授墓誌銘〉；《長編》，卷三百四十三，元豐七年二月丁亥條，頁 8248；丙申條，頁 8250。

〔註20〕《長編》，卷三百四十八，元豐七年九月丙午條，頁 8357。

〔註21〕《長編》，卷三百五十三，元豐八年三月戊戌條，頁 8456。

1091），入寇鎮戎軍諸堡，〔註22〕故宋廷命時任熙河蘭會路鈐轄的苗履在戊辰（十九），盡快赴任出守秦鳳路要塞鎮戎軍。〔註23〕

宋廷正憂慮西夏與青唐部羌人聯合入寇時，知岷州（後改西州，今甘肅隴南市西和縣西南）种誼在八月戊戌（十九），卻以奇襲的方式收復洮州（今甘肅甘南藏族自治州臨潭縣），並擒獲李憲多年不能擒到的鬼章。這一場漂亮的勝仗，既為种誼本人及种家將，也為熙河將士爭了很大的面子。宋廷在十月庚子（廿二）賞功，主帥知熙州劉舜卿就自龍神衛四廂都指揮使超擢為馬軍都虞候，功勞最高的种誼擢西上閤門使。其餘將校各賞功不等。因劉舜卿的陞遷，原馬軍都虞候涇原帥劉昌祚（1027～1094）就在十一月壬申（廿四）就以勞遷殿前都虞候。這次洮州之戰，苗履可惜沒有參加而沒有立功。〔註24〕

苗履父苗授在元祐三年（1088）七月，還拜武泰軍節度使擢殿前副都指揮使，成為三衙管軍之首。但他知道在黨爭中他很難久任，於是在翌年（1089）以足疾請出知潞州。〔註25〕

苗履在調離熙河後，便出任秦鳳路鈐轄知鎮戎軍，擢東上閤門使、吉州防禦使，元祐六年（1091）六月甲寅（廿六），其父請罷知潞州，宋廷從之，授他右衛上將軍提舉崇福宮。苗退居洛陽。當苗授引退時，苗履則在是年八月乙卯（廿八），以擊退夏軍來犯功獲賜銀絹百定兩，並獲降敕書獎諭。〔註26〕

苗授父子的老上司李憲在元祐七年（1092）六月戊寅（廿六）卒於陳州，得年只五十一。他逝世時，宋廷主政的文臣認為他是帶罪之身，故沒有給他甚麼恩恤。這大概是苗授真的感慨的事。他從熙寧末年到元豐時期，一直受李憲提拔而立功，舊黨主政者卻並不以李憲有功，而認為他生事害民。〔註27〕

苗授早一年退隱洛陽，當然是明智之舉。尚教他略告欣慰的是，苗履在

〔註22〕《長編》，卷四百三，元祐二年七月辛亥條，頁9800。

〔註23〕《長編》，卷四百三，元祐二年七月戊辰條，頁9820。

〔註24〕《長編》，卷四百四，元祐二年八月戊戌條，頁9840～9843；卷四百六，元祐二年十月庚子條，頁9886；丙午條，頁9890；卷四百七，元祐二年十一月壬申條，頁9903。

〔註25〕附錄：〈苗授墓誌銘〉，頁267。

〔註26〕《長編》，卷四百六十，元祐六年六月甲寅條，頁11003；卷四百六十四，元祐六年八月乙卯條，頁11094～11095；卷四百七十七，元祐七年九月戊子條，頁11359。苗履在元祐七年九月戊子（初八）再擢涇原路都鈐轄仍知鎮戎軍。

〔註27〕《長編》，卷四百七十四，元祐七年六月戊寅條，頁11313。

同年九月戊子（初八）自東上閣門使吉州防禦使擢為涇原路都鈐轄兼知鎮戎軍，出任他當年獲委但未到任的職位。〔註28〕

元祐八年（1093）八月辛酉（十六）高太后在病重，延至九月戊寅（初三）崩。哲宗親政後，很快便盡反元祐之政，復行熙豐之政，而復用新黨諸臣。〔註29〕苗履父苗授已罷廢多時，想不到再有機會獲得重用。

三、鎮守西邊

哲宗在翌年（1094）正月改元紹聖，宣示要紹繼神宗之政。他在紹聖元年正月庚寅（十八），因殿帥劉昌祚病逝，出人意表地重新起用在元祐六年自請罷知潞州而提舉鳳翔府上清太平宮，年已六十五的苗授，第二度出任殿帥並加保康軍節度使。武臣兩度擔任三衙管軍之首的殿帥，在整個宋代只有太宗朝的戴興、仁宗朝的許懷德及苗授三例。〔註30〕

哲宗擢用苗授二度出掌殿帥重任，就很有像徵意義，他要紹述神宗之政，對祖母高太后之政，就要「送舊迎新」，重用仍然在世的新黨或新政執行人，就順理成章。苗授父子的老上司，執行神宗開拓西北有功的李憲也終於在是年（按月日不詳）得以恢復名譽。他自宣州觀察使獲追贈兩官為武泰軍節度使，諡敏恪。〔註31〕

值得一提的是，苗授復任殿帥的第二個月，即紹聖元年二月己酉（初七），

〔註28〕《長編》，卷四百七十七，元祐七年九月戊子條，頁11359。

〔註29〕《宋史》，卷十七〈哲宗紀一〉，頁336。

〔註30〕參見附錄：〈苗授墓誌銘〉；邵伯溫：《邵氏聞見錄》，卷八，頁84；《東都事略》，卷八十四〈苗授傳〉，葉四上（頁1283）；《宋史》，卷三百四十九〈劉昌祚傳〉，頁11055；卷三百五十〈苗授傳〉，頁11067；《宋會要輯稿》，第四冊，〈儀制十一·武臣追贈·管軍節度使〉，頁2540；不著撰人（編），司義祖（點校）：《宋大詔令集》，卷一百二〈軍職八·苗授殿前副都指揮使保康軍節度使制·紹聖元年正月庚寅〉，頁376。按劉昌祚在紹聖元年正月在殿前副都指揮使武康軍節度使任上卒，年六十八，贈開府儀同三司，諡毅肅。關於苗授兩任殿帥的事，新出土的苗授墓誌銘、《東都事略》及《宋史》的苗授本傳，以及邵伯溫的《邵氏聞見錄》都有言及。而林希所撰的苗授墓誌銘，更特別指出苗授是繼戴興及許懷德第三人，再任殿帥。關於戴興及許懷德兩任殿帥的事，可參見《宋史》，卷二百七十九〈戴興傳〉，頁9475～9476；卷三百二十四〈許懷德傳〉，頁10477。

〔註31〕《長編》，卷四百七十四，元祐七年六月戊寅條注，頁11313；《宋會要輯稿》，第四冊，〈儀制十三·內侍追贈·贈節度使〉，頁2570；《東都事略》，卷一百二十〈宦者傳·李憲〉，葉六下；《宋史》，卷四百六十七〈宦者傳二·李憲〉，頁13640。

哲宗葬祖母高太后於英宗永厚陵。〔註32〕據程頤（1033～1107）門人張繹所記，程頤往赴太后山陵，時任山陵使的宰相呂大防以館職授予程，但他堅辭。程在高太后陵見到苗授。苗授問程，朝廷應該如何待他才好。程回答說就像山陵事，苟得專處，雖永安尉（山陵所在之地）亦可也。據載苗授（按：原文作苗履，實誤記，苗履當時尚在涇原，在高后陵見到程的是苗授而非苗履）向程頤語及一武帥。苗說此人舊日宣力至多，今官高而自愛，不肯向前。程回答說，為何苗待之輕？要知位愈高則愈思所以報國，饑則為用，飽則揚去，是以鷹犬自期也。〔註33〕這則記載反映了苗授既尊禮道學之士若程頤者，而他本人是老驥伏櫪，壯心常在。

老父在朝握兵，苗履在邊庭就繼續同命。他在哲宗親政的七年，執行哲宗拓邊西北的政策，頗為得志。雖然在是年九月甲子（廿六），卻不慎跌了一交。他時任涇原路副總管，卻被頂頭上司涇原經略使孫覽（1043～1101）嚴劾，說夏軍入寇，派苗履統制軍馬策應，他卻稱病抗拒不行。宋廷就將苗授責授太子左清道率府副率，房州（今湖北十堰市房縣）安置，於是軍紀肅然。〔註34〕

苗履卻禍不單行，老父苗授在紹聖二年（1095）九月戊戌（初六），復任殿帥還不到兩年，便以保康軍節度使檢校司空卒，年六十七，哲宗念其功，賜尚方龍腦水銀以殮。輟視朝一日，贈開府儀同三司，諡莊敏。苗履於同年十一月庚申（廿八）將亡父葬於衛州共城縣卓水原。哲宗命時任朝請大夫權吏部尚書兼侍讀同修國史的林希（1034～1101）撰寫苗授墓誌銘。〔註35〕大概恩恤

〔註32〕《宋史》，卷十八〈哲宗紀二〉，頁339。

〔註33〕程顥（1032～1085）、程頤（1033～1107）（著），王孝魚（校點）：《二程集》（北京：中華書局，1981年7月），《河南程氏遺書》，第一冊，卷二十一上〈伊川先生語七上‧師說〉，頁267～268；第二冊，《河南程氏外書》，卷十二〈傳聞雜記〉，頁426。考朱熹（1130～1200）所編之《伊洛淵源錄》也引用了〈伊川先生語七上‧師說〉這一條，卻誤記「殿帥苗履見先生於陵下」，以苗履訛作苗授。參見朱傑人、嚴佐之、劉永翔（主編）：《朱子全書》（上海：上海古籍出版社，2010年9月），第十二冊，朱熹（編），戴揚本（校點）：《伊洛淵源錄》，卷四〈伊川先生〉，頁978。

〔註34〕《宋會要輯稿》，第八冊，〈職官六十七‧黜降官四〉，頁4852；《宋史》，卷三百四十四〈孫覽傳〉，頁10929；卷三百五十〈苗授傳附苗履傳〉，頁11069。

〔註35〕關於苗授的卒年，《宋會要‧禮四十一》繫於紹聖二年九月，惟《宋會要‧儀制十一》則繫於紹聖三年九月。因《長編》缺紹聖二年及三年，而群書亦無記載。幸而新近出土的〈苗授墓誌銘〉清楚記載苗授卒於紹聖二年九月戊戌（初六），故可知《宋會要‧儀制十一》一條所記，將二年九月訛寫為三年九月。又據《景定建康志》卷廿六的〈侍衛馬軍司題名記〉所載，姚麟在紹聖元年正

苗授，苗履獲赦罪復官，起為西上閤門副使熙河都監。《宋史》記他又責右清道率府率，監峽州（今湖北宜昌市）酒稅。惟他何年何月並因何事再被貶，卻失載。〔註36〕

苗履大概在紹聖三年（1096）底已復出。紹聖四年（1097）三月丙辰（初二），權發遣熙河蘭岷路經略使王文郁上奏宋廷，說熙河和秦鳳路支援涇原路，步騎兵共四萬，合為一軍前去涇原要塞處，會合進築城堡，並非十全決勝之道。因為兩路兵寡，若深入蕃人生界，則每人需要自備糧。萬一逢敵，進不能全，若被敵邀歸路，糧盡援絕。比至涇原，則兩路人馬已困乏，當防托興工之時，或有寇撓，如何應付？不若等候到涇原報，然後令逐路兵將，近裡城寨前去涇原會合防托，等到修築就緒，然後乘機出界討蕩，就可保無虞。宋廷從之，詔令涇原經略使章楶（1027～1102）和苗履等仔細商議，務要捍禦和進築，兩無疏虞。同月辛酉（初七），苗履即以西上閤門副使權知蘭州，兼管勾沿邊安撫司公事上奏，請加強蘭州防禦的計議。他說西夏用兵，多因秋成。深入討蕩，以破併兵之謀。他請豫造浮橋，以在緩急之時濟渡軍馬，使右廂常為備禦。他說造船止費萬緡，他曾具圖，議建蘭州金城關（今甘肅蘭州市中山鐵橋以北，白塔山下的居民區）。因舊基增損，周圍長千步已上，中繫浮橋，敵人矢石不及。他又說洪道須闊，以防火械。他仍請於蘭州置水軍一指揮，以五百人為額。西夏每併兵河南，蓋阻大河，右廂初不為備。如間作渡河入討之勢，虛實難測，庶伐其謀。宋廷即詔王文郁、鍾傳（？～1107）詳審苗所申之議，從長施行。最後宋廷接受苗的建議，令他統精兵三萬會於涇原之靈平寨。這時

月除馬軍副都指揮使，二年九月改差。按該記所謂改差，多半指邊職。據《宋史·姚麟傳》所記，姚麟在紹聖三年，本來自馬帥建武軍留後出知渭州，知樞密院事安燾請將他留在京師，雖然曾布反對，但韓忠彥為姚說話，故「尋拜武康軍節度使、殿前副都指揮使」。據此可知苗授殿帥的職位，後來由姚麟繼任。筆者懷疑《宋史·姚麟傳》所記的紹聖三年，可能又是紹聖二年的筆誤。又據蘇頌前引的制文，苗授的食邑初時為三千三百戶食實封五百戶，到紹聖二年時已增至四千一百戶食實封九百戶。參見《宋會要輯稿》，第三冊，〈禮四十一·報朝·管軍節度使〉，頁1665；第四冊，〈禮五十八·群臣謚〉，頁2064；〈儀制十一·武臣追贈·管軍節度使〉，頁2540；《宋史》，卷三百四十三〈林希傳〉，頁10913～10914；卷三百四十九〈姚麟傳〉，頁11059；卷三百五十〈苗授傳〉，頁11068；《蘇魏公集》，上冊，卷二十一〈內制·保康軍節度使苗授加食邑制〉，頁284～285；《景定建康志》，卷二十六〈官守志三·侍衛馬軍司題名記〉，頁1245；附錄：〈苗授墓誌銘〉。

〔註36〕《宋史》，卷三百五十〈苗授傳附苗履傳〉，頁11069。

夏人悉力來拒，鍾傳率步卒二萬，騎兵三千，出其不意造河梁以濟師，用六天時間就造好。〔註37〕

四月甲午（十一），樞密院言熙河進築金城關畢功，哲宗詔王文郁除正任觀察使，賜銀絹各五百疋兩。鍾傳轉兩官，除直龍圖閣，充任熙河蘭岷路經略安撫判官；張詢除直秘閣權陝府路都轉運使，王瞻轉遙郡防禦使，更減四年磨勘，回授子有官者，康謂轉一官，各陞一等差遣，賜銀絹一百疋兩。關名如舊。又從鍾傳之請，以王亨為關使，置監押二員。王文郁也沒有忘記苗履之功，九月癸丑（初三），熙河蘭岷路經略司奏苗履展築蘭州金城關畢工，宋廷詔賜他銀絹有差。〔註38〕

苗履甫獲賞賜，同月乙丑（十五），宋廷便將他自西上閣門副使徙為鄜延路都監，離開蘭州。〔註39〕是月壬申（廿二），當鄜延路經略使呂惠卿上奏言杏子河新寨修築畢功時，呂又想在其他地方進築。知樞密院事曾布反對，認為邊事未可輕動，現時已開拓疆境，如平夏城和靈平寨一帶，籬落未周，則後石門和九羊谷理須進築，之。今冬或來春，必須為之，其他地方於利害無所繫，就須休息，他提到為通熙河和涇原兩路邊防，利害不小，亦應漸次經營。他指出如卓囉去金城百二十里，有人說欲泝黃河運糧至斫龍，然後渡河討定卓囉及蓋朱城一帶部族，但中間隔黃河，兩岸皆是石崖無車路可行之處。他特別引擅於築城的苗履之言，該處不可開鑿，而鍾傳卻派張照去勘察，說可以以簇釘椿橛來牽舟，又說有車路可行。曾布力言鍾傳之說不可信，苗履之言可信。哲宗納之，並令降下指揮，若主帥妄動敗事，當行軍法，則不敢胡為。〔註40〕

同月丁丑（廿七），刑部上奏，原州勘查諸將出塞失利的報告，稱苗履前領的熙河路同統制官出塞，增差人騎，致損折的人馬多。哲宗詔以兩經赦宥，他以功補過，加上依赦合敘復官為四方館使領遙郡團練使，陞任本路鈐轄。不過，據時任涇原書寫機直、章楶子章綜（1062～1125）的記載，苗履此仗其實

〔註37〕《宋會要輯稿》，第十五冊，〈兵二十八‧備邊二〉，頁 9232～9233；《長編》，卷四百八十五，紹聖四年四月甲午條，頁 11527；卷四百八十六，紹聖四年四月戊申條，頁 11558；《宋史》，卷三百四十八〈鍾傳傳〉，頁 11037。

〔註38〕《長編》，卷四百八十五，紹聖四年四月甲午條，頁 11527；四百九十一，紹聖四年九月癸丑條，頁 11649；《宋會要輯稿》，第十六冊，〈方域十二‧關雜錄〉，頁 9512～9513。

〔註39〕《長編》，卷四百九十一，紹聖四年九月乙丑條，頁 11656。

〔註40〕《長編》，卷四百九十一，紹聖四年九月壬申條，頁 11659～11660。

打得窩囊，他率熙河兵出師前，因主帥涇原經略使章楶對涇原、熙河及秦鳳各路將官說，夏軍在環慶四路之近，相度前去掩擊，不得輒過百里。但諸將意欲遠追窮討，苗履就說掩擊賊寇而拘以百里，不是太慼嗎？願更令百里內外。章楶笑說，如他所言，即遠走興州靈州亦在百里之外矣。據說苗履慙忸而去。據章綡的記載，苗履輒發二千騎，其往也，與涇原之師行不相遇，戰不相須。涇原的折可適（1051～1110）與曲充逢敵鏖鬥，殺獲相當而還，熙河於是大衂。苗履等怕擅興千騎之罪，於是移過折可適，令弓箭手指揮雲成，偽言所陷將王道遣詣幕府，持四矢為信，說道逢折可適，促熙河人馬接戰，讓熙河人馬入夏界，等夏軍眾至，而折可適卻遁歸，故此令苗軍敗北。其實熙河兵原不與相接，貪功直前，又昧於道路，風塵蔽日，自墜於沒煙後峽崖谷而死。宋廷卻沒有查究他所言是否屬實。按李燾已辨苗履與折可適之曲直，顯然過在苗履。〔註41〕

四、元符開邊

紹聖五年（六月戊寅朔改元符元年，1098）正月乙丑（十六），鄜延經略使呂惠卿（1032～1111）上奏宋廷，他派副總管王愍出界討擊，自丙辰（初七）與夏軍血戰，丁巳（初八）回師，夏人追趕，又與之戰，獲首級以下千三百級。惟所部之一萬一千人中，將官石福陣亡，賀文密重傷，使臣戰沒者三人，士卒十餘人。哲宗詔賜呂以下銀合茶藥有差。〔註42〕這次出擊未載苗履從征。不過，三月後，苗履就有份出擊。四月乙酉（初七），呂惠卿向宋廷報告，他已差苗履與王愍統制騷擾夏人耕作的行動。〔註43〕

〔註41〕《長編》，卷四百九十一，紹聖四年九月丁丑條，頁11662～11666；卷四百九十八，元符元年五月壬戌條，頁11851～11852。按這場天都山之戰，高建國據當時在折可適軍中的李之儀（1048～1117）所撰的〈折可適墓志銘〉及《長編》所考，也認為苗履為了推卸責任，而誣折可適違反節制而敗。哲宗及章惇本來相信苗之奏報，要嚴責折可適，幸而曾布據理力爭，涇原帥章楶也極力保護，指苗履移過折可適。最終在章的保護下，折被連降十三官，但仍許他繼續效命。參見高建國：《宋代麟府路碑石整理與研究》（北京：中國社會科學出版社，2021年10月），上篇〈專題研究〉，〈山西賢將：折可適與府州折氏——文武風氣的轉變〉，第三節「折可適與天都山之戰」，頁93～94；下編〈碑石整理〉，〈折可適墓志銘〉，頁209～210。按折可適墓志所云的主將就是苗履。

〔註42〕《長編》，卷四百九十四，元符元年正月乙丑條，頁11730～11731；卷四百九十九，元符元年六月戊寅朔條，頁11871。

〔註43〕《長編》，卷四百九十七，元符元年四月乙酉條，頁11817。

同月癸卯（廿五），宋廷從熙河經略使張詢之請，將鄜延路的副總管、龍神衛四廂都指揮使、吉州刺史王愍徙為熙河蘭岷路副總管，而苗履就以四方館使、祁州團練使權鄜延路都鈐轄，代替王愍。〔註44〕

五月庚申（十三），呂惠卿上奏，說近日於安塞堡（在今陝西延安市安塞縣北城卯村延河東岸）、北威戎寨（今陝西榆林市子洲縣城西大理河北岸馬岔鄉教場坪村古城）、殄羌寨（今陝西榆林市靖邊縣與安塞鄰界處的店家城村古城）之間，相視地名白落嘴，可以築城寨，控扼西夏軍馬。他稍後已命都鈐轄苗履等統制兵馬進築城寨，現已畢工，獲賜名威羌寨。現在又築那娘山、青高山并盧關、赤骿峯堡寨，也都畢功，那娘山賜名殄羌寨。主持其事的苗履等功狀應賞。宋廷即詔苗履等按等第與轉官及減磨勘年，並支賜賞。〔註45〕

呂惠卿再上奏，稱因得投來人所報，知道夏人在夏州大沙堆存泊，而由人馬在南防護。他就派苗履和劉安統兵至大沙堆等處，破蕩夏軍，斬首八百級，生擒帶牌夏使一人，大首領二人，牛馬萬計，族落燒毀殆盡，宋軍班師至威戎城。宋廷詔諸軍士各賜錢有差。而呂就以功拜保寧軍節度使。〔註46〕

五月庚午（廿三），鄜延路經略司奏上，以修復米脂寨（今陝西榆林市米脂縣城）畢工。宋廷於是賞功，以統制官王愍遷一官，回授子有官者兩人承受，各特遷一官。而任同統制官的四方館使、祁州團練使的苗履，復吉州防禦使，二人各賜銀絹各五十兩匹。〔註47〕

苗履陞官兼獲賞後，同年七月奉鄜延帥呂惠卿命，率七將兵九千騎出塞討蕩夏人。他率軍在八月壬午（初七）會師於柳青平，癸未（初八）至青嶺北。夏將威明特克濟沙率眾迎戰，苗履率軍與夏軍戰，破之，斬首五百級，獲牛馬萬計。苗履並縱兵踐踏夏人莊稼。到乙酉（初十），宋軍自威羌寨（按：鄜延

〔註44〕《長編》，卷四百九十七，元符元年四月癸卯條，頁 11836。

〔註45〕《長編》，卷四百九十八，元符元年五月庚申條，頁 11849；《皇宋十朝綱要校正》，卷十四〈哲宗〉，元符元年五月庚申條，頁 374。

〔註46〕《長編》，卷四百九十八，元符元年五月庚申條，頁 11849；卷五百十一，元符二年五月壬辰條，頁 12165；《皇宋十朝綱要校正》，卷十四〈哲宗〉，元符元年四月庚申條，頁 374；《東都事略》，卷八十三〈呂惠卿傳〉，葉三下。考《長編》卷五百十一，元符二年五月壬辰條所記苗履入夏界討蕩，至夏州大沙堆斬獲首級一事，當係元符元年五月庚申條所記同一事，而《長編》錯繫，李燾的小注已有疑。說在元符二年五月二十八日，苗履以知蘭州進築天都邊官，不知何故又在鄜延出兵。那顯然是錯繫年月。

〔註47〕《長編》，卷四百九十八，元符元年五月庚午條，頁 11858；《宋會要輯稿》，第十六冊，〈方域十八・諸寨・米脂寨〉，頁 9638。

路在元符元年二月初一請進築白洛觜，五月庚申十三畢工，賜名威羌寨，今陝西榆林市橫山縣西南白狼城村大理河南岸）還塞。呂惠卿在丙戌（十一）上奏宋廷戰果。辛卯（十六），樞密院向哲宗奏，苗履與麟府路軍馬張世永、知府州折克行（約 1043～1107）各領兵出界討蕩，斬首各五百級，哲宗詔應出界軍兵各賜錢有差，其得功將佐，令經略司具功狀以聞。宋廷在壬寅（廿七），以龍圖閣直學士知慶州孫路徙知熙州，代替張詢。並將苗履調為權熙河蘭會路都鈐轄知蘭州，代替被熙河效用李公緒狀告妄奏斬首三千級（實為八九十級老小）的知蘭州王舜臣。苗履簡在帝心，由哲宗親自提名代知蘭州。〔註48〕

　　九月丙辰（十一），三省與樞密院同進呈鄜延路所奏，以苗履與張守德獲敵首級數。哲宗詔令本路走馬承受審驗然後賞功。當宋廷將苗履調往熙河時，鄜延經略使呂惠卿卻捨不得放走這員大將。戊午（十三），呂請留下苗履以統制出入兵馬。宋廷不許，詔速發遣苗履赴新任。翌日，呂惠卿再奏乞留下苗履，己未（十四），言官陳次升上言，認為樞密院不當不從鄜延之請，暫留下苗履統制兵馬。翌日（庚申，十五），三省和樞密院再上呈，哲宗奇怪此番任命何以那麼快便漏泄？然宋廷始終不許鄜延之請。〔註49〕

　　苗履赴熙河後三個月，涇原路經略使章楶在十二月己卯（初五）上奏宋廷，他據六月七日、九月十九日、十月二日和十一月二十五日朝旨，商度到進築的利害，並和其他四路帥臣商議，準備發動四路軍馬進築。哲宗同意，詔逐路各選精銳堪出戰人馬準備應副，其中環慶路兵一萬，內騎兵三千，委种朴（？～1099）統領；秦鳳路步兵一萬五千，騎兵五千，委李沂（？～1099 後）統領；而熙河路騎兵二萬，就委苗履統制。並令逐路更切令統制官預先選定得力將佐，候涇原路勾抽，即立便發遣前去，不得稍有逗留。如到涇原路，就並聽章楶節制。又令知熙州兼熙河路經略使孫路等候涇原路關到出界進築，即將熙州公事交割予次官，帶經略安撫都總管司公事及合用將佐兵馬，前去本路沿邊接近涇原進築處要便城寨駐劄，張大兵馬聲勢，就近照應。其南牟會一地，就難議定應令熙河及秦鳳哪路人馬責成進築。哲宗命由章楶選擇本路得力統制官如姚雄、姚古之類，選擇其中一員，帶領本路得力兵馬將佐認真負責修

<hr>

〔註48〕《長編》，卷四百九十七，元符元年四月癸卯條，頁 11836；卷四百九十八，元符元年五月庚申條，頁 11849；卷五百一，元符元年八月丙戌條，頁 11934；辛卯條，頁 11937；壬寅條，頁 11941～11943。

〔註49〕《長編》，卷五百二，元符元年九月丙辰條，頁 11957；戊午至己未條，頁 11959～11960。

築，仍於熙河、環慶兩路統制兵將官內，各差選人員，分選派人馬同共責成進築，餘並依章楶所奏。〔註50〕

　　元符二年（1099）正月庚戌（初七），原秦鳳路鈐轄洛苑使李沂徙熙河蘭會路。隸於苗履麾下。同日，苗履上司孫路奏上另一計劃，說蘭州之西喀羅川口有古浮橋舊基，自喀羅川口北四十里至該朱城，又北至濟桑約三百里間，有古城十餘所，每城相去不過三四十里。從濟桑以北則入甘州（今甘肅張掖市甘州區）和涼州部，即漢武帝斷匈奴右臂之遺跡。他請於喀羅川口修復浮橋，於橋北置七百步一城，延連該朱和喀羅城，漸至濟桑，以通甘州和涼州，就可隔絕西蕃和西夏往來便道。請措置施行。但孫路這一建議不獲曾布支持。他認為喀羅川口正與西蕃比鄰，若修建浮橋及築城，經營該朱和喀羅，卻未向於青唐部說明，若引致青唐部和西夏合力爭佔，熙河路事力會否受到影響？而與涇原路所約一同進築會否有相妨？哲宗即詔孫路體度邊情，斟酌本路勢力，明白回奏。〔註51〕孫路此議給宋廷否決，他並未罷休，不久他又提出更進取的拓展青唐計劃。

　　涇原經略使章楶於同日上奏，他已令環慶、涇原、秦鳳和熙河四路選精銳人馬，量帶衣甲，於正月半以後，乘月色各帶半月人糧馬料，結陣徐行，各至黃河討蕩，仍各一面招納四路之兵，並會合於鳴沙。涇原兵已發，蕃部因此驚移過河。稍後，環慶路和涇原路分別上奏他們出塞殺敵的戰績：涇原路差鈐轄郭成和權都監折可適擒到西夏統軍嵬名阿埋、錫碩克監軍妹勒都逋，已押赴京師。另招納生口三千餘人，並牛羊駝馬，於靈平、鎮羌、九羊、通峽、盪羌寨安置。而環慶路差統制張誠出塞，與西夏統軍嵬名特克濟沙戰，斬獲百餘級。壬戌（十九），宋廷賞功，涇原將郭成自東上閣門使、雄州防禦使擢引進使，折可適自皇城使、成州防禦使為東上閣門使遷權涇原路鈐轄，蕃官東上閣門使、雄州防禦使李忠傑（？～1101）為引進使，皇城使管勾環州永和、平遠等寨蕃兵人馬公事慕化為遙郡刺史。〔註52〕

　　二月庚辰（初七），樞密院再言孫路仍上奏，請於喀羅川口建橋修城。但認為涇原將來進築灑水平、南冷牟等處，即是本路便須接續經營青南訥心一帶進築接通涇原邊面，乃是最為今日急務。而喀羅川口鄰青唐城地分，怕以此生

〔註50〕《長編》，卷五百四，元符元年十二月己卯條，頁 12006～12014。
〔註51〕《長編》，卷五百五，元符二年正月庚戌條，頁 12027～12028。
〔註52〕《長編》，卷五百五，元符二年正月庚戌條，頁 12028～12030；壬戌條，頁 12038。

事。哲宗批評孫路輕易，問誰可代他。曾布也認為孫可罪，等找到合適的人便易之。孫路此時仍不知他已地位不保，還是雄心勃勃。是月甲申（十一），他上奏樞密院，說請於將來照應桓原進築，因便興修橫水澗堡寨，宋廷從之，他又乞請借秦鳳兵一萬，與涇原同時進築青南訥心。詔以五千兵與之。丙戌（十三），他又申報，夏人銜頭首領鄂特丹卓麻，原係邈川大首領溫溪沁弟溫阿旺格之子，原名阿敏，後走投西夏，於革羅城差蕃部尚錦等帶蕃字，欲歸宋。宋廷詔孫路選兵將以討蕩招納為名，至革羅城多方誘其歸降。孫路欲招降此人，大概也與他想經營青唐有關。〔註53〕

孫路的心思給人看出實放在青唐城，故宋廷於三月丁巳（十四），詔孫路協力應副涇原進築的行動。〔註54〕孫路隨即在丙寅（廿三），奏上已遣苗履出塞擾夏人耕。庚午（廿七），他再奏苗履已出塞，擒戮共五百餘人級，奪牛羊等萬計。〔註55〕苗履出塞立功，適時為他向宋廷有所交待。值得一提的是，宋廷在是月乙丑（廿二），為之前紹聖四年十二月壬辰（廿三）鍾傳報稱之白草原之役冒功之事被揭發，熙河路文武官員，從鍾傳、張詢、王舜臣、王贍、康謂以下盡數被降職，以戒邊臣冒功之罪。〔註56〕

被貶諸人中，值得注意是知河州兼洮西安撫王贍。他因白草原之役冒功被降職，冀以功補過，當他從投奔河州的羌人籛羅結（亦作緈爾結）中，聞說青唐國主瞎征（？～1102）為大酋心牟欽氈等所制，其國必亡，吐蕃可乘亂取之。王就密劃取吐蕃策，他派其客詣京師白宰相章惇。章惇早就想再立邊功，就納王贍之策，下其事於熙河孫路計議。孫早有開青唐之意，前述他多次請於喀羅川口作橋築城，斷西夏與吐蕃相通之路，當時宋廷還不納其議。現時宋廷首肯，自然回奏青唐必可取，並大發府庫財帛以招來羌人。〔註57〕蒲聖也指出，

〔註53〕《長編》，卷五百六，元符二年二月庚辰條，頁 12052～12053；甲申條，頁 12054；丙戌條，頁 12058。

〔註54〕《長編》，卷五百七，元符二年三月丁巳條，頁 12077。

〔註55〕《長編》，卷五百七，元符二年三月丙寅至庚午條，頁 12090～12091；曾布（1035～1107）（撰），顧宏義（點校）：《曾公遺錄》（北京：中華書局，2016年3月），卷七，元符二年三月丙寅條，頁 9；庚午條，頁 11。考《曾公遺錄》將熙河遣苗履出塞擾夏人耕作的事繫於三月二十六日。

〔註56〕《長編》，卷四百九十三，紹聖四年十二月辛丑條，頁 11715；卷五百七，元符二年四月乙丑條，頁 12084～12089；《皇宋十朝綱要校正》，卷十四〈哲宗〉，紹聖四年十二月壬辰條，頁 372。

〔註57〕《長編》，卷五百七，元符二年三月庚午條，頁 12091～12092。

除了王瞻外，王韶長子王厚（1054～1106）也是另一主要推動人。他們為了自身功名，就積極推動此事。〔註58〕

　　當熙河將帥正密謀取青唐時，涇原帥章楶在四月癸酉朔（初一）上奏，提出他在天都山進築城寨之具體計劃及兵員人員規劃。〔註59〕四月己卯（初七），知樞密院事曾布呈上章楶另一奏狀，說苗履申訴涇原副總管王恩（？～1102後）當年為其部將，隸其帳下，王曾棄兵隊逃歸。當時苗以王初自軍班出征，未曉事，故不曾行軍法。今日反要聽他節制，恐有妨嫌。苗履請聽涇原帥臣即章楶節制。章楶說已移文答以申狀不曾泄漏，因為本路副都總管當統制諸將，若苗履當時不曾行法，乃是有德於王恩，何嫌之有？兼且別無文據，難以稽考，章楶說已密切指揮苗履依朝旨施行。曾布說想降旨戒飭苗履不得違越驕慢。但首相章惇再三說經略司已施行，此事遂罷。〔註60〕

　　同月乙未（廿三），兩府呈上熙河經略使孫路的章奏，請在鄰近的吐蕃唃厮囉國王都青唐城（後改鄯州，今青海西寧市）〔註61〕，附近的要地的邈川（後改湟州，今青海海東市民和回族土族自治縣馬場垣鄉下川口村）〔註62〕的

〔註58〕蒲聖以武將黨爭的視角來探討哲宗朝的開邊活動。對於王瞻與王厚的家世及他們推動拓邊青唐的背景，有不錯的析論。參見蒲聖：《北宋晚期的武將與朋黨之爭》，河南大學歷史文化學院碩士論文，2021年6月，第二章〈宋哲宗朝武將與朋黨之爭〉，第二節〈紹聖、元符時期的武將與黨爭——以收復青唐為中心〉，頁55～67。

〔註59〕《長編》，卷五百八，元符二年四月癸酉朔條，頁12095～12100。

〔註60〕《長編》，卷五百八，元符二年四月己卯條，頁12105；《曾公遺錄》，卷七，元符二年四月己卯條，頁16。

〔註61〕關於青唐族或青唐部的釋名，以及所建立的唃厮囉政權種種，及其王都青唐城的地望，可參見吳楠楠：《后吐蕃時代的城和宗堡研究：以唃厮囉政權為中心》，蘭州大學民族學藏學碩士論文，2022年12月，第三章〈唃厮囉王都：青唐城〉，頁52～65。

〔註62〕關於邈川城的地望，據吳楠楠最近的研究，確定為今青海海東市民和回族土族自治縣馬場垣鄉下川口村（東經103°、北緯36°12'），「村內的下川口古城為邈川城舊址，下川口古城坐落於青藏高原的東北緣，湟水為其天然屏障，其與龍支溝於交匯的三角河谷地帶是青海省內海拔最低點（海拔最低處為1650米）。」吳氏根據董廣輝團隊的測年結，以「下川口古城在10世紀起即開始興建，有充足的水源、肥沃的土壤、相對較高的溫度和山川的屏護，使得這一地帶得各方便利，有益於大型部族聚集點的形成。」吳氏並討論邈川城整體佈局和增修趨向，與青唐城的關係和青唐國（唃厮囉政權）第二代首領以來的親西夏傾向。參見吳楠楠：《后吐蕃時代的城和宗堡研究：以唃厮囉政權為中心》，第五章〈唃夏咽喉：邈川城〉，頁82～94。

斫龍築城。宰相章惇力主之，但知樞密院事曾布等反對而暫時擱下。王化雨認為孫路之奏是哲宗元符二至三年青唐之役的開端。〔註63〕苗履從此時開始參預元符拓邊青唐之役；不過，他並非開邊之師的主力，而是擔任輔助策應和後來援救的角色。

苗履雖身在熙河，他的老上司呂惠卿沒有忘記他。四月丁酉（廿五），當鄜延經略司上言，所築那娘山地青高山并盧關及赤幘峰堡寨都已畢功，其中那娘山殄羌寨修築之功，令保明苗履等功狀。〔註64〕

五月甲辰（初二），苗履的下屬熙河蘭會路鈐轄李沂調返秦鳳路。其上司孫路上奏宋廷，稱熙河副總管王愍勘察到會州西地名巴寧會，該處地形高爽，土脈堅潤，比之古會州尤更險要。孫路稱他想等青南訥心等處城寨畢工後，就親自按視進築。宋廷詔他審度以聞。初四（丙午），熙河另一鈐轄折可適，因涇原帥章楶之請，調回涇原，出任新建的西安州（即南牟會新城，今寧夏中衛市海原縣西安州古城）兼管勾沿邊安撫使。熙河大將就以苗履為尊。〔註65〕甲寅（十二），孫路上奏已進築青南訥心寨。乙卯（十三）宋廷詔孫路經營會州等處進築，須在八月前完成。丁巳（十六），宋廷賜熙河進築青南訥心寨將士特支各七百錢。負責進築這些會州城寨，當是苗履無疑。〔註66〕

庚午（廿八），宋廷因涇原經略司之奏功，賞統制官以下諸將進築天都山之勞，苗履自四方館使、吉州防禦使遷引進使，涇原副都總管馬軍都虞候信州團練使王恩為衛州防禦使。〔註67〕

六月己卯（初八），熙河築青南訥心寨畢工，宋廷詔賜孫路以下茶藥銀合。庚辰（初九），宋廷賜青南訥心新寨名會川城。值得一提的是，苗履的上

〔註63〕《曾公遺錄》，卷七，元符二年四月乙未條，頁24；王化雨：〈北宋元符青唐之役新探——以朝廷與將帥的交流溝通為中心〉，《四川師範大學學報》（社會科學版），第49卷第4期（2022年7月），頁188～198。王化雨也析論了章惇所以支持王贍之議的背景，以及王贍越過孫路，直接尋求宰相所引起他與孫路不和的後遺症。

〔註64〕《長編》，卷五百九，元符二年四月丁酉條，頁12125；《宋會要輯稿》，第十六冊，〈方域十九·諸寨雜錄·築寨應賞〉，頁9658；〈方域二十·諸堡·安塞堡〉，頁9680。

〔註65〕《長編》，卷五百十，元符二年五月甲辰條，頁12132；丙午條，頁12133。

〔註66〕《長編》，卷五百十，元符二年五月甲寅至丁巳條，頁12139～12140。

〔註67〕《長編》，卷五百十，元符二年五月庚午條，頁12150；《曾公遺錄》，卷七，元符二年五月庚午條，頁50。除了苗履和王恩外，姚雄遷四方館使，姚古遷東上閤門使，种朴領昌州刺史，雷秀遷維州團練使，康誨和馬仲良轉一官。

司名將王文郁在是月辛巳（初十），以冀州觀察使提舉崇福宮卒。〔註68〕丁亥（十六），孫路上奏，苗履大軍已踏逐到古會州、巴寧會中間地形寬廣之地，此處北控黃河，可以置州。他說已依朝旨，計置合用樓櫓材植等赴新城，欲等候今秋先築會州，畢工後，即移兵了當打繩川、東北冷牟之間兩寨。宋廷詔孫路更切相度，確是地形要便，有水泉，經久可以守禦之地，即從長施行。癸巳（廿二），宋廷又詔孫路減會州及北冷牟城寨地步，以邊臣言公私財力應辨不易。乙未（廿四），宋廷再詔熙河只築會州及北冷牟兩處城寨，仍依前減地步。其打繩川且為烽臺堡鋪遮護，等候來春進築。緣章楶致書曾布，言熙河財用不足，民力殺敝，請罷築會州。曾布奏上，故哲宗降下此詔。〔註69〕

是月，西蕃大酋鬼章之孫邊廝波結等，與鬼章妻桂摩及其妻孥并鬼章河南舊部族皆叩河州、岷州境上，請以講朱、一公（崇寧二年改循化城，今甘肅甘南藏族自治州夏河縣甘加鎮八角村）、錯鑿、當標（今青海海東市循化撒拉族自治縣道緯鄉附近，後改名安彊寨）四城來降。因鬼章嘗逐溪巴溫，其叔父阿蘇又曾殺杓拶，故世有仇怨。聞溪巴溫起事，河南諸部多歸附之。邊廝波結不自安，故請內附，且言瞎征已為心牟欽氈所廢，青唐可取。王贍於是亟具奏，乞朝廷速取青唐，以時不可失。宋廷以前此溪巴溫不求助於宋，邊臣不能知其曲折，失不以聞。今日他既得志，遂不復來歸。宋廷認為當年阿里骨之篡，曾加封爵。而溪巴溫之立，初時無以助之，若納其叛人，恐溪巴溫必怨。但若不納，則河南一帶部族未肯附溪巴溫的，不乘時撫而有之，將失機會。於是宋廷詔孫路依照近降朝旨，詳加措置施行，無令遷延，有失機會。宋廷此時已決定經營青唐。〔註70〕

七月丁未（初六），熙河展開招降青唐蕃部行動。孫路請降賜接收河南邈川首領官職等第及支賜則例，并請賜錦襖、公服、靴笏、銀帶各三百事。宋廷詔孫路據歸宋首領在蕃日的職名及加量次第，以及合補何名目，奏聽朝旨。至於所乞袍帶，就令戶部計置，差使臣管押前去。戊申（初七），邊廝波結兄弟三人及首領僕從二百餘人并所管蕃兵六千一百四十八人來降。知河州王贍即納之。〔註71〕同月壬子（十一），王贍上言已佔據講朱、一公、錯鑿、當標、

〔註68〕《長編》，卷五百十一，元符二年六月己卯至辛巳條，頁12160～12161。
〔註69〕《長編》，卷五百十一，元符二年六月丁亥條，頁12163～12164；癸巳條，頁12167；乙未條，頁12168。
〔註70〕《長編》，卷五百十一，元符二年六月，頁12171～12172。
〔註71〕《長編》，卷五百十二，元符二年七月丁未至戊申條，頁12188。

東迎城、通綽克古城，又立公宗堡、倫布宗堡、古塔鼎宗堡（即南宗堡），共計九處。講朱城正當青唐咽喉，而當標、錯鑿、一公三城，皆是部族繁庶和地利要害之處，都合修建城寨，統治羈縻新附部族外，其間若更有地里相去遙遠，緊要守禦處，亦合修建堡寨。宋廷即詔孫路奏上，如何處理溪巴溫，及將來如何措置，要他詳細奏聞，務為邊防久經之計，不得輕易鹵莽，致誤機事。據李燾所述，在此事上章惇和曾布意見不合，曾布不滿孫路只以私書向章惇報告，而累奏河南邈川部族來歸而不提及溪巴溫一字，對於孫路建議欲授溪巴溫為閣門使知積石軍（即溪哥城，今青海海東市循化撒拉族自治縣），然後自邈川至青唐建為一州，以他人領之，也不同意。宋廷中樞諸臣對孫路之議，並未達到共識，要他再奏上進一步規劃。〔註72〕

甲寅（十三），孫路奏會州計置功料已備，所築之城寨不須減步數。宋廷從之，仍賜將士特支。〔註73〕丙寅（廿五），孫路上奏言新歸順的西蕃大酋邊廝波結，派首領欽彪阿成將文字投宋，願將部族地土獻予宋。他所管地分，西至黃河，北至克魯克、丹巴國，南至隆科爾結一帶，東至庸曨城、額勒濟格城。當標城至斯丹南一帶，甚有部族人戶，現管蕃兵六千一百四十人。孫路稱邊廝波結，是西蕃近上酋首，世族名望，所管部族人馬強盛，現在率領本家人戶歸宋及獻納土地、部族人戶，顯見忠白。他望宋廷優予推恩。他的男姪女婿，也請等第補授名目。宋廷詔令孫路詳上項事理，據投來部族人戶，斟酌在蕃日所管職事，並事力次第，具合補名目以聞。〔註74〕

據李燾所記，當邊廝波結既以講朱四城來降時，邈川諸酋相繼求內附。當時宋廷方進築會州，工未畢，於是詔分其兵處置，令孫路親駐河州，王贍將河州軍兵為先鋒，總管王愍將岷州及熙州兵馬策應，以撫納邈川諸部。是月己未（十八）詔下，甲子（廿三）師發河州，次安鄉城，王贍以先鋒自密章渡河，有素相結納密戩等三人背盟抗拒。王贍半夜濟河，奪其隘，擒密戩斬之。丙寅（廿五），遂攻克邈川，即日以捷書聞宋廷。孫路怒王贍徑上捷書，不復由他的帥府，於是二人爭端開始。〔註75〕這是元符青唐之役的第一戰。苗履不預此一仗，因他正在會州修橋。

〔註72〕《長編》，卷五百十三，元符二年七月壬子條，頁12193～12195。

〔註73〕《長編》，卷五替十三，元符二年七月甲寅條，頁12199。

〔註74〕《長編》，卷五百十三，元符二年七月丙寅條，頁12202～12203。

〔註75〕《長編》，卷五百十三，元符二年七月丙寅條，頁12203。

　　戊辰（廿七），孫路上奏言會州城去大河不遠，與蘭州事體一般，可繫橋於河外，建立關城，實為經久之利。曾布又呈上孫路致章惇書所附的苗履的奏狀。苗履奏稱已計置舟路材植，想在會州繫橋度河建關。哲宗即詔孫路相度事力若可為及材料已備，即一面從長施行。曾布表示孫路（其實是苗履）此謀甚善，若度河置關，就如蘭州金城關之比。蘭州未有金城以前，每年河凍，非用兵馬防托，不敢開城門。〔註76〕

　　己巳（廿八），王贍上奏他帶領河州漢蕃兵攻下密章堡、結宗城、齊暖城、策凌城、鼐宗堡（即南宗堡）、羅格堡（又名幹布城）。他說其新據城堡內，有王子並不附順首領。倉庫物料已封閉，以備將來軍儲支遣。宋廷即詔孫路依照過去的朝旨，應所招納河南邈川等處願降的部族首領，更加切實體度蕃情，務先以恩信撫納，勿專以兵迫脅，並且合措置如何應對溪巴溫等，務為邊鄙經久安便之計，不得過有所圖，別生邊患。其所得城寨內真正歸順及有力首領，住坐把守，或係要害，就須差兵馬戍守之處，仔細審度經久利害，務從簡便，不要令廣有增費財用兵力。〔註77〕

　　宋軍這次出師看似順利，但無論孫路和王贍都志切立功，想進一步控制青唐。孫路得到章惇的支持，而曾布卻反對孫路想逐溪巴溫而奪青唐為州郡的企圖，也不同意章惇直接和王贍等通書信。〔註78〕誠如王化雨之論，這次開青唐之役，並非宋廷經過認真籌劃然後實施的軍事行動，相反，對於是否向青唐用兵，宋廷一直持消極態度，特別是知樞密院事的曾布。最後宋廷決定介入青唐內亂，是章惇欲建新功，而孫路和王贍大大推動所致。〔註79〕

　　當宋廷開始進軍青唐的行動時，進築會州的行動就如火如荼。八月壬申（初二），涇原路上奏稱折可適和姚古已領兵馬二萬進築會州城。因巂限未畢功料，令將官雷勝和通判原州（今甘肅慶陽市鎮原縣）种建中（即种師道，1051～1126）繼成之。〔註80〕甲戌（初四），涇原路奏苗履已赴會州進築。戊寅（初八），進築巂限畢功，賜名定戎寨。宋廷賜帥臣以下銀合茶藥。己卯（初九），

〔註76〕《曾公遺錄》，卷七，元符二年七月戊辰條，頁75；《長編》，卷五百十三，元符二年七月戊辰條，頁12203～12204。

〔註77〕《長編》，卷五百十三，元符二年七月己巳條，頁12205。

〔註78〕《長編》，卷五百十三，元符二年七月己巳條，頁12205～12206。

〔註79〕王化雨：〈北宋元符青唐之役新探——以朝廷與將帥的交流溝通為中心〉，頁190。

〔註80〕《長編》，卷五百十四，元符二年八月壬申條，頁12208。

孫路上奏，說王瞻已於七月二十五日收復邈川城，他說邈川是古湟中之地，東北控西夏右廂甘、涼一帶，西接宗哥、青唐巢穴。部族繁庶，形勢險要。南距河州一百九十餘里，東至蘭州二百餘里，請建為湟水軍。但宋廷不納，特別是曾布極力反對，他並與章惇爭議於哲宗前。最後哲宗擱置在邈川和青唐建州軍之議。〔註81〕

　　為了青唐之事，除了宋廷中樞的章惇和曾布爭議白熱化外，熙河將帥的孫路和王瞻也為爭功而相攻。苗履倒能因進築會州而置身事外。不過，在八月辛巳（十一），他上奏以進築會州，於會州川口興工三日，經略使孫路卻移文令他移兵於巴寧會（《曾公遺錄》作比娘原）進築。他以巴寧會地形險惡枯燥，不可建州，他不敢從命。宋廷詔孫路候進築會州了之日再取旨。孫路因與王瞻爭功，取邈川後奪去王的兵權，以王愍為都統領。眾將皆反對他這樣做法，王瞻也訴於宋廷。孫路失寵，連章惇也不支持他，說他有失心病。丙戌（十六），宋廷以孫路措置邈川事乖錯，就臨陣換帥，將他移知河南府（即洛陽），以寶文閣待制知慶州胡宗回（？～1108後）徙知熙州。而以戶部侍郎高遵惠（1042～1099）為寶文閣待制知慶州，代替胡宗回。〔註82〕

　　熙河換帥後，苗履就安心於會州之事上。八月戊子（十八），樞密院上言，以近降朝旨，令孫路與苗履相度會州，依蘭州金城關例，跨河造浮橋，修置關城。現今會州進築剛畢，慮事力未及。哲宗詔經略司指揮苗履，如委是未曾修建關城，即疾速權繫橋於黃河外，擇地修築烽台，及巡綽所至之處，明立界堠，包占合修關地基在內。己丑（十九），苗履便上奏，稱所派的硬探人斫殺了夏將仁多洗忠，卻斬首不及，被夏人奪回屍首，但得其所乘的驄馬及器甲等。洗忠是保忠之弟，挺身出戰，被眾人所殺。甲午（廿四），苗履再上奏會州的地形，他說會州城去黃河三百餘步，矢石不及，不可繫橋。又河中有灘磧，自中灘至河北岸五里，懸崖陡岸，無可置關之地。〔註83〕

〔註81〕《長編》，卷五百十四，元符二年八月甲戌至己卯條，頁12211～12215。

〔註82〕《長編》，卷五百十四，辛巳至丙戌條，頁12216～12220；《曾公遺錄》，卷七，元符二年八月甲戌條，頁80；辛巳條，頁95。關於宋廷臨陣換帥之緣故的分析，可參見王化雨：〈北宋元符青唐之役新探──以朝廷與將帥的交流溝通為中心〉，頁190～193。

〔註83〕《長編》，卷五百十三，元符二年七月戊辰條注，頁12204；卷五百十四，元符二年八月戊子條，頁12221；己丑條，頁12223；甲午條，頁12228；《曾公遺錄》，卷八，元符二年八月己丑條，頁99；甲午條，頁101。

　　九月庚子朔（初一），宋廷以會州進築畢工，賜苗履以下銀合和茶藥。〔註84〕丁未（初八），因王瞻奏心牟欽氈已於八月二十八日迎溪巴溫次子隴拶入青唐城，該處未及差人防守，恐他們有機會收復青唐城，章惇向哲宗請促遣在會州的苗履與在通遠軍的康渭及李澄選兵馬會同王瞻入取青唐城。但曾布不同意，請哲宗令熙河帥胡宗回指揮苗履與王瞻等人遣人告諭招撫隴拶。章惇和曾布在應出兵抑招撫方面意見不同。〔註85〕庚戌（十一），胡宗回又奏上苗履之狀，再申會州未可置橋闉。〔註86〕

　　閏九月庚午朔（初一），胡宗回上奏，稱熙河路勾當公事王厚又提出要建城廓州（今青海黃南藏族自治州尖扎縣北），而洮東安撫李澄又乞城洮州，他以收復青唐未了，並河北的邈川、宗哥等城，並廝歸丁蘭宗堡（即南宗堡）接連西夏，已令修築所有廓州并講朱等四城。今王厚和李澄紛然陳乞，事力難辦，他請收復青唐後，先將河北邊衝要城修備，到明年相度河南，漸次修繕。胡宗回比孫路審慎。宋廷從之，命他審量措置。〔註87〕相較之下，苗履此時並沒有乘機提出城建某地的計劃，他並不貪功。壬申（初三），熙河奏宋軍已在九月二十日收復青唐，心牟欽氈和隴拶以下等出降。癸酉（初四），宋廷詔以青唐為鄯州，仍為隴右節度，以王瞻知鄯州兼隴右沿邊安撫使，特授四方館使、榮州防禦使。胡宗回特授寶文閣學士，賞收復青唐城之功。另賜胡宗回以下銀合茶藥有差。甲戌（初五），章惇率百官上表，賀收復青唐城。宋廷另以熙河經略安撫司勾當公事王厚為東上閣門副使知湟州兼隴右沿邊同都巡檢使。宋廷又以王瞻賞官過高，將他改為忻州團練使仍兼熙河路鈐轄。〔註88〕苗履這次有否遷官，就沒有記載。

　　青唐的危機，據胡宗回的機宜文字李復（1052～1128）所記，當時胡宗回已有所警惕。李復說在元符二年九月二十一日夜，熙州大雷，自初更至四鼓方止，凡一百三十餘震。當時牆壁搖動，簷瓦散墜，人危立不敢寢。惴惴然甚有

〔註84〕《長編》，卷五百十五，元符二年九月庚子朔條，頁12235；《曾公遺錄》，卷八，元符二年九月庚子朔條，頁107。

〔註85〕《長編》，卷五百十五，元符二年九月丁未條，頁12242；戊午條，頁12247；《曾公遺錄》，卷八，元符二年九月辛亥條，頁112。考《曾公遺錄》將王瞻所奏青唐事繫於九月辛亥（十二）條。

〔註86〕《曾公遺錄》，卷八，元符二年九月庚戌條，頁111。

〔註87〕《長編》，卷五百十六，元符二年閏九月庚午朔條，頁12263。

〔註88〕《曾公遺錄》，卷八，元符二年閏九月壬申至癸酉條，頁117；《長編》，卷五百十六，元符二年閏九月壬申至甲戌條，頁12265～12268。

覆壓之虞。他與胡宗回終夕坐於中堂，黎明出視之，雪深二尺。胡宗回問他是何祥兆。李說雷烈多發於盛夏，其發也必有龍火之異。今秋已去，雪深如此，震發暴而非常。古諺云：天怒不移暑，天喜行千里，言怒不久，其發三四而止。雷風天之號令，終夜不息，必將大有誅殺。胡問他事將何如？李就說近收復青唐城，不費一鏃，恐姦酋深謀，為內外連結攖城之變。吾雖係其主而餘黨桀黠，如心牟欽氈、結瓦齪等，皆在青唐城內。其部族眾強，而邈川（即湟州）守將馬用誠不足倚辦。李建議可遣人密諭王瞻嚴令設備，再自宗哥城抽回王愍，令守邈川，互相應援，以防不測。胡宗回於是以蠟封書，派偽髡蕃官嘉木燦伊費赫置蠟封於衲衣中，從間道令四日至青唐城責報而還。〔註89〕

　　王瞻確是無備，他取青唐城後，卻如部將王愍所說，沒有先鞏固邈川以東城壁。果然青唐部心牟欽氈向西夏求救，夏人派監軍白峇牟、右廂監軍仁多保忠點集四監軍兵，合吐蕃兵數萬來攻。這時王瞻大概已收到胡宗回的密諭，戊寅（初九），羌人內外相應，準備復奪青唐城時，王瞻卻仍以為只是山南諸羌叛，只派部將李忠統精騎二千乘夜入保敦嶺（木敦穀）擊之，並將城中的羌酋心牟欽氈以下十八人囚之。這時羌人遍滿四山而呼，晝夜不息。王瞻偵知羌兵和夏軍大舉來攻青唐城，即命李遠、王瑜、米世隆、李昶、毛吉、張可久六將部押降羌部落守東城，他自己悉以所統兵守西城。羌人攻東城甚急。戰至辛巳（十二），會李忠越過南山入木敦穀討蕩山南族帳，乘勝解安兒之圍，至是始回師，適與羌軍遇，始交鋒，宋軍頗受挫，蕃官李凌戰納吉，死之。其後劇戰良久，城內軍士聞之，即馳赴夾擊，羌人於是敗北奔潰。這時王瞻殺掉大首領結瓦齪、心牟欽氈等九人，盡捕城中諸羌斬之，以免有後顧之憂。青唐城之圍此時才解，而籛羅結還和嘉勒摩收合散亡，退保青唐峐。羌人進攻青唐城同時，邈川城亦被圍，城中不滿千人，守禦器械百無一二。年已六十七的總管王愍乃令軍士撤戶負之為盾，刳木墨之為戈，並徵集城中女子百餘人，衣男子服以充軍，以瓦炒黍供軍餉，晝夜備禦。他親率死士三百人，冒以黃巾，他被甲跨馬，開門血戰。門上則豫穴竅投巨石擊殺敵數人，羌人莫敢前。他又命人撤屋為炬，擲向城南羌人所藏之洞穴。羌人攻北門，王愍率死士開門疾擊，殺百餘敵。城中之矢如蝟，士多死傷，至取矢以釁。邈川被圍從閏九月戊寅（初九）至壬辰（廿三），共十六日。壬辰，羌人於南門積薪數萬，郤焚門及拒

〔註89〕李復：《潏水集》，文淵閣《四庫全書》本，卷六〈震雷記〉，葉二十一下至二十二上。

闈。城中憂懼。幸而這時在蘭州的苗履和在河州的姚雄，奉熙河帥司之急令，將秦鳳兵來援。另宋廷也遣涇原準備將領李忠傑將選鋒來援。姚雄軍先至，復攻下臚哥、黑城，焚蕩族帳。羌人不知宋軍眾寡，於是引兵遁去，邈川城之圍始解。人們說邈川沒有王愍必定失守。宗哥城亦從戊寅被圍，至戊子（十九）凡十天才解圍。苗履軍後至，王瞻說蘭溪宗堡還有餘寇，宜乘勝平定之。苗履奉命立即前往，姚雄勸他不要去，但不聽。於是姚雄戒所部嚴備以待。不久苗履軍果然被擊敗，幸得綏州蕃官高永年（？～1105）領勁兵斷羌兵為二，苗軍始得退。羌兵從後追及，姚雄整軍迎擊，破之，斬首二千。這次戰鬥，苗履戰功不如姚雄。〔註90〕

閏九月癸巳（廿四），宋廷才收到熙河的奏報，說邈川蕃部作亂，圍撓城壁，另南宗堡（今甘肅蘭州市永登縣連城鎮境內）使臣也被殺傷，隴朱、黑城等城被攻破，青唐城累日道路不通。哲宗即詔苗履、李忠傑及差秦鳳兵前往討定。宋廷未知苗履等早已出兵解圍。甲午（廿五），蘭州金城關探報回來稱，這次只是邈川人作亂，宗哥城（今青海海東市平安區）至青唐城一帶無事，然信息未通。宋廷再詔熙河帥胡宗回、苗履等多募人至青唐城一帶偵探。乙未（廿六），因青唐部反覆，宋廷就詔胡宗回指揮苗履，如蕃兵見官軍渡河，雖即潰散，也須痛行殺戮，務要除去作過之人淨盡，但不得濫及無辜。〔註91〕南宗堡是邈川（湟州）北部要害，宋廷自然不能疏忽。〔註92〕

〔註90〕《宋會要輯稿》，第十四冊，〈兵九・出師三・青唐〉，頁8778；《宋史》，卷三百四十九〈姚雄傳〉，頁11060；卷三百五十〈王瞻傳〉，頁11072；卷四百五十三〈忠義傳八・高永年〉，頁13316；《長編》，卷五百十六，元符二年閏九月壬辰條，頁12286～12289；李復：《潏水集》，卷六〈震雷記〉，葉二十二下。據李復所記，熙州在閏九月十一日得知羌人叛，攻圍青唐、邈川，並攻陷納木宗堡（即南宗堡）和丹巴等城。賴王瞻收到胡的密諭已有備，而王愍已帶兵馬至邈川。李復也記胡宗回隨即遣苗履應援，破羌人於錫喇宗堡。稍後苗履又破南丁壘。按錫喇宗堡是否即蘭溪宗堡，而南丁壘是否即青唐峗，待考。

〔註91〕《長編》，卷五百十六，元符二年閏九月乙未條，頁12290；《曾公遺錄》，卷八，元符二年閏九月癸巳至甲午條，頁123。

〔註92〕據吳楠楠所考，南宗堡的全名是「斯嚕（魯）丹南宗堡」、「斯桂鼎南宗堡」或「廝歸丁南宗堡」。亦作鼐宗堡、蘭宗堡和納木宗堡。正如吳楠楠所指出，在邈川一帶，南宗堡與與虬當城、省章峽，同為邈川城三大要害，頗有地利之便。在宋廷經略河湟的後期，南宗堡的戰略意義日益凸顯，它不只是邈川下轄城寨之一、河湟吐蕃部族的對西夏前沿，還是宋軍用兵青唐城的關鍵據點。在宋夏唃三方關係中，南宗堡因通道位置而具備控扼邈川、青唐中心與與西夏三方的優勢，成為宋軍河湟開邊邊鎖鑰。參見吳楠楠：《后吐蕃時代的城和宗

十月己亥朔（初一），宋廷詔新知河州种朴星夜赴任，與時任洮河總管的苗履計議，過河討蕩作過蕃部。苗履申報，言他所部兵馬寡弱，不敢從巴贊（巴拶）渡河，他已申經略司，赴河州與姚雄等會合應援。詔令熙河參詳苗履所申，指揮苗履、及秦鳳總管姚雄等遞相照應，互為聲援，節次統制，或會合前去，具應援討蕩及解圍次第以聞。這時因青唐城及邈川城信息不通已半月餘。曾布與章惇都無計可施。辛丑（初三），苗履與姚雄領秦鳳兵，開路至青唐。壬寅（初四），熙河奏青唐城與邈川城已解圍。詔將士兼特支七百，苗履等所統續渡河者五百。癸卯（初五），王贍檄苗履與姚雄共討青唐峗的羌酋籛羅結。早在閏九月己丑（二十），王贍派禮賓副使蕃官李忠將二千騎攻籛羅結，大敗而還。羌人由此聚兵益眾，宣言欲再圍青唐城。十月甲辰（初六），苗履與姚雄至青唐峗，羌人列陣以待。苗履望見羌軍，叱軍士內外於鞬，拔刀而入。羌人據巢穴作殊死鬥。梟將陳迪、王亨皆退走，苗履駐馬不動，有羌酋青袍白馬者忽突陣至苗馬前，以劍擊苗履。幸而苗帳前王拱以弓格之，苗才獲免。羌兵繞出苗軍背後，欲斷軍為二。幸而熙州總領蕃兵將高永年以所部兵直前，鏖戰數十合，羌人退。乘勝圍伏伊蘭鼐堡（疑即南宗堡），移時，不能拔，苗履以日暮，就收軍下營堡旁。羌人棄堡宵潰。明日苗軍縱兵四掠，焚其族帳而還。駐軍青唐城，分討宗哥城及山外羌。是日宋軍班師。據高永年《元符隴右錄》的記載，是月己酉（十一），苗姚軍遽還河州，庚戌（十二），熙河奏苗履軍已過省章峽，返河州後，壬子（十四），熙河奏上，已令苗履等管押隴拶赴熙州。惟苗履連上章請棄青唐城而守邈川城。〔註93〕值得一提的是，高永年後來說，省章峽北面的鼐宗堡（南宗堡）地勢險要，北控西夏，西連宗哥城，得之則足以捍蔽。而省章峽道路無阻，然熙河帥並不注意，他說當日苗履等領大軍經其地，亦不能取之。他認為朝廷以道路梗塞而棄青唐城，卻不知失策在不取鼐宗堡耳。〔註94〕從高永年的分析，苗履對青唐城的棄抑守，看法未夠深入。

　　　　堡研究：以唃廝囉政權為中心》，第六章〈湟州北部要害：南宗堡〉，頁95～
　　　　103。按吳氏在此一章詳考吳宗堡的異名、地望，和它的戰略的重要性。
〔註93〕《長編》，卷五百十七，元符二年十月己亥朔至壬寅條，頁12295；己酉條，
　　　　頁12299；庚戌條，頁12300；《宋史》，卷三百五十〈苗授傳附苗履傳〉，頁
　　　　11069；《曾公遺錄》，卷八，元符二年十月己亥朔條，頁125；壬寅條，頁126；
　　　　庚戌條，頁129；壬子條，頁130；《宋會要輯稿》，第十四冊，〈兵九・出師
　　　　三・青唐〉，頁8778；《宋史》，卷四百八十六〈外國傳二・夏國下〉，頁14018；
　　　　《皇宋十朝綱要校正》，卷十四〈哲宗〉，元符二年十月甲辰條，頁377。
〔註94〕《長編》，卷五百十九，元符二年十二月戊戌朔條，頁12342。

　　當苗履等返河州再往熙州時，羌酋郎阿克章攻圍青唐諸城，權熙河蘭會鈐轄兼知河州的种朴卻在是月己未（廿一）意外地戰沒於一公城外。於是青唐道路復不通。一公城被圍四十日，苗履及姚雄兵統兵駐河州，不能救，戊辰（三十），最後城破。守將趙吉等逃歸河州。籛羅結等共立溪巴溫第三子小隴拶為王。而在兩天前（丙辰，廿八），曾布在哲宗前力攻章惇開青唐之失，指出「青唐去大河五百里，道路險隘，大兵還邈川，而青唐路復不通。朝廷進築城寨畢，方有休息之期，今復生此大患，如何保守，深為朝廷憂之。青唐非數萬精兵不可守。」哲宗也同意曾布之分析。〔註95〕

　　十一月辛未（初三），涇原路經略使章楶應詔遣兵將赴熙河，他上奏備言他所聞知熙河的情況。他說聞知苗履和姚雄等統兵在邈川等處已至五十日，兵士暴露，寅夜寒凍，呻吟之聲，所不忍聞，卻未有解嚴之期。他亦嚴劾熙河經略司如今的措置似已計窮，別無擘畫，只是趕趁催督將士向前入敵境，而不度事勢難易，地理遠近，兵馬強弱，堪用與不堪用。而以寡敵眾，亦有事機，今乃一切不恤，措置如此，深恐日後越致敗事。他又從青唐羌人的戰法，熙河現時的人力物力，和青唐的地理道路去分析局勢。〔註96〕他的分析均合情合理，若熙河帥是他，也許不會有青唐之輕舉。

　　同月辛巳（十三），宋廷詔熙河經略司勘查苗履、姚雄及种朴下亡失使臣及士卒人數，並其他戰鬥亡歿之人並勘會聞奏。又令李憲子李轂（？～1127後）因便犒設將士，及密切勘會陣亡人數以聞。因李夷行（？～1106後）言苗履在青唐城所獲八九百級，卻失三千餘人，而其他使臣士卒陣亡者眾，經略司卻失奏。〔註97〕

〔註95〕《長編》，卷五百十七，元符二年十月丙辰至己未條，頁12301～12305；戊辰條，頁12313～12314；《曾公遺錄》，卷八，元符二年十一月己巳朔條，頁134；《皇宋十朝綱要校正》，卷十四〈哲宗〉，元符二年十月己未條，頁377。據吳楠楠的考證，一公城是溪巴溫舅舅朗格占（朗戩）及其家族盤據之所，在今甘肅甘南藏族自治州夏河縣甘加鎮八角村（藏語名為 མཁར་ནང mkhar nang，當地人多稱「卡爾囊」，東經102°34'、北緯35°17'），即今八角城城址（གཡུང་དྲུང་མཁར g·yung drung mkhar），也可據前述藏文表達音譯作「雍仲卡爾」，當地人多稱後者。該城城址保存較為完好且形制獨特，在1981年、2006年分別被列為甘肅省重點文物保護單位和全國重點文物保護單位。參見吳楠楠：《后吐蕃時代的城和宗堡研究：以唃廝囉政權為中心》，第四章〈河州南部前沿：一公城〉，頁66～81。

〔註96〕《長編》，卷五百十八，元符二年十一月辛未條，頁12317～1212323。

〔註97〕《長編》，卷五百十八，元符二年十一月辛巳條，頁12331；《曾公遺錄》，卷八，元符二年十一月辛巳條，頁140。

十二月庚子（初三），李覯回奏青唐善後之策。哲宗向輔臣表示，李覯其實想棄青唐（鄯州），但一切都推說是苗履之意。曾布評說，連章惇初時也以為是苗履之見。〔註98〕是月癸丑（十六），宋廷詔封隴拶為河西節度使知鄯州，如府州折氏，世世承襲。〔註99〕同月丙寅（廿九），苗履再獲宋廷賞賜，宋廷以在河北的苗履、姚雄、王愍和王瞻等以下戰守蕃漢軍兵，各更與特支有差，因以上諸軍在外暴露久，特予賞賜。〔註100〕苗履卻未料到這是對他頗為信任的哲宗最後的賞賜。

五、出任管軍

哲宗從十二月辛亥（十四）開始發病，至是日甚一日，到元符三年正月己卯（十二）崩，由向太后（1046～1101）主持，由皇弟徽宗繼位。是月戊子（廿一）（《曾公遺錄》作廿一己丑），徽宗詔樞密院具曾任管軍及堪充管軍人姓名以聞。曾布奏管軍闕三人，曾布提到苗履時，徽宗即說他可作管軍，眾人都無異議。中書侍郎許將（1037～1111）及尚書左丞蔡卞（1058～1117）也說哲宗亦累次想擢用苗履。曾布起初謂苗履一人可與選，以親嫌不敢啟口，而徽宗即已及之，他就稱善而已。苗履與曾布有何親嫌，待考。〔註101〕

二月己酉（十二），徽宗及向太后批出新補授的管軍人選：以曹誦（？～1102後）為步軍副都指揮使，賈嵒（？～1100）為步軍都虞候，王愍為捧日天武四廂都指揮使，苗履任管軍最低一階的龍神衛四廂都指揮使遷成州團練使知慶州（今甘肅慶陽市）。他終於和亡父一樣做到管軍的高職。〔註102〕戊午（廿一），宋廷詔王瞻放棄鄯州，引兵歸湟州，仍諭溪巴溫或小隴拶依舊主青唐國，當議授以河西留後。甲子（廿七），詔胡宗回追還王瞻。是日，籛羅結等奉小隴拶擁眾三萬進攻鄯州。王瞻閉城拒之，踰旬不克。三月戊寅（十一），

〔註98〕　《曾公遺錄》，卷八，元符二年十二月庚子條，頁151～152。

〔註99〕　《皇宋十朝綱要校正》，卷十四〈哲宗〉，元符二年十二月癸丑條，頁378。

〔註100〕　《宋會要輯稿》，第四冊，〈禮六十二·賞賜一〉，頁2141。

〔註101〕　《長編》，卷五百二十，元符三年正月戊子條，頁12380；《曾公遺錄》，卷八，元符二年十二月乙卯至壬戌條，頁157～161；卷九，元符三年正月辛未至己卯條，頁171～178；己丑條，頁191。筆者曾檢閱南豐曾氏族人傳世的墓誌銘，並未發現苗氏與曾氏聯姻的記載，而曾布及苗履的墓誌迄今尚未發現，也無從窺知曾布所謂二人有親嫌之緣故。

〔註102〕　《宋史》，卷三百五十〈苗授傳附苗履傳〉，頁11069；《曾公遺錄》，卷九，元符三年二月己酉條，頁210。

熙河都監姚雄引兵發河州，次鄯州，與王瞻合擊羌人，羌人潰敗，小隴拶遁去，諸部落散保山谷。壬午（十五），姚雄和王瞻引兵離開鄯州返回河州。他們離開後，青唐城又落回羌人之手，諸羌復奉小隴拶入居青唐（即鄯州）。五月丁卯朔（初一），姚雄奏稱「青唐邈川，始因王瞻貪功生事，招誘羌酋，收復窮遠之地，費財勞師，連歲不解。」宋廷從之，發動青唐之役的王厚和王瞻均被貶，王瞻自瀘州團練使前知湟州，貶為諸衛將軍安置房州，王厚監隨州（今湖北隨州市）稅。徽宗初時以貶王瞻太重（按：原文作「太輕」，疑訛寫），向太后就以為如此重貶，就沒有邊將敢貪功而自此必寧靜了。以元符開青唐之役以此標誌失敗告終。〔註103〕苗履幸而並非推動青唐之役的人，故此並未遭貶，還繼續得到向太后的任用。

　　六月丙午（十一），大概是報向太后知遇，苗履推薦太后姪子英為環慶第五副將。徽宗自然准奏。〔註104〕

　　是年十二月，左正言任伯雨（1047～1119）上書徽宗論湟州鄯州事宜，他認為宋廷得湟州以來，歲費三百萬貫守之。他說一州所費如此，五路邊面可想而知。他說聞知徽宗備嘗講究其事，先後差內臣李某（疑是李轂）和鄭居簡（？～1105後），皆知本末。他又提到熙河路走馬郝平、姚雄和苗履亦曾具利害上奏。他說觀此事體，所宜多方休養，不宜更滋邊患。萬一五路同日有警，兵困不給，財竭不續，糧乏不繼，虜或奔突，侵犯關隴，就不知朝廷如何應付。〔註105〕任伯雨奏中提到姚雄和苗履均上書說守湟州的利害，從任伯雨整篇文字去看，姚、苗二人顯然和他看法一樣，不贊成宋廷耗費太多錢糧來守湟州，以至再次開邊的。苗履早前主張棄守青唐，這和他主張放棄守湟州是一致的。〔註106〕

〔註103〕《皇宋十朝綱要校正》，卷十四〈哲宗〉，元符三年二月戊午至五月丁卯朔條，頁378～379；佚名（撰），汪聖鐸（校點）：《宋史全文》（北京：中華書局，2016年1月），第三冊，卷十四〈宋徽宗〉，頁918。

〔註104〕《曾公遺錄》，卷九，元符三年六月丙午條，頁282。

〔註105〕趙汝愚（1140～1196）（編），鄧廣銘（1907～1998）、陳智超等（整理）：《宋朝諸臣奏議》（上海：上海古籍出版社，1999年12月），下冊，卷一百四十一〈邊防門·青唐·上徽宗論湟鄯·元符三年十二月上，時為左正言〉（任伯雨），頁1594～1595。

〔註106〕按蒲聖也採用任伯雨此奏，認為苗履和姚雄本來名位比王瞻和王厚高，因在青唐開邊活動上被排除在一旁，故後來反對取邈川和青唐。不過，要說二人因嫉忌王瞻和王厚搶去功勞而反對之，就證據不足。參見蒲聖：《北宋晚期的

據《宋史·苗履傳》所記，苗履後來移知渭州（今甘肅平涼市），進捧日天武四廂都指揮使。〔註107〕但《宋史》未載他遷官和改知渭州的年月。也未有載他以後的事蹟，以及他何年去世。鄒浩（1060～1111）的《道鄉集》收有〈苗履轉官制〉一道，那是苗履現存惟一的轉官制辭：

> 敕：朕方戢兵，與天下休息，而運籌制勝，坐以無事，則惟將
> 帥之良是賴。其官某，忠勇智略，克紹家聲，擢護塞垣，能體朕意。
> 適茲員闕，就陞軍階。其茂對於寵休，以助成於綏靖。〔註108〕

考鄒浩在徽宗即位後召還，先拜起居舍人，建中靖國元年（1101）八月已任中書舍人，同年十一月已試吏部侍郎。則他撰寫苗履的轉官制，當不晚於建中靖國元年十一月。〔註109〕鄒在制辭稱許苗履「忠勇智略，克紹家聲，擢護塞垣，能體朕意」，又說「適茲員闕，就陞軍階」。當是指他依次替補管軍之員缺，以時間而論，似乎這篇制辭，為苗陞任捧日天武四廂都指揮使而撰，多於他初補龍神衛四廂都指揮使。值得注意的是，苗履任職涇原時的上司、不主張冒進青唐的章楶，在是年七月辛巳（廿二），自端明殿學士擢為同知樞密院事，位列執政。章楶處事秉公，苗履即使沒有獲得進一步陞遷，當能安心守職。惟章在位不久，在崇寧元年七月庚子（十七），大概以疾罷為資政殿學士、

武將與朋黨之爭》，第三章〈宋徽、欽宗朝的武將與朋黨之爭〉，第一節〈崇寧政局下的武將遭際〉，頁69～71。

〔註107〕《宋史》，卷三百五十〈苗授傳附苗履傳〉，頁11069。按吳麗萍考述徽宗朝任知渭州的臣僚，她據李之亮的研究，首先是王恩，認為王恩知渭州時間應在建中靖國元年，離任時間在崇寧元年。然後是胡宗回，認為他在崇寧元年知渭州，但任期不詳。接著就是苗履，也引用李之亮的說法，稱苗履知渭州，認為最晚應在崇寧二年。而在苗履之後的知渭州邢恕（？～1104後）條下，則以邢恕在崇寧二年之前知渭州，因邢在崇寧三年已改太原。吳氏並沒有確考出苗履知渭州的年月。她所稱苗、邢的任期重疊而矛盾。參見吳麗萍：《北宋渭州知州研究》，西北師範大學民族史與宗教史碩士論文，2020年5月，第二章〈北宋渭州知州之名錄、選任與管理〉，頁45。

〔註108〕鄒浩：《道鄉集》，文淵閣《四庫全書》本，卷十六〈苗履轉官制〉，葉九上。

〔註109〕關於鄒浩拜中書舍人的時間，筆者多年前為考證《道鄉集》同卷所載〈高俅轉官制〉的撰寫時間，而作了一番論證。參見何冠環：〈《水滸傳》第一反派高俅（？～1126）事蹟新考〉，載何著：《北宋武將研究》（香港：中華書局，2003年6月，頁525，注48。另清人李兆洛（1769～1841）所編的《道鄉先生年譜》也沒有不同的說法。參見李兆洛（編），張尚英（校點）：《道鄉先生年譜》，載清道光十一年（1831）刻《道鄉先生文集》附，現收入吳洪澤、尹波（主編）：《宋人年譜叢刊》第六冊（成都：四川大學出版社，2003年1月），頁3563～3564。

中大一宮使，他在七月底卒。〔註110〕

　　崇寧元年十二月癸丑（初三），宋廷論棄湟州之罪，將負責其事之大臣前首相韓忠彥（1038～1109）、前次相曾布、前知樞密院事安燾、蔣之奇（1031～1104）以下六人貶責。崇寧二年（1130）正月辛巳朔（初一），上奏贊同苗履和姚雄棄湟州的任伯雨，替苗履撰寫轉官制詞的鄒浩等四人被貶嶺南。二月戊寅（廿九），徽宗派王韶子王厚及李憲門人童貫（1054～1126）再度征青唐，六月辛未（廿四），二人收復湟州。七月辛巳（初四），以收復湟州之功，進宰相蔡京（1047～1126）官三等，其弟蔡卞以下二等。另一方面，在八月丁未朔（初一），再次論棄湟州罪，將張庭堅（1055～1112）及韓忠彥、安燾、蔣之奇、范純禮（1031～1106）等十人黜徙有差。〔註111〕

　　上文則指出苗履曾有棄青唐及湟州之議，他是否在崇寧元年或二年時以此罪名而被貶黜？或因與曾布有親嫌關係而受累被貶黜？考徽宗在崇寧元年五月開始清算元祐和元符黨人，直至崇寧三年（1104）六月甲辰（初三）所列出的幾個黑名單，在武臣一項，均沒有苗履之名（和他一同奮戰的姚雄卻榜上有名）。〔註112〕似乎他被並沒有像姚雄一樣被黜。另一方面，與苗履當年一同奮戰西北諸將，除了王瞻在建中靖國元年三月壬午（廿一）因被責除名勒停，

〔註110〕《宋史》，卷十九《徽宗紀一》，頁362，364；《宋會要輯稿》，第三冊，〈禮四十一・臨奠〉，頁1646；第四冊，〈儀制十一・尚書丞郎追贈・丞郎以下曾任中書樞密院〉，頁2530。考《宋會要》記徽宗在八月初一幸章綡第臨奠。則章當卒於七月底或八月初一。

〔註111〕《皇宋十朝綱要校正》，卷十六〈徽宗〉，崇寧元年五月庚申條，頁433；閏六月壬戌條，頁434；十二月癸丑條，頁437；崇寧二年二月戊寅條，頁438；六月甲子至八丁未朔條，頁439～440；《宋史》，卷十九〈徽宗紀一〉，頁362～368。考安燾於建中靖國元年七月丙戌（廿七）罷樞，而韓忠彥及曾布也於崇寧元年五月庚申（初六）及閏六月壬戌（初九）罷相，而蔣之奇也在崇寧元年十月癸亥（十二）罷樞。

〔註112〕楊仲良（？～1184後）：《通鑑長編紀事本末》，收入趙鐵寒（1908～1976）（主編），《宋史資料萃編》，第二輯（臺北：文海出版社，1967年11月），第七冊。卷一百二十一〈徽宗皇帝・禁元祐黨人上・元符附〉，葉一上至十八下（頁3639～3674）；卷一百二十二〈徽宗皇帝・禁元祐黨人下〉，葉一上至十六上（頁3675～3704）；《宋史全文》，第三冊，卷十四〈宋徽宗〉，頁930～932。姚雄在崇寧以後的際遇，蒲聖也有討論。可參見《北宋晚期的武將與朋黨之爭》，第三章第二節〈姚雄與崇寧黨爭〉，頁72～75。另研究姚雄父姚兕和其叔父姚麟的張波，也有討論姚雄在紹聖至崇寧年間的事跡。參見張波：《北宋武將姚兕姚麟研究》，西北大學碩士論文，2016年5月），第三章第一節〈姚氏子弟繼起為將〉，頁25～26。

配昌化軍（今海南儋州市西北），憤而自縊於穰縣（今河南南陽市鄧州市）外，〔註113〕其他如姚雄、王恩、高永年、李忠傑均仍見諸史冊，苗履獨不見於西北將校守臣名單中。而《景定建康志》所載的〈侍衛馬軍司年表〉，在徽宗建中靖國元年以後擔任馬軍司管軍，包括馬軍都虞候、馬軍副都指揮使都沒有苗履的名字，苗似乎任管軍止於捧日天武四廂一階（也許他最後遷至步軍都虞候，故不入馬軍司名單）。惟一解釋是他最晚已在崇寧二年前被黜或已逝世，另或因其子苗傅成為叛臣的關係，他所有恩恤的記錄盡數被刪去，故他在宋官方記錄不全。

六、小結

　　苗履是潞州上黨苗氏將門第四代代表人物，據其父墓誌銘所載，他有弟二人，二弟苗漸，在紹聖二年苗授卒時官左班殿直，三弟苗蒙，紹聖二年時仍未出仕。他們二人的事跡不詳。苗履有七妹，在紹聖二年時，長適左班殿直蕭允中，次適進士宋益，次適朝奉郎趙兌，次適大名府巡判官馬光，次許嫁高太后族姪高公綏。其餘未嫁。有子一人，名苗訛（？～1103 後），時任西頭供奉官閤門祗候。除了苗訛外，他們的事蹟目前均不詳。〔註114〕

　　據米芾（1051～1108）所記，他在癸未歲（即崇寧二年），和管軍苗履長子，但忘其名字的邂逅於都下（即開封）的法雲寺，此人當為苗履長子苗訛。米記他們後來去長安一大姓村之居所，那當是苗訛之家。該處有一石匣，中藏有玉軸魏晉古帖數十軸。米曾看過，教他魂牽夢想。米說苗氏子洛陽有一書畫友，相約互不借出，各自相訪賞閱。宋子房說，苗氏子屢與徽宗姑父駙馬都尉王詵（1048～1104 後）訪購得書帖。〔註115〕從米芾這則記載，苗履長子雖是

〔註113〕《皇宋十朝綱要校正》，卷十五〈徽宗〉，建中靖國元年三月壬午條，頁431。

〔註114〕附錄：〈苗授墓誌銘〉，頁 267。據張譯尹的注釋，苗履長子一則所提到的宋子房，字漢傑，宋迪之姪，鄭州滎陽（今河南鄭州市）人。官至正郎，在徽宗朝獲中書侍郎鄧洵武（1057～1121）薦為畫學博士。他是繼米芾後的畫學博士。至於米芾遇到他的法雲寺（按：文中云於法雲寺「解後」，張譯尹釋作「襫除後」，惟苗訛在法雲寺所行的法事襫除、祈襫甚麼？是否祭拜剛去世的苗履？米芾沒有說清楚。我們也難推斷。筆者以為「解後」當釋作「邂逅」，是說苗、米二人不期而遇於法雲寺，然後同去長安看苗氏所藏的書軸。張氏據《東京夢華錄》所載，法雲寺在州橋東街巷。參見張譯尹：《米芾【書史】補注匯評》，瀋陽師範大學教師教育學院碩士論文，2021 年 5 月，第九五節，頁 173～174 注 1；第一二一節，頁 206～207。

〔註115〕米芾（撰），吳曉琴、湯勤福（整理）：《書史》，載朱易安、傅璇琮（1933～2016）等（主編）：《全宋筆記》第二編第四冊（鄭州：大象出版社，2006 年 1 月），頁 258～259。

將家子，卻頗好書道，不全是武夫。而他們苗氏有房舍在長安。

　　至於苗劉之變的主角苗傅，名字並未出現在其祖的墓誌中。似乎他在紹聖二年尚未出生。後來在苗劉之變中被殺的苗翊和苗瑀（瑀），似乎也是苗履之子，苗傅之弟（按苗傅有二子，亦一同敗死）。〔註116〕因苗履及其他家族其他人的墓誌尚未出土，我們無從了解他更多的事跡，包括他的別字、諡號、他的妻室姓名，而除了苗訦、苗傅、苗瑀、苗翊外，還有幾個兒子和孫兒？另外他的卒年和壽數，其墓地位置等。希望不久的將來，他的墓誌能像其父一樣得見天日。

　　總的來說，苗履在神宗一朝，在其父的庇蔭下奉命出使西蕃立功，到哲宗親政，宋廷恢復拓邊西北的政策後，他受到重用，歷守陝西的涇原、環慶、鄜延、秦鳳及熙河五路，並先後知蘭州、鎮戎軍和慶州等重鎮，到徽宗繼位，則繼其父之後兩代均被擢為管軍，得以維持將門家聲。

　　苗履和其父一樣，沒有介入從神宗至哲宗朝文臣之間的黨爭。他與新舊兩黨的人物還有點親戚關係，曾布說他與苗履有親嫌關係，而其妹也在紹聖二年許嫁高太后族人高公紱。這種關係似並不影響他的仕途。他在元符開邊失敗後對應否繼續經營青唐有保留意見；不過，在徽宗崇寧初年追究棄湟州之臣僚時，他卻不受影響，並沒有被列入元祐元符黨人名單。至於宋廷對他的評價，誠如鄒浩為他轉官所寫的制詞所云「忠勇智略，克紹家聲，擢護塞垣，能體朕意」，大體上是恰當的。當然，檢視他的軍旅生涯，他的軍事才能比起其父，只是差強人意。從他一生轉戰西北疆場的經歷和表現，他長於守城，築城建寨是他的強項，沙場戰鬥的戰績只是一般。他在紹聖三年九月因稱疾拒出戰而被重貶，在紹聖四年九月天都山一役也打得窩囊，還將罪過推到部將折可適頭上。在元符二年九月援救邈川一役戰敗，而在閏九月的援青唐一戰更是險象環生。他雖然沒有立下顯赫的戰功，但整體而言算是一員稱職的邊將。倘若其子苗傅後來沒有發動兵變，成為叛臣，也許他和其父奮戰西北而建立的苗氏將門不致五世而敗沒。

〔註116〕《宋史》，卷四百七十五〈叛臣傳上‧苗傅〉，頁13807～13808。